W0296215

Franz Keller

Alemannisch angerichtet

Wein- und Tafelfreuden
zwischen
Schwarzwald
und Vogesen

Vorwort von Walter Scheel

Verlag Rombach

Die Illustrationen stellte
Herr Harry Schraemli,
Hergiswil am See, Schweiz,
freundlicherweise zur Verfügung.

Zusammenstellung der Restaurants
und Weinstuben
von Georg Richter.

Von diesem Buch sind im Seewald Verlag
Dr. Heinrich Seewald GmbH & Co Stuttgart-Degerloch
1980 und 1982 zwei Auflagen erschienen.

Die vorliegende Ausgabe wurde vom Autor
um neue Erkenntnisse erweitert.

© 1986, Rombach: Verlagshaus KG
Freiburg im Breisgau
1. Auflage. Alle Rechte vorbehalten
Herstellung im Rombach: Druckhaus KG
Freiburg im Breisgau
Printed in Germany
ISBN 3-7930-0495-3

Franz Keller

Alemannisch angerichtet

Inhalt

Der Wein

Anhang

Vorwort

Die Einladung zu Tisch, das gemeinsame Mahl, das Festessen sind Höhepunkte jedes weltlichen, auch kirchlichen Anlasses und Festes. Einem mit Sorgfalt zusammengestellten Essen kommt bei Staatsbesuchen und diplomatischen Angelegenheiten hohe Bedeutung zu. Ich nutzte diese Erfahrungen, wo immer ich als Repräsentant unseres Staates ausländische Gäste zu bewirten hatte.
Freude an Essen und Trinken ist die natürlichste Sache der Welt. Speise und Trank bringen die Menschen einander näher, verbinden die Völker, stellen herzliches menschliches Verbundensein her.
Die deutsche Eßkultur wird oft unterschätzt, im Ausland, aber auch bei uns. Zu Unrecht, wie ich meine. Wir haben uns bei unseren Nachbarn den zweifelhaften Ruf als Sauerkrautesser und Würstchenvertilger erworben, der uns den Spottnamen »Krauts« eingebracht hat. Das ist mehr als gutmütiger Spott. Sauerkraut wird fälschlich als Ausdruck von Unkultur, wenn nicht gar von Barbarei verstanden. Dies ist ein Pauschalurteil, das jeder, der die kulinarische Vielfalt der deutschen Landkarte vom Labskaus bis hin zum Sauerbraten – ob rheinisch oder badisch – schätzt, leicht widerlegen kann.
Wir haben in den letzten Jahren unsere kulinarische Aufgeschlossenheit bewiesen. Der Wunsch, auch außerhalb der Ferienzeit italienische, griechische, spanische oder jugoslawische Küche zu genießen, hat der Gastronomie ungeheure Impulse gegeben. Aber warum in die Ferne schweifen? Warum nicht im Gegenzug auch unseren ausländischen Besuchern beweisen, daß man bei uns gut und mit Kultur essen kann?

»Alemannisch angerichtet« regt dazu an. Es geleitet den Leser durch Küche und Keller des alemannischen Gastgebers, durch Fluren und Wälder zwischen Schwarzwald und Vogesen und macht ihn vertraut mit seinen Lebensgewohnheiten und seiner unverfälschten Liebe zur Natur, ihren Früchten, dem Rhythmus des Jahres. Kennenlernen und Erfahren der alemannischen Küche, ihrer Speisen und Getränke ist zugleich ein wenig alemannische Kultur genießen.

Deutsche Gastrosophen

Carl Friedrich von Rumohr

Carl Friedrich von Rumohr (1785–1843) war Kunsthistoriker und zugleich der bedeutendste gastronomische Schriftsteller Deutschlands. Das gilt bis in unsere Tage. Daß gastronomische Schriftsteller in Deutschland weniger populär sind als in unserem westlichen Nachbarland Frankreich, liegt wohl in der Mentalität der Deutschen. Früher, d. h. zu Anfang des 19. Jahrhunderts, hatte die Eßkultur an den deutschen Fürstenhöfen ein hohes Niveau. Der Unterschied zwischen den Verhältnissen in Deutschland und denen Frankreichs bestand aber darin, daß sich in Frankreich das Bürgertum in breitem Maße an der Feinschmeckerei beteiligte.

Natürlich gab es auch im Mittelalter schon Kochbuchautoren, deren Werke uns teilweise noch erhalten sind. Aber die Popularität ihrer französischen Kollegen erreichten sie nie. Wie das Beispiel von Rumohrs zeigt, wurden die deutschen Autoren oft erst lange nach ihrem Tod berühmt. In der damaligen Oberschicht, dem Adel, hatte man vermutlich Komplexe, schriftstellerische Werke dieser Art zu verbreiten: von Rumohr brachte sein Werk »Geist der Kochkunst« zunächst unter dem Namen seines Leibkochs Joseph König heraus. Es erschien 1823, also zwei Jahre vor Brillat-Savarins »Physiologie du goût«. Interessant ist besonders, daß von Rumohr sein brillantes Werk schon mit 38 Jahren vorlegte, in einem Alter also, in dem der perfekte Geschmack des Feinschmeckers recht selten ist. Brillat-Savarin war wesentlich älter, als sein »Physiologie du goût« erschien. Der »Geist der Kochkunst« steht dem Werk Brillat-Savarins keinesfalls nach. Selbst mit kritischen Augen betrachtet, hat es heute besonders aus französischer Sicht noch an Wert ge-

wonnen, weil der natürlichen Art der Kochkunst von Anfang bis Ende höchster Wert beigemessen wird.
Gerade die Gastronomen unserer Zeit huldigen dieser Art der Kochkunst, nachdem in der zweiten Hälfte des 19. Jahrhunderts in Frankreich und zum Teil auch im übrigen Europa die architektonische und demonstrierende Kochkunst, durch Antoine Carême (1784–1833) und durch Auguste Escoffier (1846–1935) forciert, vorübergehend höher bewertet wurde. Cournonsky, »le prince des gastronomes«, wie ihn seine Anhänger und Verehrer nennen, war der erste bedeutende Befürworter der natürlichen Küche. Er verdammte die geschmacklichen Verzerrungen durch übertriebenes Beiwerk. Der große Praktiker der Kochkunst dieses Jahrhunderts, Fernand Point, demonstrierte mit seiner Küche die Thesen Cournonskys, wobei es nebensächlich ist, ob sie von Anfang an seine eigene Überzeugung waren oder ob er die Grundsätze Cournonskys übernommen hat.
Die heute wirkenden Jünger dieser großen französischen Gastronomen der Neuzeit, die Praktiker Paul Bocuse, Paul Haeberlin, die Brüder Troigros und Michel Guérard in Paris sowie der inzwischen verstorbene Alexandre Dumaine, die großen Theoretiker Henry Clos Jouve und der verstorbene Amunetégi huldigen der natürlichen Küche. Sie tun das ganz einfach deswegen, weil sie die höchsten Genüsse vermittelt und besonders bekömmlich ist. Sie ist auch der heutigen Lebensweise zuträglicher. Damit ist die Optik oder eine bestimmte Kunstrichtung zweitrangig geworden.
Wie würden diese berühmten Gastronomen staunen, wenn wir ihnen eine ins Französische übersetzte Ausgabe des Werkes von Rumohrs präsentieren könnten. Sie müßten feststellen, daß schon vor Brillat-Savarin ein Deutscher die hohe Kunst der natürlichen Küche, die höchste Stufe praktischer Gastronomie, besungen hat. Nur ist leider die Saat von Rumohrs nicht auf sehr fruchtbaren Boden gefallen. Der Kreis seiner Leser und Anhänger war sehr begrenzt. Von einem Nachfahren erfuhr ich vor einiger Zeit seine Familiengeschichte.
Irrtümlich wird er in der Literatur als sächsischer Adeliger genannt. Tatsache ist zwar, daß er auf einem Gut seines Vaters in Reinhardsgrimma bei Dresden geboren wurde, die Familie hatte ihren Hauptsitz aber in Holstein. Sein Vater

und er selbst waren sowohl mit dem dänischen als auch mit dem preußischen Königshaus eng befreundet. Auf ausgedehnten Reisen studierte er die damals hochstehende italienische Küche und die Feinheiten der französischen Kochkunst. Das Fazit seines Werkes ist die Überzeugung, daß man mit Geist und Geschick auch mit den Produkten der deutschen Landwirtschaft und den Fängen deutscher Fischer die gleichen Resultate der Kochkunst erzielen kann wie die klassische Küche Italiens und Frankreichs. Wörtlich verdammte er die in früherer Zeit üblichen Massenfressereien und Saufereien im Norden Europas.

In Deutschland findet man nur in großen Abständen wirklich bedeutende Gastrosophen. Natürlich hat es auch bei uns weltberühmte Gastronomen gegeben, man denke nur an die Berliner Familie Horcher oder an die Besitzer des Hotels »Adlon« in Berlin oder an Alfred Walterspiel in München. Aber diese Gastronomen waren alle mit der Materie beruflich verbunden, hatten also immer eine besondere, eine kommerzielle und somit nicht ganz objektive Perspektive. Die sachliche Kritik war ihnen nicht in dem Maße möglich wie Außenstehenden. Jedenfalls: In der gastronomischen Schriftstellerei ist keiner auf eine Stufe mit Walter Bickel zu stellen. Wer mehr weiß, darf mich rügen. Er ist gleichzeitig der große Kenner der Geschichte Carl Friedrich von Rumohrs. Er hat die Neuauflage vom »Geist der Kochkunst« sowohl vor 1965 als auch die zweite Neuauflage betrieben und somit der deutschen Feinschmeckerei einen unschätzbaren Dienst erwiesen. Eine ganze Reihe von hervorragenden Werken der neuen gastronomischen Literatur trägt mit ihrem hohen Brauchbarkeitswert den Stempel des aus der Praxis hervorgegangenen, inzwischen aber längst unabhängigen, also objektiven Kenners. Seine Bücher »Der Menschheit größte Leidenschaft« oder »Feste, Fresser, Feinschmecker«, um nur zwei zu nennen, sind Meisterwerke gastronomischer Literatur. Und zwar nicht nur der fachlichen Qualität und Präzision wegen, sie sind auch unterhaltend.

Bevor sich Walter Bickel der Fachschriftstellerei zuwandte, machte er eine berufliche Karriere, die heute märchenhaft klingt. Sie begann 1903 bei »Frascati« in London, dann folgten das »Midland Hotel« in Manchester, das »Trocadero« und »Claridge« in London; »Turbigo« und »Pail-

lard« in Paris waren weitere Stationen, bevor er die Küche des Prinzen Leopold von Preußen führte und anschließend im »Frankfurter Hof« in Frankfurt tätig war. An der deutschen Botschaft in Paris war er zwischen den beiden Weltkriegen viele Jahre Chef de Cuisine, um anschließend die Küche des rumänischen Königshofes zu leiten. »Horcher« in Berlin und die Reichskochschule in Frankfurt waren die nächsten Stationen. In Frankfurt, wo er auch das Kochkunstmuseum leitete, kam seine schriftstellerische Begabung zum Durchbruch.
Sein Sprachtalent, während jahrelanger Auslandstätigkeit gefördert und geschliffen, gab ihm die Möglichkeit, berühmte Gastronomie-Literatur französischer Herkunft ins Deutsche zu übersetzen. Seine bekanntesten Übersetzungen sind »Escoffiers Kochkunstführer«, der »Große Prellapart«, »Moderne Cocktail-Bissen« und noch einige andere. Richard Herings »Lexikon der Küche«, das inzwischen in fast allen Schultaschen gastronomischer Schüler und Lehrlinge zu finden ist, hat unter Walter Bickels laufenden Neubearbeitungen inzwischen siebzehn Auflagen erreicht. Alles zusammen eine so beachtliche Zahl, daß man mit Bickels eigenen Werken und seinen Übersetzungen eine überdurchschnittlich brauchbare gastronomische Bibliothek hat, die keine Frage offenläßt; wobei besonders beachtlich ist, daß sich viele seiner Werke an den Liebhaber guter Gastronomie wenden, also keine trockene Fachliteratur darstellen. Sein Lebenswerk – es ist noch nicht beendet – hat nun eine wohlverdiente hohe Ehrung erfahren. Walter Bickel, der große Gastrosoph, erhielt als dritter Träger den von der Gastronomischen Akademie Deutschlands gestifteten Carl-Friedrich-von-Rumohr-Ring.
Ich kenne so gut wie alle lebenden Journalisten und Schriftsteller der französischen Gastronomie. Sie sind so zahlreich, daß man es in Deutschland nicht für möglich hält; aber ich kenne keinen, dessen Werk so wertvoll ist wie das Walter Bickels. Seit Carl Friedrich von Rumohr ist er der erste Deutsche, der über den Franzosen steht.

Hans Hömberg

Hans Hömberg, ein Tiroler aus Berlin: Das klingt unglaublich, ist aber wahr. Ich habe ihn vor vielen Jahren zum erstenmal gesehen, als er auf den Spuren Bernd Böhles deutsche Restaurants bereiste, um für die damals noch seltenen Feinschmecker wenig bekannte Oasen der Gaumenfreude zu beschreiben. Ein Schriftsteller mit hoher Eßkultur, der eine der bedeutendsten Thesen der neueren Gastronomie lehrt, die leider, weil sie nicht oft und nicht laut genug verkündet wird, immer noch kein Allgemeingut ist. Er sagt, daß die weitverbreitete Behauptung »Das Auge ißt mit« barer Unsinn ist. Mit Recht. Denn dieser Unfug hat dazu geführt, daß sich Köche und Hausfrauen gelegentlich mit Garnituren die Zeit vergeuden, um den wichtigsten Bestandteil des Mahls dann zum Nachteil zu verändern, indem sie etwa halbwarm servieren. Er sagt, daß eine Vielzahl der Beilagen niemals von geschmacklicher Harmonie sein kann, daß beispielsweise zwei oder besser nur ein Gemüse, frisch und natürlich zubereitet, dem feinen Geschmack einer Poularde oder eines Bratens viel zuträglicher sein kann als ein farbenprächtigs Sammelsurium aus einer Konservenfabrik.
Seine Komödie »Kirschen für Rom«, vor einiger Zeit nicht ganz befriedigend im Zweiten Deutschen Fernsehen inszeniert, habe ich auch als Buch gelesen. Es fasziniert den Kenner und Liebhaber genießerischer Lebensart vom Anfang bis zum Ende. Es ist die Geschichte des römischen Generals Lukullus, dessen Name von Legionen von Unwürdigen immer wieder mißbraucht wird. Das weiß ich erst, seitdem ich Hömbergs Buch gelesen habe. Denn seinen Namen für irgendeine Speisenkreation zu verwenden, setzt voraus, daß man die höchste Stufe in der Kochkunst – und der Kunst des Lebens erklommen hat. Die Dialoge des ganzen Stücks drehen sich ausschließlich um dieses Thema. Mit Klarheit und Präzision, sprachlichem Wohlklang und Charme läßt Hömberg Lukullus mit seinem Leibkoch über Speisen und neue Soßenrezepte sprechen. Seines Herrn Spannkraft und Frische weniger für seine Aufgaben als Feldherr als mehr für die schönen Dinge des Lebens zu erhalten, betrachtet der kochende Diener als seine Aufgabe. Und als es ihm schließlich nicht mehr gelingt, und der General, mit Weisheit, aber auch

mit den Gebrechen des Alters versehen, seine jugendliche Geliebte an den jungen Adjutanten verliert, sieht sich der Leibkoch als Versager und nimmt sich das Leben.
Das sind Hömbergsche Lebensweisheiten, dem General Lukullus und seinem Leibkoch in den Mund gelegt. Wer meint, das habe nichts mit Gastronomie zu tun, dem muß ich widersprechen; denn Gastronomie ist nicht irgendein Zweig der Wirtschaft und nur für die Sättigung eines gewissen Kreises von Mitmenschen da. Gastronomie heißt, für das Wohlbefinden zu sorgen; und zwar zunächst für das leibliche Wohl, was ganz sicher auch das seelische Wohlbefinden nach sich zieht. Die anderen schönen Dinge des Lebens lassen sich dann weit besser genießen. Geschäfte kann man während oder nach einem gastronomischen Mahl vorteilhafter besprechen und erledigen als mit hungrigem Magen oder einem Magen, der mit schlecht bekömmlichen Dingen gesättigt ist. Nicht umsonst meinen kluge Leute, daß die Weltpolitik besser während oder nach köstlichen Diners erledigt werden sollte. Mancher politische Hader würde sich versöhnlicher erledigen. Diese Erkenntnis ist nicht neu, und doch wird sie so selten angewandt. Warum wohl? Ganz einfach, weil auch unter den sogenannten Großen der Welt der Anteil der wirklichen »Gastronomen« so gering wie in den übrigen Bevölkerungsschichten ist.
Die Bezeichnung Gastronom darf hier nicht als Berufsbezeichnung verstanden werden, sondern im ursprünglichen, auch in Deutschland gebrauchten Sinn als Feinschmecker. In den vergangenen Jahrzehnten hat sich in Frankreich diese Bezeichnung für den Kenner aller Sparten des leiblichen Wohls durchgesetzt, weil eine schon über hundert Jahre andauernde Diskussion noch immer unentschieden ist. Es geht darum, ob man den Feinschmecker Gourmet oder Gourmand nennen soll.

Gourmet oder Gourmand?

Gourmet oder Gourmand haben im Lauf der Zeit ihre Bedeutung gewechselt. Der Gourmet gilt heute als Feinschmekker, der Gourmand dagegen als Liebhaber großer Mengen. Ohne nun den Ehrgeiz zu haben, diese Dinge zu ändern,

muß ich doch erwähnen, daß das Wort Gourmand in seiner ursprünglichen Bedeutung und korrekten Übersetzung Feinschmecker heißt; also kann der Gourmand nicht der Vielfraß sein.
Brillat-Savarin schreibt in seiner »Physiologie du goût«: »Ich habe die Lexika wegen des Wortes ›Gourmandise‹ gewälzt und bin mit meinen Befunden nicht zufrieden. Da ist eine ewige Konfusion, und immer wieder wird der Begriff Gourmandise mit Gefräßigkeit und Völlerei verwechselt. Ich habe daraus geschlossen, daß die Lexikographen, im übrigen höchst achtbare Leute, nicht zu jenen liebenswerten Gelehrten gehören, die mit Grazie verstehen, einen klassisch gebratenen Rebhuhnflügel zum Munde zu führen und dazu ein Glas Lafitte oder Clos Vougeot zu trinken. Denn sie vergaßen absolut jene gesellschaftliche Feinschmeckerei, die athenische Eleganz, römischen Luxus und französisches Zartgefühl vereinigt, klug zu disponieren, geschickt auszuführen, energisch zu probieren und tief zu beurteilen: Qualitäten, die Wert genug sind, zum Rang einer Tugend erhoben zu werden, die zumindest aber die Quelle reinster Genüsse bilden. Definieren und verständigen wir uns: Die Gourmandise ist eine leidenschaftlich begründete und überlegte Vorliebe für alle Dinge, die dem Gaumen schmeicheln. Sie ist die Feindin aller Exzesse; wer sich betrinkt oder überfrißt, läuft Gefahr, aus der Liste der Gourmands gestrichen zu werden.«
Damit ist deutlich erwiesen, daß die heutige Deutung falsch ist wie auch die in Frankreich gebräuchlichen Folgerungen. Man hört in Restaurants immer wieder den Ausdruck »comme gourmandise«, was das Einverständnis zum Angebot des Nachservierens bedeutet und sagen will, daß man zwar gesättigt ist, aber trotzdem nicht nein sagen möchte. Und gerade das tut ein Feinschmecker nicht.

Doch wie steht es dann mit dem Gourmet, den man heute für den feinen, kenntnisreichen Liebhaber der feinen Genüsse hält? Dieses Wort war schon im 14. Jahrhundert gebräuchlich. Aber nicht für den Feinschmecker. Es bezog sich auf den Knecht. Später verstand man darunter den Lehrling oder Gehilfen eines Weinhändlers. Der Begriff geht auf das englische Wort »groom« zurück. Gromet, Groumet oder

Gourmet nannte man später die Hausburschen, die den Wein aus dem Keller zu holen hatten. Seine Kenntnisse und die feine Zunge hat der Gourmet also nicht an der Tafel, sondern im Keller erworben.
Gegen Ende des 18. Jahrhunderts wurde in Paris eine Brüderschaft der Wein-Koster gegründet. Sie nannten sich »Courtiers-Gourmets-Piqueurs«. Gourmet war deshalb gleichbedeutend mit Weinkenner. Und das ist sicher der Grund, weshalb man im Lauf der Zeit diese Bezeichnung allgemein für den Kenner der Feinschmeckerei verwendete.
Auf der höchsten Stufe der gastronomischen Leiter steht unbestritten der Gastrosoph. Walter Bickel, für mich einer der wenigen, die diesem Titel Ehre machen, definiert diese Bezeichnung so: »Er ist der Grandseigneur unter den Feinschmeckern, ein Mensch von Geist und Kultur, der die Feinheiten einer gepflegten Tafel restlos zu würdigen versteht und sie als Mittel zur Pflege der Freundschaft, der Geselligkeit und der Diplomatie benutzt. Speise und Trank werden von ihm vergeistigt, er ist ein Weiser, der stets maßzuhalten weiß und weder bei sich noch bei anderen Exzesse duldet. Gastrosophie setzt Kultur, Taktgefühl und Menschlichkeit voraus, Eigenschaften, die erst in einem reiferen Lebensalter erworben werden können. Man findet daher unter jüngeren Menschen nur selten Gastronomen, Gastrosophen aber kaum.«

Verfall der Tischsitten

Kleidervorschriften?

Zum Glück stellt das folgende Erlebnis eine Ausnahme dar, sonst könnte man bald wieder nur mit Komplexen über die Grenzen fahren: Ich saß, in Hochstimmung das bestellte Menü erwartend, in einem der wirklich seltenen Tempel Lukulls im Elsaß, während ein neben mir für acht Gäste gedeckter Tisch noch unbesetzt war. Meine Vorspeise, nur ein kleiner Gaumenkitzel, kam dann zusammen mit meinen acht Nachbarn. Aber was waren das für Nachbarn! Sie sprachen meine Sprache. Das war für mich das Prekäre.
Bärte, auch ungepflegte, sind nun einmal eine Modeerscheinung. Das gleiche gilt für die oft viel zu langen Haare. Wenn man aber dadurch selbst nicht benachteiligt oder belästigt wird, ist es eigentlich leicht, tolerant zu sein. Und wenn junge Leute ihr Hemd bis zum Nabel offen tragen wollen, so ist das ihre Sache. Nur, man sollte sich in solcher Aufmachung nicht in Feinschmeckerlokale wagen. Immerhin gehört zum Genießen eine auch optisch saubere und somit anregende Umgebung und Atmosphäre. Wird das von Gästen wie den geschilderten nicht berücksichtigt, so ist der Wirt der Geschädigte, weil sich andere Kunden darüber beschweren: Bei den angelegten Preisen haben sie auch Anspruch auf eine ansprechende Umgebung. Und das zu Recht. Denn Feinschmeckerei war zu keiner Zeit billig; der Hinweis auf den hohen Preis bezieht sich nicht immer nur auf das, was auf Tellern und Platten serviert wird.
Gerade die Franzosen sind, was Kleiderordnung anbetrifft, äußerst liberal. Ich habe schon wiederholt erlebt, daß Gäste bei offiziellen Essen, denen hochgestellte Persönlichkeiten, wie zum Beispiel der Innenminister, präsidierten, im Straßen- oder Sportanzug erschienen. Aber was meine acht

Landsleute hier vorführten, war Tyrannei. Kaum saßen sie, da hatten sie alle acht schon die Zigaretten im Mund. Ein munteres oder, besser gesagt, nervöses Paffen hüllte den Speisesaal des Restaurants im Nu in blauen Dunst. Das beeinträchtigte natürlich die übrigen Gäste bei ihrem Gaumengenuß. Kulturlos war aber auch, was sie bestellten. Das ging kunterbunt durcheinander, und zwischendurch wurde selbstverständlich weitergeraucht. Mangels eigener Unterhaltung kann man bei solchen Gelegenheiten interessante, aber auch besorgniserregende Studien machen. Die im Restaurant anwesenden Franzosen machten sie auch.

Mit etwas Phantasie kann man die Entwicklung etwa so erwarten, daß spätestens in zehn Jahren ein Teil unserer jungen Leute, vielleicht nur mit Bart und Bärenfell bekleidet, an den Stätten Lukulls auftaucht. Die mitgeführten Kampfkeulen würden dann auch noch dazu führen, daß ihnen die Wirte den Zutritt nicht verwehren könnten. Natürlich wäre es falsch, heute mit bestimmten Kleidervorschriften operieren zu wollen. Niemand erwartet, daß man Feinschmeckerei im alten Vatermörder seligen Angedenkens (steifer Kragen mit gestärkter Hemdbrust) betreibt. Auch hier gilt: Was gefällt, ist modern; auch hier gilt: Was bequem ist, ist bekömmlich. Was heute manche Nachtclubs mit überholter Krawattenvorschrift praktizieren, paßt gerade dort wie die Faust aufs Auge: Als ob man mit diesen Äußerlichkeiten ein herkömmliches Kulturniveau erhalten oder demonstrieren könnte.

Aber irgendwo ist die Grenze, und zwar dort, wo man mit schlampiger Kleidung den guten Geschmack und damit den Appetit der Tischnachbarn gefährdet. Das geschieht bestimmt nicht durch die fehlende Krawatte oder durch einen offenen Hemdkragen, sondern schon eher durch die um den Hals gebundenen Ärmel eines Pullovers. Diese saloppe Art des Auftretens ist auf der Kaffeeterrasse eines Ausflugslokals im Sommer noch zu akzeptieren, in einem Feinschmeckerlokal sollte man aber den Pullover anziehen – oder an der Garderobe abgeben. Der erste Eindruck ist der zuverlässigste: Wer schlampig auftritt, darf sich nicht wundern, wenn er entsprechend klassifiziert wird. Im übrigen sollten wir uns an den angeborenen Optimismus erinnern und hoffen, daß auch die heranwachsende Generation es eines Tages für richtig hält,

statt in schmutzigen und durchlöcherten Hosen wieder mit sauberer Kleidung durch die Welt zu ziehen. Ob mit oder ohne Bügelfalte, ob mit oder ohne Krawatte ist nebensächlich. Bedenken soll sie nur, daß zur Schau getragene Schlamperei sich mit der Zeit auch auf Leistung und Chancen auswirkt. In welcher Richtung, dürfte klar sein. Aber ohne diese Leistung ist ein Standard, der Genießen und insbesondere die Feinschmeckerei erlaubt, auf die Dauer nicht möglich.
Natürlich haben wir auch Erlebnisse der gegenteiligen Art. Wie könnte es anders sein. Auch der teuerste Schneider kann über mangelnde Tischsitten nicht hinwegtäuschen: Ein lila Smoking und eine Handtasche aus Saffianleder nutzen kaum etwas, wenn man bei Tisch über Selbstverständlichkeiten stolpert. Da habe ich schon mehr Respekt vor dem einfach gekleideten Genießer, der dem Küchenchef oder dem Saucier – oder der Köchin ein Kompliment macht, indem er mit einem Stückchen Brot den letzten Rest der Soße vom Teller ißt. Und damit bin ich bei einem Thema, das überall immer wieder aktuell wird.
Was geschieht mit Soßen, die gut schmecken? Müssen sie im Teller bleiben? – Sie müssen nicht. Hier können wir wieder einmal den Franzosen über die Schulter schauen. Bisher gab es in keinem Sortiment der so berühmten deutschen Besteckfabriken einen Soßenlöffel. Die Franzosen haben hier als erste die Lösung gefunden: Ein Soßenlöffel wurde entwickelt. Er unterscheidet sich von einem normalen Löffel nur dadurch, daß er wesentlich flacher und deshalb auf dem Teller besser benutzbar ist. Die alte Art des Verzehrens von Soßen, die viele unserer Zeitgenossen seit den Hungertagen beibehalten haben, sollte man langsam vergessen. Man sollte nicht Unmengen von Salzkartoffeln in der Soße mit der Gabel zerdrücken, um nach dem Essen über die hohe Zahl von Kalorien zu jammern, die man unnötigerweise eingenommen hat. Immer wieder sei darauf hingewiesen, daß man sich eben nicht nur in der Wahl des Restaurants, sondern damit auch mit der Art des Essens nach dem Bedarf richten muß. Kurz: Man sollte wissen, ob man fein und genüßlich essen will oder ob man – zu einem möglichst geringen Preis – seinen Hunger stillen möchte. Natürlich gibt es zwischen diesen beiden extremen Arten einige Kompromißmöglichkeiten.

Das Argument, daß gerade die Soßen dick machen, trifft außerdem nur dort zu, wo Pfuscher am Werk sind. Gute Sauciers können heute mit etwas Phantasie ihre Produkte wesentlich leichter verdaulich auf den Tisch bringen als noch vor einigen Jahren. Und das, obwohl auch früher in den feinsten Küchen nicht nach der Devise »Viel hilft viel« und »Besonders viele gute Zutaten geben bestes Essen« gewirtschaftet wurde. Schon vor dem Ersten Weltkrieg gab es einige Spitzenkönner, die leichtere Kost – gut abgeschmeckt – propagierten. Allen voran ist heute Michel Guérard, der mit seinen superleichten, feinen Soßen Furore macht. Seine Rezepte kann man in Illustrierten nachlesen. Wer sie nachempfindet, sollte aber nicht enttäuscht sein, wenn das Resultat kein Wunderwerk wird. Man sollte auf der Basis dieser Anregungen mit Phantasie und eigenen logischen Ideen fortfahren. Ich weiß, wie die französischen Küchenexperten früher amerikanische Vielfrager mit schrecklichen Phantasierezepten hinters Licht geführt haben. Und so geht man teilweise auch mit deutschen Vielfragern um. Trotzdem lohnt sich hier die Weiterbildung. Denn gerade Michel Guérards Küche, so verrückt einige Rezepte auch auf den ersten Blick erscheinen mögen, ist die Küche der Zukunft. Je mehr die Welt technisiert wird, desto bequemer wird der Mensch. Jeder meint, genügend für sich zu tun. Und bei genauem Hinsehen entdeckt man dann, daß eine kleine Schicht von Hochleistungssportlern ihren Körper übertrieben belastet und schädigt, während der größere Rest der Menschheit dasselbe auf entgegengesetzte Weise erreicht.
Deshalb halte ich die feine Küche der letzten fünfzig Jahre unter der Voraussetzung reduzierter Verwendung von besten Fetten und weitgehender Rationierung von Kohlehydraten, die sich bei Kartoffeln, Brot, Mehlspeisen und ähnlichem finden, für absolut empfehlenswert. Fische, Geflügel und alle Fleischarten sowie junges Gemüse und alle Arten von rohen Salaten müssen der Mittelpunkt unserer Ernährung in den nächsten zwanzig Jahren sein. Ich bin dieser Überzeugung, weil Michel Guérards Küche noch nicht reif ist für die Allgemeinheit. Die Umstellung ist zu radikal. Unseren Körper etwa vom herkömmlichen Fettverbrauch auf Null umzustellen, ist auf die Dauer nicht realisierbar. Ich bin sogar der Überzeugung, daß die Küche mit dem reduzierten Fett- und

Kohlehydrateverbrauch überhaupt die Küche des dritten Jahrtausends sein wird; denn Guérard und seine Jünger werden nicht nur aus Gründen der Feinschmeckerei, sondern auch aus gesundheitlichen Gründen wieder zu geringen Mengen von Fett, zum Beispiel Pflanzenfetten und Molkereifetten, zurückkehren.
Das alles soll aber nicht das Thema dieses Buches sein. Diese Hinweise dienen als Basis zum Vergleich mit der alten alemannischen Küche und zum besseren Verständnis für meine Ansicht, daß auch wir mit der Zeit gehen müssen und deshalb zwar die alte Art der Küche erhalten sollten: Wir können sie aber nicht mehr täglich vertragen. Würden wir täglich wandern, skifahren, stundenlang reiten oder schwere körperliche Arbeit verrichten, könnten wir alle diese alten Rezepte realisieren. Da das aber nicht der Fall ist, sollten wir sie nur dann und wann verwenden.

Mehr Licht

Ich habe vorhin verkommene Kleidersitten mancher Zeitgenossen kritisiert und habe bemängelt, daß viele zwischen den einzelnen Gängen Zigaretten rauchen. Das Schlimmste aber, was einem Feinschmecker passieren kann, ist ein Pfeifenraucher mit diesen parfümierten Tabaksorten. Das ist dann kein Stilbruch mehr, das ist, gelinde gesagt, Tyrannei. Dabei bilden sich diese Leute dann auch einiges auf ihren speziellen Geschmack ein. Fernand Point hat jeden Gast, der in seinem Speisesaal zu rauchen versuchte, höflich, aber bestimmt gebeten, hinaus in den Garten zu gehen. Da wir uns inzwischen an Zigarren- und Zigarettengeruch gewöhnt haben, wird es nicht notwendig sein, genau wie Fernand Point zu verfahren. Doch jenen tyrannischen Pfeifenrauchern sei gesagt, daß es besser ist, wenn sie ihre Düfte allein genießen.
Aber auch die Wirte machen gedankenlos Fehler, die sich zu Rücksichtslosigkeiten steigern können. Licht gehört zum Speisen. Der klassische Speisesaal ist fast schon zu grell ausgeleuchtet. Das Tischzeug so gewählt, daß der Teller und sein Inhalt möglichst klar und deutlich sichtbar werden. Hier spielt das Dekor des Porzellans eine wesentliche Rolle.

Auf Weiß heben sich alle Speisen farblich ehrlich ab. Ein zartrosa gebratenes Steak kontrastiert im Anschnitt mit blau dekoriertem Porzellan noch blutiger. Auf weißem Porzellan zeigt sich besonders frisches Gemüse von der besten Seite. Man sieht dann jedem einzelnen Erbslein an, ob es frisch ist oder mitten im Sommer aus der Blechbüchse kommt. Ja, selbst die meisten weißfleischigen Fischarten zeigen auf weißem Porzellan ehrlich, ob sie ihr Lebenselement, das Wasser, erst vor kurzem oder schon vor längerer Zeit verlassen haben. Deshalb sollte mindestens auf dem Innenteil des Tellers das neutrale Weiß erhalten werden. Kleine Zugeständnisse an den Zeitgeschmack lassen sich dann immer noch am Rand unterbringen.

Schummeriges Licht paßt dort, wo die Jugend oder auch die fortgeschrittene Jugend zum Händchenhalten hingeht. Gemütlich nennen manche Innenarchitekten düsteres Halblicht. Ich finde es ermüdend, beim Essen aber unzumutbar. Da helfen dann auch die ergänzenden Lichtspender, die Kerzen, nicht. Sie können Atmosphäre schaffen, aber intensive Lichtquellen für ein Speiserestaurant sind sie nicht. Es sei denn, man verwendet sie so verschwenderisch wie früher an den Fürstenhöfen. Die alte Deckenlampe bringt für den Speisesaal mehr als die Wandleuchten. Aber sie muß eine echte Lichtquelle sein: eine Quelle, die das Licht gleichmäßig verteilt und den Tisch gleichmäßig beleuchtet.

Wahre Prachtexemplare sieht man heute nicht selten dort, wo Brauereiarchitekten ihre Finger im Spiel hatten: Ein kleiner Lichthof auf der Mitte des Tisches, das genügt, so meinen sie. Dort hält man dann den Teller hin, wenn man wissen will, was man ißt. Der Wirt kauft den teuren Strom – und das noch teurere Gebilde, das sich Leuchte nennt, verhindert seine Wirkung.

Licht braucht man auch für den guten Wein. Für alle Arten von Wein. Die Beurteilung eines Weins beginnt mit dem Auge. Hier spielt die Optik, von der Natur her begründet, eine sehr große Rolle. Mit dem geübten Auge kann ich schon erkennen, ob ich einen frischen oder matten, jungen oder alten, rassigen oder senilfirnen Weißwein im Glas habe. Auch bei Rotweinen sind einige Eigenschaften schon vom Ansehen zu erkennen. Von der jugendlich frischen Traubenfarbe bis zu den höchsten Alterszeichen – zum Beispiel dem

Kupferrand – gibt es eine ganze Reihe von Merkmalen für die optische Charakterisierung.

Bedeutende Gründe also auch hier, die Speiserestaurants richtig auszuleuchten. Wir haben heute viele technische Möglichkeiten, dies zu erreichen, ohne auf eine gute Atmosphäre verzichten zu müssen. Wir können heute warmes, verträgliches Licht hell erstrahlen lassen, um die Produkte guter Köche oder lieber Küchenfeen in ihren natürlichen Farben bewundern und genießen zu können. Und auch in einem gut ausgeleuchteten Speisesaal gefallen zusätzliche Kerzen weniger als Licht- denn als Stimmungsquelle.

Weine aus dem Eiskühler?

Daß Wein inzwischen nicht mehr als Luxusgetränk gilt, ist eine erfreuliche Tatsache. Recht unglücklich bin ich aber, wenn ich ihn mit falscher Temperatur serviert bekomme. Daß Wein langsam zum Volksgetränk wird, darf nicht dazu führen, daß er nachlässig behandelt wird.

Ich habe immer noch im Ohr, wie mir ein Bekannter seine Meinung vom Weißwein-Service offenbarte. Er meinte, wenn Weißwein in einem Kühler serviert werde, verstünde der Wirt nichts vom Wein – oder er hätte ein schlechtes Gewissen hinsichtlich der Qualität. Die Ursache solcher Ansicht erkannte ich erst viel später: Dieser Weinfreund ist Liebhaber leichter und leichtester Moselweine. Damit habe ich seine Meinung wenigstens teilweise begriffen. Denn wenn man ganz leichte Weine mit Eiskühlertemperatur serviert, bleibt nicht viel oder noch weniger von ihnen übrig.

Bei unseren wesentlich kräftigeren badischen Weinen ist genau das Gegenteil der Fall, ebenso wie bei den Weißweinen aus dem Elsaß und den an Alkohol noch reicheren Weißweinen aus Burgund und von der Loire, die bei guten Jahrgängen nicht selten dreizehn bis fünfzehn Grad Alkohol in sich haben. Deshalb braucht man für diese Weine den Eiskühler. Er dient dazu, den Wein auf die günstigste Temperatur zu bringen und sie dann auch zu halten. Es genügt nicht, daß ein Wein, im Kühlschrank richtig gekühlt, korrekt serviert wird, wenn er dann am Tisch während des Essens um einige

Grade wärmer wird. Er muß vielmehr mittels des Eiskühlers auf dem Tisch seine günstigste Temperatur behalten.
Die erwähnten kräftigen Weißweine trinken sich am besten zwischen acht und zehn Grad Celsius, weshalb sie mit allerhöchstens sechs bis sieben Grad ins Glas kommen dürfen. Dort wärmen sie dann schnell auf. Aber sie vertragen auch einen Schock im Eiskühler. Dieser Schock ist ihnen in jedem Fall bekömmlicher, als wenn sie zu warm serviert werden. Der Kühler sollte kein bloßes Dekorationsrequisit sein. Er ist es aber dann, wenn die Weinflasche nur zu etwa zwei Dritteln im Wasser steht und in diesem Wasser dann außerdem nur einige wie verloren wirkende Eiswürfel vergeblich um ihre Erhaltung kämpfen. So servierte Weißweine sollte man zurückschicken, um damit dem Kellner oder dem Wirt zu zeigen, wie dilettantisch sein Weinservice ist.
Korrekter Weinservice erfordert einen möglichst hohen Kühler, der mindestens zur Hälfte mit Eiswürfeln, Eisschnee oder geraspeltem Eis gefüllt ist. Der Rest ist dann Wasser, so daß der Inhalt der Flasche kaum über die Eiswasseroberfläche hinausreicht. Nur so kann der Wein dann auch schnell serviert werden. Ein lehrreiches Exempel für einen schlampigen Weinkellner erlebte ich einmal in einem sehr guten französischen Speiserestaurant in Lyon. Mein Freund bekam einen Weißwein so serviert, wie ich es oben abschreckenderweise geschildert habe. Er bat dann den Kellner mit dem Hinweis auf seine Sparsamkeit mit Wasser und Eis, die Flasche kopfüber in den Kühler zu stellen. Nur so, kommentierte er seine Bitte, hätten wir noch Aussicht, den Wein in absehbarer Zeit kühl trinken zu können! Diese Sprache wurde verstanden, und schnell wurden Eis und Wasser aufgefüllt.
Das immer wieder kritisierte Schockkühlen im Eiskühler ist mindestens für kräftige Weine wesentlich günstiger als wochenlages Liegen bei niederen Kühlschranktemperaturen. Gerade in der Gastronomie, vor allem der Gastronomie mit oft viel zu umfangreichen Weinkarten, kann man die großen Weine nicht in den niederen Temperaturen vorrätig halten. Hier ist dann ein klimatisierter Weinkeller zwischen acht und zwölf Grad Celsius ideal, weil aus diesem Temperaturbereich innerhalb kürzester Zeit im Kühler auf die günstigste Temperatur heruntergekühlt werden kann. Der Mittelwert

für ein günstiges Vorkühlen dürfte bei zehn Grad Celsius liegen, was sowohl durch die erwähnte Klimatisierung des Kellers als auch durch richtige Regulierung von Getränke-Kühlschränken leicht erreichbar ist. Wird dann der Wein im Kühler etwas zu kalt, so kann das sehr schnell wieder ausgeglichen werden. Bei der heutigen Heiztechnik sind alle Räume gleichmäßig warm. Zwanzig bis zweiundzwanzig Grad hat man in der Regel. Das Weinglas hat diese Temperatur auch. So entsteht das schnelle Auftemperieren des Weins, und in dieser Phase gibt der Weißwein dann alles, was er für Nase und Gaumen zu geben hat.

Weit wichtiger noch als bei Weißwein ist das Einhalten der günstigsten Wärmezone bei Rotwein. Fast überall bekommt man ihn zu warm serviert. Man beruft sich darauf, daß man Rotwein »chambré«, also bei Zimmertemperatur, anbieten soll. Was man aber nicht berücksichtigt, sind der Wandel der Heiztechnik und die damit verbundene gleichmäßige Beheizung der Räume. Heute findet man unter jedem Fenster einen Heizkörper. Früher stand ein Kamin oder ein Kachelofen in der einen Ecke des Zimmers oder Restaurants. Niemand hielt aber neben dem Ofen oder neben seinem Kamin sein Rotweinlager. Vielmehr wurden dafür nur schwach oder nicht beheizte Räume verwendet. Oder die Rotweinflaschen, die chambriert wurden, lagen am anderen Ende des Raumes, vielleicht dort, wo im Winter Eisblumen die Fenster zierten. Damit hatten die Rotweine etwa vierzehn bis sechzehn Grad: genau die richtige Temperatur für gute Tropfen. Besonders alte, reife Rotweine leiden unter längerem Lagern bei höherer Temperatur. Es bilden sich Ester, flüchtige Säure; die alten Weine werden stichig.

Rotweinregale in Restaurants oder auch im privaten Bereich, die manchmal bis zur Decke reichen, sind dekorativ. Ein Vorteil ist, daß man die Weine schnell greifbar hat. Für den Rotwein selbst aber sind sie nur nachteilig. In der Gastronomie sollte man solche Regale nur mit den leeren Flaschen der vorrätigen Rotweine, mit Attrappen, zieren. Alles andere ist Unsinn.

Überzeugend aber ist nur das Beispiel: Deshalb sollten Sie einmal einen großen Burgunder- oder Bordeaux-Wein bei sechzehn bis achtzehn Grad servieren und dann über die Zeit eines Essens immer wieder probieren. Er temperiert

dann ein bis zwei Grad auf und erfreut Sie mehr, als wenn er schon mit zwanzig Grad serviert worden wäre.
Das gleiche trifft für einen jungen badischen Rotwein oder einen Beaujolais zu. Zwölf bis vierzehn Grad im Sommer, nur wenig mehr im Winter, sind die idealen Temperaturen, wobei der untere Bereich mehr für den Beaujolais, der obere für den badischen Wein gilt. Nur gute Qualitäten müssen es sein! Rotweine decken bei niederen Temperaturen alle ihre Fehler auf, während sie, warm getrunken, kleinere Fehler verdecken.
Auch im Bereich der großen Rotweine wird seit einigen Jahren heftig über die wohl richtige Serviertemperatur diskutiert. Noch vor zwanzig Jahren war es selbst im Raume Bordeaux sehr schwer, einen großen Rotwein bei fachlich und damit geschmacklich richtiger Temperatur serviert zu bekommen.
Ich erinnere mich, daß die Weinkellner im Restaurant Cht. Trompète, im Restaurant des Hotels Splendid und im Restaurant Duberne die Weine zwar absolut korrekt servierten, aber in den Sommermonaten und nicht selten auch während der übrigen Jahreszeit zu warm in die Karaffe brachten.
Wiederholt habe ich deshalb den verbrauchten Kühler des Weißweins zurückgehalten, ihn nicht abräumen lassen, damit ich den zu warm servierten Rotwein schonend kühlen konnte. Sie verstehen: Ein frisch bereiteter Kühler mit viel Eis wirkt auf einen reifen Rotwein feiner, sensibler Art wie ein Schock. Dagegen wirkt kaltes Wasser mit einigen wenigen fast zerlaufener Eiswürfel schonend. Und wenn ich dann einem großen Wein auf diese Weise die richtige Temperatur beibringen kann, um mir so höchsten Genuß zu vermitteln, so schere ich mich keineswegs um unverständliche Blicke eines nicht ganz perfekten Weinkellners.
Inzwischen haben wir auf diesem Gebiet große Fortschritte gemacht. Fast alle als überdurchschnittlich bekannten Restaurants haben Rotwein-Kühlschränke. Und was vor wenigen Jahren nur mit kostspieligem Eigenbau machbar war, kann man heute relativ preiswert nach Maß kaufen.
Ein Hamburger Gastronomie-Techniker hat inzwischen sogar eine Kombination zwischen Rotwein- und Käseschrank konstruiert, der höchstes Lob verdient. Obwohl die Franzosen viel oder fast alles über den unterschiedlichen Bedarf an

Reifeklima vieler Käsearten wußten, blieb es einem Deutschen überlassen, dieses Problem zu lösen. Verschiedene Etagen seines gläsernen Käsekühlschranks berücksichtigen dies. Die glücklichen Bries, Camemberts und Reblochons fallen dem Käse- und Rotweinfreund auf diese Weise direkt ins Auge.
Und wenn dann die Rotweintemperatur auch stimmt, so steht dem Glück der Feinschmecker nichts mehr im Wege. Und diese stimmt, wenn man die Weine bei folgenden Temperaturen in der Flasche oder der Karaffe auf den Tisch bringt, wobei Dekantieren in die Karaffe nur bei Weinen erforderlich ist, die auch tatsächlich Depot haben. Ganz selten, aber es kommt vor, daß auch ein weniger kräftiger, aber alter Bugunder ohne Depot für einen kurzen Kontakt mit Sauerstoff dankbar ist. Dies zu erforschen erfordert allerdings das Experiment.
Die Rotweintemperaturen:

Deutsche Rotweine	+15–17° Cel.
Beaujolais	+12–14° Cel.
Junge bis mittelalterliche Bordeaux-Weine	+16–18° Cel.
alte Bordeaux-Weine	+17–19° Cel.
Junge Burgunderweine	+15–17° Cel.
Alte Burgunderweine	+16–18° Cel.

Hierbei ist zu berücksichtigen, daß die Trinktemperatur dann noch um ein bis zwei Grad höher liegen wird.

Temperaturen alter Schnäpse

Ähnlich wie beim Rotwein verhält es sich bei allen im Faß gealterten Branntweinen: Cognac, Armagnac, deutschen Weinbränden, Calvados und den verschiedenen im Faß gealterten Trebersorten, die man in Frankreich Marc nennt. Letztere werden bei uns immer wieder mit dem Hefeschnaps verwechselt. Es sind aber in der Regel reine Treberschnäpse, die im Eichenfaß, ähnlich wie der Cognac, gealtert werden. Natürlich wird bestimmt da und dort ein kleines Quantum Trübwein mit den Trebern destilliert, was dann zu der Vermutung führt, daß die Hefe mit den Trebern gebrannt wird. Aber dem ist nicht so. Der Marc de Bourgogne, Marc de Champagne und andere waren früher in tausend Variationen

von den Winzern zu bekommen. Wenn man Glück hatte, fand man einen besonders guten. Heute ist das kaum mehr möglich. Sie werden industriell hergestellt, sind in der Regel zu jung, und die Farbe haben sie mehr von karamelisiertem Zucker als vom Altern im Eichenfaß. Dementsprechend schmecken sie spitz und teilweise recht scharf, selbst wenn man sie bei korrekten Temperaturen, nämlich Rotweintemperaturen, mit sechzehn bis achtzehn Grad trinkt. Wirklich alte, im Faß gealterte Schnäpse werden bei höheren Temperaturen nur zum Nachteil verändert: Der Alkohol verdeckt die feinen Bukettstoffe. Deshalb ist vom Standpunkt des Kenners aus das Vorwärmen von Cognacgläsern, sei es durch Kerzenlicht oder durch Flambieren, nur eine Schau, was oft den dafür überhöhten Preis rechtfertigen soll.
Bei weißen Schnäpsen empfiehlt sich das Kühlen. Sie können zu ihrem Vorteil niedrigste Temperaturen vertragen, doch eisen sollte man sie nicht. Das ist Unfug. Schon mit einem Minimum an Kenntnissen weiß man, daß den feinen Fruchtäthern eines Kirschwassers, eines Mirabells oder allen anderen edlen weißen Schnäpsen diese Prozedur nicht bekommt, daß das feine Aroma in der Kälte untergeht und das ganze Produkt zu einem Alkoholkonzentrat deklassiert wird. In einem Münchner Hotel, das sich zur First-Class zählt, bekam ich einen geeisten Williams-Christ-Birnenschnaps serviert. Ich war platt, mit welcher Überzeugung ihn mir dieser Akrobat von Barmann kredenzte. Vom feinen Duft der Birne war nichts mehr da. Ich hätte auch neutralisierten Monopolsprit trinken können. Dafür war der Preis dann etwa sechshundertmal höher als die Temperatur.
Aromatische Schnäpse von Obst und Früchten aller Art schmecken, wenn sie als weiße Destillate serviert werden, bei einer Kühlschranktemperatur von drei bis sechs Grad; am besten aber sind sie, wenn man einen Schwenker verwendet, der mit Eis gekühlt wurde. Auf die Schnaps-Bier-Kombination gehe ich lieber nicht ein. Nur im Sommer, bei schönem Durst, ist es ratsam, vor einem kühlen Hellen einen Klaren zu trinken, womit man bei uns in Baden eben jenen Heferschnaps meint, der immer noch das beste Hausmittel der badischen Winzer ist. Und so versteht man ihn auch im Sommer als Schutz vor Erkältung, nicht aber als Objekt der Alkoholvertilgung. Der Massenkonsum dieser Art von Getränken

gehört für mich nicht zur Trinkkultur oder nur zu jener, die nicht in unsere Klimazonen paßt; sie ist vermutlich noch ein letzter Überrest aus den Zeiten der nordischen Saufereien.
Da bleibe ich dann lieber nach dem einen Hefeschnaps beim Bier, wie beispielsweise in München, wo das Biertrinken durch den großzügig gezapften Schaum auch nicht gerade billiger wurde. Dort hat der Liter in der Maß höchstens drei Viertel. Zu Zeiten des Oktoberfestes manchmal noch weniger. Aber es schmeckt trotzdem vorzüglich, weil es ohne Kohlensäure direkt aus dem Faß kommt. Natürlich hilft auch die Atmosphäre etwas mit. Mein bestes Bier habe ich eben dort getrunken, im »Augustinergarten«, zusammen mit etwa viertausend Bayern, von denen keiner einen Klaren trank. Da kommt nur noch ein gepflegtes Pils unserer badischen Brauereien mit, das man übrigens in Bierkneipen, die etwas auf sich halten, bei etwa acht Grad Celsius trinkt.

Snobismus und Feinschmeckerei

Was essen Leute, die täglich kulinarische Spezialitäten zubereiten? Was essen Leute, die täglich die feinen und feinsten Düfte raffinierter Geschmackskombinationen in ihren Nasen haben, alle diese Gerichte probieren und nicht selten auch mit ihren Gästen, Freunden und Bekannten in der Spitzengastronomie essen? Diese Fragen sind gegenwärtig, wenn über Feinschmeckerei und speziell über die Feinschmeckerei in der Gastronomie gesprochen wird.
Nun, um es zum hundertstenmal zu wiederholen: Feinschmeckerei, die echte Feinschmeckerei, beginnt nicht erst beim Hummer. Man braucht nicht alle Sorten Kaviar zu kennen, um als Feinschmecker Anerkennung zu finden. Ein Feinschmecker ist auch der, oder gerade derjenige, der die geschmacklichen Feinheiten eines einfachen Gerichtes erkennt, sie zu schätzen weiß und – was genauso wichtig ist – über seine Bekömmlichkeit im voraus, sozusagen im Handumdrehen oder gefühlsmäßig, Bescheid weiß. Ob dieses Erkennen auf praktischem oder theoretischem Wissen beruht oder gar auf so etwas wie Intuition, spielt nur eine untergeordnete Rolle.

Die verständlichste Definition eines Feinschmeckers ist die eines Menschen, der sich über eine einfache Suppe freuen kann, um sich anschließend mit Begeisterung über eine Bratwurst zu machen, die appetitlich zubereitet ist und der man herrlich duftende, lockere Bratkartoffeln mit auf den Tisch gegeben hat. Entsprechen diese Dinge seinen Erwartungen, so hält er mit seiner Freude weder im privaten Bereich noch in der Gastronomie hinter dem Berg. Sieht das Essen nicht so gut aus, dann ist es für ihn eine Frage der Situation, seines taktischen Gefühls, seiner Höflichkeit, ob er mit seiner Ansicht herausrückt. Aber eines ist sicher: Ein Feinschmekker gehört nicht zu der Kategorie von Menschen, die grundsätzlich bei Einladungen alles ißt, ganz gleich, ob es gut, mittelmäßig oder schlecht ist, um dann in den Chor der Lobeserhebungen einzustimmen. Ein Feinschmecker muß deshalb nicht unhöflich sein. Er kann sich diplomatisch aus der Affäre ziehen. Ich habe schon erlebt, daß solche Einladungen – beziehungsweise das Essen bei solchen Einladungen – durch Zurückhaltung mit Lob mit der Zeit wesentlich besser wurden.
Hier sollte der Leser unbedingt wieder an die Formulierung am Eingang dieses Absatzes denken: Der Feinschmecker hat überhaupt keine Ansprüche hinsichtlich des Aufwands. Für ihn muß kein Kaviar auf den Appetithappen sein. Für ihn muß kein gekochter Hummer auf dem kalten Buffet liegen. Aber er sieht sehr schnell mit geschultem Auge, ob die Hausfrau oder der Mann mit dem hohen, weißen Hut weiß, was bekömmlich ist, ob es bei der Präsentation um Effekthascherei oder um ein sachliches Angebot einfacher, feiner oder feinster Dinge geht. Der Feinschmecker wird auch besonders in der Gastronomie mit sicherem Gefühl immer das verlangen, was am jeweiligen Ort gut ist, also die Spezialitäten der Landschaft. Hier liegt eines der Hauptübel unserer deutschen Lebensgewohnheiten. Die deutsche Hausfrau oder die deutschen Eltern stehen auf dem Standpunkt, daß, wenn die Familie ins Restaurant geht, eben jeder bestellen und essen kann, was er will. Zu Hause gibt es keine Wahl, dort »wird gegessen, was auf den Tisch kommt«.
In Frankreich wird im Restaurant in der Regel für alle das gleiche Essen bestellt. Das ist für die Qualität des Essens von großem Vorteil.

Ein solches Vorgehen zeigt den gewandten, erfahrenen Reisemenschen, der fälschlicherweise manchmal als Snob identifiziert wird. Der Snob ist jener, der bei Einladungen die Qualität des kalten Buffets danach beurteilt, ob die ausgefallenen Dinge wie Hummer, Kaviar und ähnliches vorhanden sind, ganz gleich, ob aus der Dose oder aus der Gefriertruhe. Ein Snob ist jener, der die Qualität eines Restaurants an der Zahl seiner Gerichte auf der Speisekarte erkennen will und dabei übersieht, daß es unmöglich ist, auf diese Weise eine Feinschmeckerküche zu führen: Ein breites Angebot bedingt, daß alle oder fast alle Zutaten aus der Dose oder dem Frostfach kommen müssen.
Ein Snob ist jener, der in einem Restaurant oder einem Beizle, wo man gute Sülzle und Leberle zu machen versteht, irgendein ausgefallenes Essen selbst auf die Gefahr hin bestellt, daß es nur mit den erwähnten Hilfsmitteln, und dann noch improvisierend, hergestellt werden kann. Er fällt damit selbst herein.

Die Vorspeisen

In den Restaurants hört man immer wieder, daß Gäste die Vorschläge des Personals, eine kleine Vorspeise zu wählen, mit dem Hinweis ablehnen, daß man nicht soviel essen könne. Dafür werden beträchtliche Mengen an Teigwaren, Kartoffeln und anderen Magenfüllern verzehrt. Hier kann man dem größeren Teil der Wirte den Vorwurf nicht ersparen, daß zu wenig kleine Vorgerichte angeboten werden. Das ist aber nicht erst seit heute so. Seit Generationen gingen unsere jungen Köche in die Schweiz, um etwas »dazuzulernen«. Erst danach hatten sie die Chance, in einem guten gastronomischen Unternehmen Chef zu werden. Die junge Generation orientiert sich heute wesentlich mehr nach Frankreich. Ich halte das für durchaus richtig. Aus der Schweiz kommen nicht erst seit gestern mehr Pensionsköche zurück, die ihre Gäste um 12 Uhr, spätestens aber für 13 Uhr zusammenrufen, um das Mittagessen zu servieren. Köche dieser Art sind für die gute Gastronomie verloren. Die nächste Stufe des Abstiegs ist der sozial gesicherte Kantinen-Küchenchef. Jene aber, die aus Frankreich zurückkommen, ha-

ben dort außer dem entsprechenden Kochen fast immer auch das Essen gelernt. Sie wissen, daß sie ihren Gästen schnell eine kleine Beschäftigung servieren müssen, damit sie selbst Zeit für die Zubereitung einer guten Mahlzeit haben. Das kann natürlich nicht, wie man in Deutschland oft meint, in Form eines großen Fischgerichts geschehen, nach dem dann tatsächlich kein Appetit mehr für folgende Gänge vorhanden ist; von der Tatsache, daß das Essen so zu teuer würde, einmal ganz abgesehen. Wer ein kleines Hors d'œuvre haben möchte, eine Schleckerei so zwischendurch, um sich dann auf ein gutes Hauptgericht freuen zu können, dem bleibt bei uns oft nur die Möglichkeit, nur in Begleitung essen zu gehen, um sich eine Reihe ganzer Portionen teilen zu können. Einige Spitzenrestaurants ausgenommen, fehlen eben die kleinen Vorspeisen, oder sie sind einfach langweilig geworden, wie zum Beispiel das auf mindestens neun von zehn Karten aufgeführte geräucherte Forellenfilet. Man muß bei dieser Art des Angebots zwangsläufig an die Zeit der Freßwelle denken, die wohl ihre Spuren hinterlassen hat. Damals waren die Wirte am beliebtesten, die die größten Schüsseln mit Bratkartoffeln, das größte Stück Fleisch und, wenig später, den größten Hahn auf den Tisch brachten.
Inzwischen sollten wir uns aber wieder an angenehmere Tischsitten früherer Jahrzehnte erinnern. Man sollte auch in den als bürgerlich geltenden Gaststätten ein kleines Angebot an warmen und kalten Vorspeisen bereithalten. Bei Fischgerichten ist es besonders einfach, indem man kleinere Portionen vom selben Fisch, der auch als Hauptmahlzeit zu bekommen ist, als Vorspeise führt. Für unsere Region bieten sich außerdem bereits weltbekannte Spezialitäten an: Schwarzwälder Schäufele und Schwarzwälder Schinken oder eine Schwarzwaldforelle mit 180 bis 200 Gramm, wenn man darauf verzichtet, ihr im Magen mit einer Schüssel Salzkartoffeln den Garaus zu machen. Auch das bei mir nicht mehr in hohem Ansehen stehende Forellenfilet ist im Prinzip akzeptabel.
Für den Feinschmecker wäre es eine erfreuliche Entwicklung, wenn unsere Köche und Köchinnen einen Teil des übertriebenen Beiwerks der Hauptgerichte dorthin geben würden, wo es genüßlich verzehrt werden kann. Die mit Garnituren überladenen Fleisch- und Wildgerichte zum Beispiel.

Körbchen, Schalen und Legumieren, Schüsselchen und Salatblätter, gefüllt mit passenden und unpassenden Gemüsen. Nur die Optik gilt, auch wenn der geschmackliche Reiz verlorengeht. Viele dieser übertriebenen Beilagen schmecken hervorragend als Zwischengericht, beispielsweise Pilze. Während der Pilz-Saison ist ein Teller mit verschiedenen Pilzen, auf einfachste Weise zubereitet, für einen Feinschmekker ein absoluter Höhepunkt. Ein guter Koch wird zeigen, was er hat und was er kann. Das soll er auch tun, aber nicht alles auf einer Platte. Nehmen wir also das Geschenk der Natur, die Pfifferlinge, Steinpilze, Ziegenbarte, Maronen, Wiesenchampignons, Boviste oder, wenn man sich zu den Glücklichen zählt, Morcheln. Zwei bis drei Sorten gibt es immer zur selben Zeit. Auf die Minute, der Fachmann sagt à la minute, zubereitet, ergeben sie immer ein feines Zwischengericht. Feinstgehackte Schalotten, wenig Butter und die einzelnen Pilzsorten in getrennten Pfannen, je nach Beschaffenheit unterschiedlich lang, in jedem Falle aber nur kurz gedämpft und mit weißem Pfeffer und wenig Salz gewürzt, im letzten Moment mit einem passenden Küchenkraut leicht bestreut, ergeben auf demselben Teller, aber immer separat angerichtet, eine Huldigung an Lukull.
Bei der Zugabe von Gewürzen und Kräutern ist es wichtig, auf die geschmackliche Art der Pilze Rücksicht zu nehmen. Die feinen Pilze wie Steinpilze oder Morcheln müssen besonders gefühlvoll behandelt werden: ein Hauch Pfeffer, nur das allernotwendigste Salz und ein ganz dezentes Küchenkraut, z. B. Petersilie oder Kerbel. Die deftigeren Pilzarten wie Pfifferling, Marone, Ziegenbart etc. können etwas mehr vertragen, doch gilt auch hier der Grundsatz: Der Eigengeschmack darf nicht überlagert oder gar verdrängt werden.
Dieselben Pilze, auch die gezüchteten Champignons de Paris, eignen sich an warmen Tagen auf großartige Weise für die Zubereitung von rohen Salaten. Ein erfrischender Gaumenschmaus ist ein solcher Pilzsalat, wenn er mit einem feinen Sherry-Essig und einem sehr leichten Öl zubereitet wird. Hier kann eine gute Kaltmamsell, ein guter Koch der Phantasie so weit freien Lauf lassen, solange die geschmackliche Richtung nicht verfehlt wird.
Die Vinaigrette mit Sherry-Essig für feine Salate ist das Feinste und Dezenteste, was man heute auf diesem Gebiet kennt.

Eine für unseren Breitengrad echte Neuerung. Der Sherry-Essig ist ein Nebenprodukt der Sherry-(Xeres-)Produktion. Die hochwertigen Weine des Xeres liegen viele Jahre in kleinen Fässern, die zur Alterung notwendig sind. Ein bis zwei Prozent der Weine werden bei dieser Prozedur ohne Schutz gegen Oxydation zu Essig. Früher haben die Winzer des Xeres dieses ärgerliche und verlustreiche Nebenprodukt in Spanien verschleudert. Inzwischen ist das »mißglückte Nebenprodukt« teurer als der Sherry selbst. Man hat ihn für die allerfeinsten Salate entdeckt. Aber, wie sollte es anders sein im Metier der Köche, solche glücklichen Umstände reichen heute gegen Ende des 20. Jahrhunderts auch nicht mehr aus. So feine Produkte müssen »weiterentwickelt« werden. Wir brauchen die »nächste Steigerung«. Das Resultat solcher »Bestrebungen« sind Produkte wie »Himbeer-Essig«. Der Laie ist beeindruckt von solchen Erfindungen, die man höchstens als »Witz« empfinden sollte. Himbeer-Essig ist nichts anderes als Sherry-Essig, dem man, mit dem Ziel geschmacklicher Abart, einen Schuß Himbeergeist beigegeben hat. Eine wahrhaft geistreiche Entdeckung.
In unmittelbarem Zusammenhang mit den als Zwischengericht verwendbaren Beilagen steht auch die Überlegung, ein üppiges Hauptgericht beziehungsweise seinen Hauptbestandteil dadurch zu verfeinern oder – wenn man so will – zu entlasten, daß man nach guter, alter französischer Hausfrauenart das Gemüse als Gang nach der Hauptspeise reicht. Ich habe eingangs erwähnt, daß wir hier im Oberrheintal, ja im gesamten alemannischen Raum sehr starken Einfluß aus dem Westen feststellen können, der früher einmal noch deutlicher war. Es gab noch vor wenigen Jahrzehnten wohlsituierte Bürgerhaushalte, wo man noch Gemüsegänge nach dem Hauptgericht servierte. Daß dies heute nicht mehr – oder nur in Ausnahmen – möglich ist, wissen wir. Dies hängt mit der veränderten sozialen Struktur zusammen. Ohne einen verstärkten Personalaufwand ist eine solche arbeitsintensive Küche nicht mehr zu führen.
Aber die Gastronomie könnte ein oder zwei Gemüsearten als Gemüsegang nach dem Geflügel- oder Fleischgang servieren, sofern ein Teil des übertriebenen Beiwerks als Vorgericht angeboten wird. Der heute aufgrund vieler Vorteile wieder übliche Tellerservice erleichtert – und verfeinert –

diese alte, neue Art der Gastronomie, weil sich der Gast dann mit dem Hauptbestandteil, dem Filetsteak oder dem Huhn, genießerisch beschäftigen kann, anstatt verschiedene Gemüse, verschiedene Kartoffelarten und womöglich auch noch Salate probieren zu müssen. Eine Art Entflechtung der Geschmacksverwirrung mit dem Ziel höheren Genusses. Als einzige Beilage bliebe dann irgendeine passende, das heißt geschmacklich leicht unterzuordnende Kartoffel- oder Mehlspeise.

Ein weiterer wichtiger Grund spricht für diese Prozedur. Was von den überladenen Platten, die schon beim Anblick sättigend wirken, oft in die Abfalleimer kommt, kann man eher als Völlerei oder Arroganz empfinden – im Gegensatz zur wohldosierten, genießerischen Feinschmeckerei, bei der man die Teller leer essen kann.

Da wir Menschen aber immer zu Übertreibungen neigen, laufen wir immer Gefahr, von einem Extrem ins andere zu fallen. Da hatten wir doch eben erst das System der überladenen Teller mit viel zu vielen Beilagen; und schon ist es große Mode, Mini-Portionen zu servieren, die genau genommen den Teller, vor allem aber den Kellner nicht lohnen. Ich meine die sogenannten Degustations-Menüs.

Ich habe dies einige Male so erlebt, daß man getrost von Happen-Service sprechen kann. Hier begreife ich nicht, daß es überhaupt zu solchen Übertreibungen kommt. Wenn Fachleute beteiligt sind, so müssen doch Grundsätze berücksichtigt werden. Ein wichtiger Grund ist die Regel, daß man ein wohltuendes Sättigungsgefühl haben sollte, wenn man die Tafel verläßt.

Dies ist aber nicht möglich, wenn – was technisch anders nicht möglich ist – alle 25–30 Minuten jeweils ein Gabelbissen serviert wird, wenn beispielsweise hundert oder mehr Menschen in einem Raum vereint sind.

Hier sollte man den Drang, möglichst vieles zu zeigen oder probieren zu wollen, zugunsten echter Feinschmeckerei zurückstellen.

Eine kalte Vorspeise – auch ein reiches Hors d'œuvre –,
ein warmes Zwischengericht
und, wenn man Besonderes will, auch zwei warme Zwischengerichte differenzierter Art – zuerst gekocht und leicht, als zweites geschmacklich kräftiger, eventuell gebraten etc.,

dann weißes Fleisch und nachher
rotes Fleisch.
Daß hierbei die Beilagen klein gehalten werden, versteht sich.
Damit kommt man mit Käse und Dessert auf sieben Gänge, die man bei entsprechender Zubereitung und Präsentation als perfekt bezeichnen kann. Und hier verläßt dann der anspruchsvolle Gast die Tafel mit jenem unerläßlichen Gefühl der genüßlichen Sättigung, welche bei modernen Degustations-Menüs nicht erreichbar ist.
Unsere Region stand mit ihren Wurst- und Fleischwaren früher in hohem Ansehen bei den Nachbarn im Westen und im Süden. Inzwischen hat sich hier einiges zum Nachteil geändert. Nur recht selten bekommt man noch feine Wurstwaren, die nicht übersalzen sind. Man könnte meinen, die Wurster haben es sich zur Aufgabe gemacht, auch den Bierumsatz zu forcieren. Ich stehe mit dieser Ansicht nicht allein da. Besonders bekannte Fachleute dieses Gebietes, sogar der frühere Obermeister der badischen Metzger, vertraten die Ansicht, daß Salz soviel wie Safran kosten müßte, damit die Kollegen entsprechend vorsichtig damit umgingen. Ich kann nur zustimmen, weil es mich traurig macht, daß man diese früher zu Recht gelobten Produkte für die feine, anspruchsvolle Gastronomie nicht mehr verwenden kann. Dabei könnten sie vor allem in den Sommermonaten vorzügliche und erfrischende Hors d'œuvres sein, wenn man sie zusammen mit rohen Gemüsesalaten serviert. Mit solchen kleinen Vorspeisen kann der Teufelskreis der Ungeduld unterbrochen werden. Wer mit dieser Ungeduld auf ein bestelltes Hauptgericht, das erst zubereitet werden muß, wartet, zwingt die Küche zum Improvisieren – oder zum Vorkochen. Vermutlich ist das einer der Gründe für die riesigen Wasserbäder mit vorgekochten Speisen auf deutschen Restaurationsherden.
Werfen wir deshalb einen Blick auf die Tischkultur, wie sie heute noch in allen romanischen Ländern üblich ist, und zwar auch in der einfachen Gastronomie. Diese Tischkultur hatten wir früher auch. Ich meine, sie sollte wieder erreichbar sein! Wer sie für unnötig, für übertrieben hält, sollte auf einer Reise durch Frankreich einmal in den sogenannten Routiers-Restaurants essen, dort, wo die Kapitäne der Landstraße sich bedienen.

Eine in Scheiben geschnittene und mit Vinaigrette übergossene Tomate, zwei, drei Scheibchen frischer Wurst oder meistens Salami, Pastete aus der im Moment billigsten Fleischart, von der Wirtin selbst hergestellt, oder eine Salatplatte – das ist das Entree der Fernfahrer, der Routiers. Ein gebratener Hering oder ein kleines Stückchen Kabeljaufilet mit einer Senfsoße bildet das Zwischengericht, worauf bestimmt ein Stück Stallhase, eine kleine Portion Hammelbrust oder ein ähnlich einfaches Fleischgericht folgt. Daß ein Käse hinterher kommt, ist selbstverständlich. Abgeschnitten wird in der Regel nur ein Stück einer einzigen Sorte. Recht selten ein zweites. Denn der Fernfahrer weiß, daß sein Essen so kalkuliert ist, daß man sich weder vom Käsebrett noch vom nachfolgenden Obstkorb für die nächste Straßenrast versorgt. Daß man mal da oder dort eine Birne oder einen Apfel in die Tasche steckt, ist ganz normal, jedoch nur, wenn man auf das Dessert am Tisch verzichtet. In Frankreich weiß das jeder, bei uns leider nicht. Es sind hier schon sehr blamable Dinge vorgekommen. Sie werden glücklicherweise seltener. Der Tourismus erweitert die Erfahrungen auch in diesen Bereichen der Lebensart. Ich habe in Frankreich mehrfach bei Empfängen, Cocktails und ähnlichen Veranstaltungen erlebt, wie gering der Konsum von exklusiven Getränken war. Nie oder nur selten wurde ein Glas Champagner mehr nur deshalb getrunken, weil es nichts kostete. Hier bei uns dagegen ist es keine Seltenheit, wenn Leute solche Gelegenheiten wahrnehmen, um tüchtig zuzulangen. Da wird dann sogar Champagner gewählt, obwohl man dieses Getränk sonst nie trinkt. Da werden kalte, warme und lauwarme Buffets gestürmt, als lebten wir noch in den Hungerjahren. Da wird dann in aller Eile ein fürchterliches Geschmacksdurcheinander zusammengeschustert. Da werden Matjesfilets tüchtig mit Cumberlandsoße übergosssen. Da wird ein kleiner Berg eines gut aussehenden Obstsalats auf zarte Roastbeef-Scheiben gehäuft, Spätzle landen auf Krautsalat und der Kalbsbraten auf den Rahnen. Grausam ist es, solchem zuzusehen. Die Erziehung fehlt auch bei hermelingewärmten Damen und bei Herren, die in Lackschuhen stecken.
Mit ganz simplen Tricks ist es jedoch möglich, die Tischkultur etwas zu lenken, indem man die Buffets streng nach Speisegruppen, nicht aber nach farblicher Symmetrie aufbaut.

Der Salat Waldorf muß nicht neben den Rahnen stehen, um einen netten Farbkontrast zu erzeugen. Er gehört dorthin, wo das passende Beiwerk ist. Eine Speisegruppe für den ersten, zweiten, dritten und – für die Unersättlichen – auch noch eine Gruppe für den vierten Teller verhindern hier einiges. Der Erfolg wird nicht ausbleiben. Die Pleiten und Blamagen werden seltener. Traurig, wenn man das dem größten Teil eines Volkes predigen muß, dessen Väter noch vor wenigen Generationen mit einem einzigen Blick Frauen und Kinder an der großen Tafel oder am spartanisch gedeckten Familientisch zu aufrechter Haltung brachten.

Bunte Teller

Aber auch die Gastronomie ist nicht unschuldig an dieser mehr auf Optik als auf Geschmack achtenden Einstellung. Schlicht als gemischter Salat oder – mit etwas mehr Phantasie – als bunter Salatteller werden wahre Kunstgebilde bezeichnet. Wohlgemerkt: Kunstgebilde in ihrer farblichen Zusammenstellung. Wie es mit der geschmacklichen Harmonie aussieht, spielt keine oder höchstens eine untergeordnete Rolle.
Dabei bestand früher ein gemischter Salat, zumindest hier in Baden, lediglich aus Kartoffeln und einem grünen Salat, je nach Jahreszeit. Gegen die bunten Salatteller auch gegen den bescheideneren gemischten Salat wäre an und für sich nichts einzuwenden, wenn die Zusammenstellung in geschmacklicher Hinsicht stimmte. Aber was passiert?
Dort, im Zentrum des Tellers, wo alle Eigensäfte und Brühen zusammenlaufen, bekommt man schon beim Hinsehen das Grausen. Oder, wie glauben Sie, schmeckt eine aus Kraut, Gurken, Karotten, Sellerie und Rahnen zusammengelaufene Salatsoße? Man hätte sich die viele Arbeit sparen können. Alles, was auf diesem Salatteller war, hätte man auch mit Mixer oder Fleischwolf bearbeiten können. Es kann sich beim Verzehr solcher Farbkompositionen niemals um genüßliches Essen handeln, es kann höchstens um die Pflichtübung der Einnahme von Vitaminen gehen. Daß mit solch grausamen Produkten aber auch der Hauptbestandteil des Essens geschmacklich traktiert wird, ist das größte Übel.

Kůchen meiſterey.
Ein ſchön nutzlich buchlein
von bereytung der ſpeis / zu geſundheit
vnd nützbarkeyt der menſchen.

Titelblatt des berühmtesten deutschen Kochbuches des 15. und 16. Jahrhunderts: »Küchenmeisterey«, Zwickau, um 1520

Worauf es ankommt, ist die sowohl hygienische als auch ästhetische Präsentation. In Frankreich etwa bekommt man die rohen Gemüsesalate fein säuberlich, jeden für sich, je nach der Klasse des Restaurants, oft auch in den sehr praktischen, aber lustigen, schiffchenähnlichen Silberschalen.
Die Ausnahme sind jene bereits erwähnten feinen Gemüse- oder Pilzsalate, die man mit Xeres-Essig zubereitet. Dieser Essig ist aus sehr säurearmen Weinen entstanden und ist so mild und fein, daß er einen kräftigen Weißwein nicht nachteilig beeinflußt. Und da Salate dieser Art in jedem Fall in den Weißweinbereich einer Speisenfolge gehören, wird der volle Genuß großer Rotweine nicht beeinträchtigt.
Der grüne Salat sollte so zubereitet sein, daß er sich dem Hauptbestandteil des Essens unterordnet. Bei kräftig gewürzten Speisen wie gekochtem Geflügel und gekochtem Fleisch ist sparsamer Umgang mit dieser natürlichen Würze nötig. Der Essig ist übrigens, besonders bei Rotweinliebhabern, dann verpönt, wenn große Gewächse auf den Tisch kommen. Obwohl guter Essig aus Wein hergestellt wird, stört er den Genuß alter, also säurearmer Rotweine. Deshalb verzichtet man bei gesellschaftlichen Veranstaltungen der Feinschmeckerei in der Regel auf den grünen Salat. Wo große Weine getrunken werden, so argumentiert man, hat Salat nichts zu suchen. Ihn ißt man wieder, wenn im häuslichen Bereich ein Landwein des täglichen Verbrauchs auf dem Tisch steht.
Hier ist – nebenbei einmal – ein gewachsenes Geschmacksempfinden festzustellen, das im Vergleich zwischen Franzosen und Deutschen für die Deutschen spricht. Die Franzosen trinken auch bei Salaten, die mit Essig zubereitet sind und als Vorspeisen gereicht werden, grundsätzlich Weißwein. Ich denke hier nicht an Gemüsesalate, sondern an Fleisch-, Käse- oder Wurstsalate, die, in kleinen Mengen serviert, zu den einfacheren Vorspeisen gehören. Dazu Weißwein zu trinken ist eine geschmackliche Diskrepanz. Hier wird ein Deutscher das besser passende, weil sich unterordnende Bier wählen. Da Bier allerdings nicht zur großen Küche gehört, ist solches festzustellen eher interessant denn wichtig.

Kalte Platten, Garnituren

Modeschwankungen in der gastronomischen Küche gehen im allgemeinen nur sehr langsam vor sich. Besonders Länder mit hochstehender Küchenkultur ändern ihre Kochkünste beziehungsweise die Art ihrer Küche kaum oder nur sehr langsam. So hat man sich in Frankreich fast Generationen Zeit genommen, bis man von den Gerichten mit besonders großen Butter- und Sahnezutaten abgekommen ist. Berühmte Köche haben anfangs nur zögernd, später immer deutlicher neue Akzente gesetzt. Sie haben erkannt, daß sich die Lebensart gewandelt hat und man deshalb heute nicht mehr so essen sollte, wie es unsere Vorfahren noch taten. Aber so wie die Tendenz zu leichteren Gerichten mit dem Ziel der Bekömmlichkeit, das heißt leichterer Verdauung, zu akzeptieren ist, so sehr sind Modeschwankungen, die nur modischen Zielen dienen und deshalb weder geschmackliche noch gesundheitliche Vorteile bringen, zu verwerfen. Als Beispiel sei die in Deutschland seit Jahren laufende Hawaii-Welle genannt, die von den Franzosen, über die Schulter und den Rhein schauend, belächelt wird, genau wie man über die süße Welle beim deutschen Wein lächelt. Wir scheinen für solche Dinge, vor allem, wenn sie auch noch exotisch klingen, besonders anfällig zu sein. Den Grund sehe ich weniger – wie ich einmal geschrieben habe – im Mangel an Selbstbewußtsein unserer großen Fachleute, sondern eigentlich im Mangel an Fachleuten mit eigenen Ideen und dem notwendigen Selbstbewußtsein. Wir haben fast ausschließlich Nachmacher, die auf der Suche nach Neuigkeiten eben oft hereinfallen.
Hier möchte ich über Beobachtungen berichten, die ich in den vergangenen zehn Jahren auf dem Sektor der kalten Küche in Frankreich gemacht habe. Nirgendwo mehr als in Frankreich verwendete man die Vorlagen und Ideen Antoine Carêmes, dessen architektonischer Küche bei warmen Gerichten natürliche Grenzen gesetzt sind. Denn zwischen Garpunkt und Servieren ist nicht sehr viel Zeit verfügbar, um ohne Schaden architektonische Kunstwerke als Garnitur zu bauen. Anders bei der kalten Küche. Sie war ein Dorado für Künstler und solche, die Künstler spielen wollten. So wie man in Frankreich den allerletzten Kitsch neben den größ-

ten Werken der Kunst beobachten kann, so konnte man bei ein und demselben kalten Buffet Platten höchster Küchenkunst, aber auch die lächerlichsten Produkte finden. Jedoch geschmackliche Verirrungen wie die Verwendung exotischer oder anderer geschmacklich fremder Früchte gab es in Frankreich nicht. Die Verirrungen waren nur optischer Natur.
Wenn man exotische Früchte, Gemüse oder Gewürze verwendete, dann nahm man sie für originale Gerichte oder kalte Speisen, die nach den Rezepten aus dem Herkunftsland hergestellt wurden. Speisen und Fruchtgetränke aus dem ehemaligen Kolonialreich Frankreichs gibt es deshalb heute noch; aber mit der eigenen Küche hat man nicht gemixt, was man von uns nicht behaupten kann. Das »Beste« auf diesem Gebiet, was ich je zu sehen bekam, war eine aufgeschnittene Orange, die, mit Kirschen gespickt, von einem österreichischen Küchenakrobaten als Garnitur zu einer Schlachtplatte benutzt wurde: Da wendet sich der Gast mit Grausen. Öfter, aber genauso unmöglich sieht man bei uns die mit Mandarinen oder auch mit anderen Früchten garnierten, anscheinend bei allen Buffets unentbehrlichen Rehrücken. Daß kaltes Wildbret ohnehin nicht zu den großen Gaumenfreuden zählt, wissen die kritischen Feinschmecker. Daß man aber ausschließlich der Optik wegen mit Mandarinenkeilen oder geschmacklich ähnlichen Früchten fein säuberlich in Reih und Glied garniert, ist mir Beweis genug, daß die Erbauer solcher Dinge zurückgebliebene Feinschmecker sind.
Das andere große Übel kalter Platten ist die massenhafte Verwendung von Aspik. Natürlich ist längst in Vergessen geraten, daß man zwar mit etwas mehr Arbeitsaufwand, aber mit Zutaten, die in jeder Gaststättenküche vorhanden oder zumindest leicht zu beschaffen sind, solches Gelee selbst herstellen kann. Statt dessen verwendet man dann jenes aus den Päckchen. Nicht selten liegen Art und Beschaffenheit dieser Verirrungen näher beim Werkstoff Gummi als beim guten, alten Knochengelee. Entsprechend wenig anregend für den Kenner sind dann auch trotz lobenswerter Bemühungen eben jene Platten, für die dieser Werkstoff in großzügigen Mengen verwendet wurde. Die Ausstellung von Platten ist schon deshalb eine zweifelhafte Sache.

Meine elsässischen Freunde veranstalten seit einigen Jahren solche Plattenausstellungen, deren Entwicklung wert ist, geschildert zu werden, weil sie genau dem entspricht, was ich im Innern von Frankreich schon lange beobachte. Dort habe ich vor vielen Jahren bei Paul Bocuse ein kaltes Buffet gesehen, dessen einzelne Platten ganz und gar nicht plastisch geformt waren: keine Etagen, kein Bauen oder Konstruieren. Einfaches, bestes Material, sachlich und nüchtern, aber frisch und ohne veränderndes Beiwerk dargeboten. Das nimmt dem Gast die Komplexe, befreit ihn von der Angst vor dem Zugreifen, weil er hier keine Kunstwerke vernichten muß. Natürlich dauerte es einige Zeit, bis man im konservativen Elsaß diese neue Richtung übernahm. Man mußte erst wiederholt die Jury aus Paris und Lyon holen, die dann unbefangen den stolzen Architekten und Konstrukteuren von napoleonischen Kanonen aus Butter, Gänsen aus Schweineschmalz und Schweinen aus Rindertalg begreiflich machte, daß ihre ganze Arbeit umsonst war, weil nur das bewertet werde, was man essen könne. Deshalb brachte auch die unnatürliche Verwendung von Gelee Minuspunkte ein. Selbst die Verwendung von grüner Garnitur, Kräutern und ähnlichem muß nach Meinung dieser Experten trotz appetitlichen Aussehens in einer vernünftigen Relation stehen. Das Resultat dieses neuen Trends zur Sachlichkeit ist nicht nur im professionellen Bereich von Vorteil, es gilt auch im privaten Bereich der Hausfrau, die so schneller, günstiger und preiswerter ihre Besucher versorgen kann.

Dieser Trend hat eine Parallele in der warmen Küche, wo unter Feinschmeckern die »Gärtnerin«-Garnituren längst verpönt sind. Die Zeit der farbenprächtigen Gemüseplatten ist vorbei und bringt nur noch Minuspunkte. Ein oder zwei, höchstens aber drei wirklich frische Gemüse zur Zeit des Gemüsesegens flankieren heute die Hühnchen, Beefsteaks und Koteletts der Spitzenkönner im Küchenbereich.

Paul Blanc aus Thoissey fungierte in Colmar einmal als Präsident der Jury. Er bestätigte die erwähnten Akzente und meinte, die kalten Platten, die man auf Ausstellungen zeigt, müßten in der Praxis realisierbar sein. Mayonnaise gilt nichts, zuviel Grünzeug wenig, Quantität wird ignoriert. Was gewertet wird, ist die Feinheit des Arrangements, die prakti-

sche Realisierbarkeit und besonders die Qualität des Materials, die auch optisch sichtbar sein muß.
Einige wenige Goldmedaillen für die echten Spitzenprodukte zeigten, daß man den Wert einer solchen Medaille nicht durch Massenvergabe zu verwässern gedenkt. Einer Steinbutt-Platte von Paul Haeberlin und einer Gänseleber-Platte aus Deutschland erkannte die Jury das begehrte Edelmetall zu.

Gefroren, geräuchert, gesalzen

Einfrieren, Räuchern und Salzen, diese drei Konservierungsarten dürften wohl die ältesten überhaupt sein. Sie sind, wenn eine Reihe von Grundsätzen berücksichtigt wird, von Vorteil und empfehlenswert. Bis vor wenigen Jahren war das Frosten den großen Vorrats-Einrichtungen der Staaten, vor allem den Staaten mit autarker Wirtschaft vorbehalten. Daß mit der Verbilligung der Isoliermöglichkeiten die Frosteinrichtungen in den Haushalt vordringen würden, sahen Experten schon vor Jahrzehnten voraus. Obwohl es die in den nördlichen Zonen der Erde älteste Konservierungsart ist, hatten wir damit am wenigsten Erfahrung. Bergbauern im hochgelegenen Gebirge hatten schon immer lang anhaltende Winterzeiten zum Frosten von Vorratsfleisch benutzt. Wenn eine Warmwetterperiode hereinbrach, mußte jedoch alles schnell andersartig versorgt werden.
Ironisch sprachen früher die mit Kühlanlagen gut versehenen Metzger von jenen ärmeren Kollegen, die nur während eines strengen Winters kostensparende Vorratshaltung üben konnten. Viele, kaum zu zählende Schäden entstanden während der schnellen Ausbreitung des Frostens im Haushalt. Fleisch wurde mit den ersten Frostgeräten viel zu langsam gefroren und viel zu schnell aufgetaut, wobei dann die Zellen platzten und der Eigensaft des Fleisches austrat. Inzwischen hat man, durch Schaden klug geworden, einiges geändert. Man frostet mehr die robusteren Fleischarten: Schweinefleisch mit einem dünnen Speckdeckel übersteht die Tortur wesentlich besser als das zarte Kalbfleisch, das sich am wenigsten eignet. Geflügel bleibt sehr bedingt gut. Die Qualität eines frisch geschlachteten Huhns, einer Ente oder

Gans ist bei gleichem Alter durch gefrostetes Geflügel niemals erreichbar.
Die wenigsten Nachteile durch Frosten erfährt Wild. Rotes Wildbret wie Reh, Hase und Hirsch, entweder ganz in der Decke (Fell) oder in anatomisch korrekt zerwürgten Stücken gut luftdicht verpackt, hält einige Monate, ohne auszutrocknen. Ältere Tiere, die in frischem Zustand zu strengen Wildgeschmack aufweisen, verlieren diesen weitgehend und werden in der Fleischbeschaffenheit zarter. Es empfiehlt sich jedoch, höchstens vom Ende einer Jagdsaison bis zum Beginn der nächsten einzulegen.
Wildgeflügel wie Rebhühner, Fasanen oder Wildenten erfahren im Frostfach nur Nachteile. Auch wenn sie im Gefieder einfrieren, trocknen sie in ganz kurzer Zeit aus. Hier liegt der Grund, warum die Gastronomie auf das ganzjährige Angebot von Wildgeflügel verzichten muß. Ein Rebhuhn – woanders auch Feldhuhn genannt – schmeckt dem Kenner gegen Ende der Saison nicht mehr so wie zu ihrem Anfang, wenn die schnellen Hühnchen ihre glücklichste Zeit, die Zeit des Abräumens der Getreidefelder, hinter sich haben. Das gleiche gilt für den Fasan, der sich am liebsten in den Maisfeldern aufhält und schon gegen Weihnachten nicht mehr die ursprüngliche Qualität bringt. Das Reh, der Hirsch, vor allem aber das Wildschwein haben die längste Saison, weil die Jagd fast neun Monate dauert. Bei den Wildschweinen werden regional verschieden kurze Schonzeiten eingelegt.
Die gebräuchlichste aller Konservierungsarten auf dem Fleischsektor und auch die beliebteste ist das Salzen und Räuchern. Auch hier hat das Zeitalter der Industrialisierung einiges zum Nachteil verändert. Vor wenigen Jahrzehnten war es selbstverständlich, daß Speck, Schinken und andere dicke Räucherware ein gewisses Mindestalter haben mußten. Die Zubereitung war wesentlich zeitraubender. So zeitraubend, daß man daraus ein Argument machte, diese Methoden nicht mehr zu praktizieren. Niemand oder nur wenige Kenner sind bereit, die hohen Herstellungskosten mit dem Kaufpreis zu honorieren. Ich weiß noch, daß auch Metzger die Räucherwaren mit wenig Rauch, dafür mit viel Luft hergestellt haben. Der übertriebene Rauchgeschmack, den man mit den heutigen Schnellräucherverfahren erzielt, zerstört zusammen mit dem übertriebenen Salzen allen ge-

schmacklichen Reiz. Der einzige Vorteil ist die schnellere Kapitalisierung der Produkte. Und siehe da, die Mehrzahl der Leute akzeptiert, kauft und verzehrt diese schrecklichen Waren. Sie werden von vielen Herstellern mit der größten Selbstverständlichkeit als Spezialitäten bezeichnet. Selbst in bäuerlichen Bereichen wissen nur noch wenige, daß man die besten Räucherwaren mit wenig Rauch und viel Durchzug bereitet. Einem Tag mit möglichst kaltem Rauch folgen mindestens zwei bis drei Tage Luftdurchzug, gleichgültig, ob im recht selten gewordenen offenen Kamin oder in einer Kammer geräuchert wird.
Eine weitere Enttäuschung kann aber auch durch die Beschaffenheit des Schweinefleisches entstehen. Grund dafür ist die heute allgemein übliche Schnellmast. Damit sich die Mast rentiert, muß ein Schwein in spätestens fünf Monaten schlachtreif sein. Denn die Landwirtschaft will noch einigermaßen rentabel bleiben. Aber um welchen Preis? Um den Preis mieser Qualität. Aber sind denn viele unserer Hausfrauen so unkritisch, haben sie so wenig Kenntnisse, daß sie die schlechten Produkte widerspruchslos kaufen? Ein Schlachtschwein muß mindestens acht bis zehn Monate alt sein, um gute Fleischqualität zu haben.
Ein Freund hat mir, nachdem ich über Konservierungsmethoden für Fleisch geschrieben hatte, ein Kochbuch aus dem 17. Jahrhundert geschenkt. Das Lesen darin machte viel Spaß, weil Konservierungsmethoden behandelt werden, bei denen Salz eine fast nebensächliche Rolle spielt. So schreibt der Verfasser zum Beispiel: »Nach den Schweinen, folget das Hirschen- oder Reh-Wildpret, welches man nicht gleich kochen, sondern sowohl als das Schweinen eine Zeit gut aufbehalten kann. Dann diesweil es an vielen Orten nicht gar wohl und in Überfluß zu bekommen, so kan man bey gelegener Zeit daselbige einkauffen, alsdann auf gewisse Weise verwahten, und also bei Einkehrung von fremder Gäste sich dessen bedienen.«
Die Erhaltung aber kann in folgender Gestalt geschehen: »Nemlichen man muß das Wildpret wohl in mit einer Spicknadel durchstechen, als wolle man es mit Speck spicken, an statt des Specks aber in die Löcher Pfeffer, Muscaten-Blüh und Nüss, Nägelein und Saltz stopffen, alsdann desselbige in Wein-Essig, in einen irrdenen Hafen legen, den Deckel

wohl, damit nichts von dem Dunst herausgehe, dran festzumachen, und hernach solches in einen heissen Ofen etliche Stunde, dass es gleichsam bachet, stehen lassen. So es nun also gebachet ist, muß man den Deckel herabnehmen, einen Teller darauflegen, und dasselbige mit einem Stein verwahren, damit sich das Fleisch presse, und in einer Brühe safft verbleibe; auch kann man den Topf mit geschmolzener Butter giessen, und alsdann in einem Keller wohl verwahren. Und so man demnach davon speissen will, ein Stück herausnehmen, solches in dünne Stücke zerschneiden, und es mit Senff oder auch mit Zucker, also kalt zu Tisch tragen, welches eingemachte Wildpret sich auf ein Jahr lang gut erhalten soll.«

Erfreulich ist vor allem, daß das Salz an letzter Stelle steht. Erst kommen verschiedene Gewürze, dann erst das zur Konservierung unerläßliche Salz. Ich habe immer noch die Hoffnung, daß es eines Tages den Metzgern und Wurstern einfällt, es jenen Bäckern nachzutun, die heute wieder Holzofenbrot backen. Man stelle sich vor, es würde einer dieser Gilde auf die Idee kommen, seine Wurst wieder wie zu Kaisers Zeiten herzustellen: wenig fettes Schweinefleisch verwenden, mit Salz vorsichtig umgehen und, was genauso wichtig wäre, seine Gewürze wieder selber mischen. Heute werden sie fertig zubereitet bei einer der wenigen Gewürzmühlen gekauft. Dieses System, auch eine Art Rationalisierung, führt dazu, daß die Wurst fast überall gleich schmeckt. Ich bin überzeugt, daß ein mutiger Metzger es in ganz kurzer Zeit schaffen könnte, viele Kunden zu bekommen, die bereit wären, den notwendigen höheren Preis anzulegen. Von den Kaufhäusern bräuchte er sich die Preise dann nicht mehr vorschreiben zu lassen.

So betrachtet ist es in jeder Branche möglich, mit guten, alten Herstellungsmethoden unter Berücksichtigung moderner Erkenntnisse in der Hygiene sogar noch bessere Erzeugnisse als früher zu erzielen.

Hygiene 2000

Apropos Hygiene: Der Drang zu Superlativen und zu höchster Perfektion ist offenbar eines der Kennzeichen unserer

Zeit. Doch nicht alles, was die Theoretiker vorschreiben, kann widerspruchslos hingenommen werden. Im Auge habe ich die Hygieniker, die mit ihrer an und für sich lobenswerten Arbeit da und dort ganz schön übers Ziel schießen. Ich weiß, daß sie notwendig sind. Und ich will deshalb den Kritikern gleich den Wind aus den Segeln nehmen: Ich bin ein überzeugter Anhänger der Hygiene. Aber auch hier gilt die Regel, daß sich bei Übertreibungen das Gute ins Gegenteil umkehren kann.

Mein Fall ist die Vorschrift, den alten Werkstoff Holz aus dem Bereich der Lebensmittel zu verbannen. Jenen Werkstoff, den man buchstäblich seit Jahrtausenden verwendet, weil er den Schneidewerkzeugen keinen schadhaften Widerstand entgegensetzt. Jetzt hat man plötzlich entdeckt, daß Holz unhygienisch ist! »Holz hat Poren, und in diesen Poren könnten sich Bakterien und Mikroben halten und entwikkeln, die dem Menschen schaden könnten«, heißt es. Statt eines Schneidebretts aus Holz für Metzger und Köche empfiehlt man Plastikplatten. Immerhin weiß man wenigstens, daß man mit einem Messer auf Edelstahl nicht schneiden kann. Das läßt die Hoffnung keimen, daß durch entsprechende Aufklärung bei den Hygienikern vielleicht noch mehr praktisches Verständnis zu erzielen ist. Vielleicht dann, wenn man ihnen einmal vorführt, daß beim Schneiden auf Plastikplatten kleine Absplitterungen entstehen, die mit dem menschlichen Auge nicht gerade leicht erkannt werden, Absplitterungen, die dann über die bearbeiteten Lebensmittel in den menschlichen Organismus gelangen. Vielleicht machen sich die Experten in ihrem Drang, die Menschheit zu beschützen, auch einmal darüber Gedanken, wie schlecht die Oberfläche dieser Kunststoffplatten schon nach kurzer Zeit der Benutzung aussieht, und zwar selbst bei reinlichster Säuberung. Vielleicht schauen sie sich einmal eine nur wenig gebrauchte Schüssel in einem Haushalt an. Und dann sollten sie damit ein gut gereinigtes Schneidebrett aus Ahorn-, Esche- oder aus Buchenholz vergleichen und sich fragen, was appetitlicher ist.

Vielleicht erinnert sich der eine oder andere an die Küchentische oder an die Tische in einfachen Gaststätten, die von der vorigen Generation mit Holzasche schneeweiß gescheuert wurden. Ich esse lieber von einem blankgescheuer-

ten Tisch als von einem Teller, der einen Film von Reinigungs- und Glanzmitteln trägt. Natürlich wird heute niemand mehr mit Holzasche schrubben. Aber wir haben genügend andere Mittel, die Schneidebretter aus Holz hygienisch einwandfrei zu halten. Voraussetzung ist allerdings, daß die Oberfläche glatt ist, was man ohne großen Aufwand erreichen kann. Hätte die Verordnung in diesem Sinne gelautet, dann hätte jeder Praktiker Verständnis genug aufgebracht, die Vorschrift genau zu beachten. Jetzt aber kann man nur den Kopf schütteln.
Ein wichtiges, sogar sehr wichtiges Betätigungsfeld wäre für die zuständigen Hygieniker, die Verwendung chemischer Mittel zu überwachen. Schnell in sich zusammenfallender Schaum eines Bieres beweist mir, daß Wasch- und Glanzmittelreste diesen Zustand herbeiführen, daß man mit diesen Mitteln unsachgemäß umgeht und zuviel davon in das Spülwasser gibt. Jeder Wirtschaftszweig, der mit chemischen Mitteln haltbar oder schöner gemachte Produkte anbietet, behauptet, daß sie unschädlich seien. Niemand hat sich aber bisher die Mühe gemacht, die Summe und die Vielzahl dieser Mittel zu errechnen, die wir bei gedankenlosem Einkauf und Verzehr zu uns nehmen.
Schon die unbedeutende Kartoffel wird beim Bauern oder beim Handel mit chemischen Zusätzen traktiert, damit sie nicht keimt und deshalb unverkäuflich wird. Das setzt sich fort über unzählige Konserven aller Art, deren kleingedruckter Hinweis über die Verwendung von chemischen Farbstoffen und Haltbarkeitsmitteln recht selten Beachtung findet. Selbst Erfrischungsgetränke und Fruchtsäfte, deren Hersteller für sich in Anspruch nehmen, für die Gesundheit vorteilhafte Produkte auf den Markt zu bringen, enthalten nicht selten Zusätze von Fremdstoffen, die teilweise hinweispflichtig sind oder sogar ohne diesen Hinweis verwendet werden dürfen.
Daß man aber dann noch den Wein, der zum Teil aus auf natürlichste Weise gewonnenem Alkohol besteht und damit das hygienische Haltbarkeitsmittel von Natur aus besitzt, so verändert, daß er chemische Zusätze braucht, um haltbar zu werden, sollte man trotz aller gesetzlichen Legalisierung ablehnen. In Kenntnis der Wünsche eines Teils der Verbraucher, wohlgemerkt der gedankenlosen Verbraucher, wird seit

etwa zwei Jahrzehnten ein sehr hoher Anteil der jährlichen Weinernte mit unvergorenem Traubensaft versetzt. Diese Idee kam den Experten deshalb in den Sinn, weil die deutschen Konsumenten Weine großer Jahrgänge, die auf Grund eines besonders hohen natürlichen Zuckergehalts teilweise süß oder leicht süß blieben, bevorzugten. Dieser nach der Gärung, meistens erst kurz vor der Flaschenfüllung zugegebene Traubensaft erfüllt den Zweck der Süßung. Er ist zwar auch natürlich, aber im Wein ist er auf natürliche Weise nicht enthalten. Kleine und kleinste Weine fast aller Kategorien werden heute mit dieser Methode für die Zunge, den Gaumen und für den oft sehr ärmlichen Weinverstand unserer deutschen Verbraucher präpariert. Das Gesetz berücksichtigte hier im wesentlichen die Wünsche der Lobby. Das Schlimmste aber ist, daß für die Haltbarmachung der Weine oder zumindest der Traubensäfte, die zum Verschnitt bestimmt sind, chemische Mittel verwendet werden müssen.
Schon unsere Vorfahren hatten sich daran gewöhnt, daß in unseren Klimazonen kein Weinausbau ohne geringe Zusätze von Schwefel möglich ist. Im 15. Jahrhundert hat die Stadt Köln ein Weinrecht erlassen, das die Notwendigkeit der Behandlung von Wein mit Schwefel anerkannte: »Ein Ringlein Schwefel darf für die Frischhaltung des Weines in seinem Faß verwendet werden. Alle anderen Zusätze aber, wie Honig, Wasser und solche, die mit Wein nichts zu tun haben, gelten als Panscherei. Der Wirth oder Handelsmann der sich dieser bedieneth, wird der Stadt verwiesen«, hieß es damals.
Würde man heute solche Strafen für die Verwendung von Traubensäften mit dem Zweck der Süßung aussprechen, so wären die deutschen Weinbaugebiete bald ohne Kellermeister. Fast alle müßten den Rest ihres Lebens in der Emigration zubringen.
Dabei haben wir heute auf dem Gebiet der Verwendung von Schwefel nach so vielen Jahrhunderten endlich die Möglichkeit der genauen Dosierung, womit die Gefahr der Überschwefelung gebannt wurde. Noch vor wenigen Jahrzehnten gab es primitiv arbeitende Weinbaubetriebe, die den Schwefel gefühlsmäßig zugaben. Die einen gingen vorsichtig damit um, die anderen dosierten zu hoch, was von feinzungigen Leuten sofort erkannt wurde. Die Überdosierung hatte einen Vorteil, den folgender Lehrsatz ausdrückt: »Wenn er – der

Wein im Faß – genügend Schwefel hat, so kann man ohne Sorge die Arbeiten draußen verrichten, um wieder nach ihm zu sehen, wenn das Wetter schlechter wird.« Das war eine schreckliche, aber durchaus nicht selten praktizierte Methode. – Nun, da wir endlich soweit sind, derartiges nicht mehr befürchten zu müssen, werden neue Methoden erfunden, die den natürlichen Geschmack verändern. Ich prangere hier lediglich die Zusätze von chemischen Mitteln an. Auf die kommerziellen, vermarktungstechnischen Nachteile werde ich in dem Kapitel »Wein« eingehen.
Ein heikles Problem für die Hygieniker ist auch das Speiseeis. Weil die Wirte dem Rat der Kontrolleure, Eis nicht selbst herzustellen, folgen, wird die Uniformierung des Geschmacks gefördert. Einige wenige Fabriken produzieren den Bedarf eines ganzen Volkes. Wie langweilig das ist, erkennt der kritische Kenner sehr schnell. Fettarme Eissorten können praktisch überhaupt nicht oder nur mit zusätzlichen Weichhaltemitteln hergestellt werden. Aber gerade diese Eisarten werden von Feinschmeckern bevorzugt. Die Restaurants, vor allem aber die Konditoreien, sollten weiter ihr individuelles Eis mit viel Frucht und wenig Fett herstellen. Wie bei anderen Lebensmitteln, die auf konservative Art angeboten werden, wird sich ein Kundenstamm finden, der bereit ist, Gutes eben etwas teurer zu bezahlen.
Gewiß, die Kontrolle ist wichtig, und die notwendigen Vorsichtsmaßnahmen sollten auch eingehalten werden. Die Hygiene muß gefördert werden und gewährleistet sein. Aber die Hygienehysterie sollte eingedämmt werden. Sonst wehe uns Weinfreunden, wenn man entdeckt, daß Wein auch durch Bakterien entsteht. Man könnte die Hefebakterien verbieten. Und dann gäbe es nur noch Traubensaft.

Dill: Die deutsche Küchenkrankheit

Nicht nur Verbraucher, Bauern, Metzger und Behörden machen folgenschwere Fehler. Es gibt auch Köche, die auf der Suche nach nationalen Eigenheiten übers Ziel hinausschießen. Dill etwa ist so etwas wie eine deutsche Küchenkrankheit geworden. Er kommt aus dem Norden, obwohl das Kräutlein ursprünglich aus dem südlichen und mittleren Balkan stammt. Dort im Norden findet er, vermutlich mangels anderer Ideen, eine geradezu übertriebene Verwendung. Ich habe für Dill noch nie ein typisch süddeutsches Gericht gefunden. Nur die Essiggurkenfabriken haben Dill schon immer verwendet. Sie haben ihn aber an die Kette gelegt. Er konnte nicht penetrant vorschmecken, sozusagen geschmacklich vorlaut sein. In der Gesellschaft von Senfkörnern, Pfefferkörnern und vielen anderen Kräutern, vor allem aber in einem kräftigen Essig mußte man den Dillgeschmack suchen, ja man wußte überhaupt nicht, was Dill ist, wie er schmeckt und duftet.

Inzwischen wissen wir's. Er ist »in« bei uns. Er wird heute von phantasielosen Köchen, Sauciers, ja sogar von Kaltmamsells – auch sie sind angesteckt – für viele weniger oder überhaupt nicht passende Gerichte in ungeheuren Mengen gebraucht. Meine letzte Entdeckung in diesem Bereich war, daß sogar Salzkartoffeln mit Dill traktiert wurden, wo doch dazu das gute, bescheidene »Peterle« viel besser paßt.

Kein Küchenkraut, Thymian eingeschlossen, entwickelt diese extreme Geschmacksintensität wie das Dillkraut. In Frankreich und Italien ist Dill vollkommen unbekannt. Ich habe bislang keine brauchbare Übersetzung für ihn gefunden. Das sagt einiges. Denn die Franzosen, besonders aber ihre Köche, haben für gute Dinge, die aus dem Ausland kommen, durchaus Augen, Ohr und Nase. Aber Dill haben sie glücklicherweise noch nicht entdeckt. Ich weiß auch warum. Sie haben Ähnliches: Die provenzalische Küche, von gefühllosen Halbkönnern durch übertriebenes Würzen kaputtgemacht, lehrt, alle intensiven Kräuter zu ignorieren. Eine ähnliche Krankheit soll es nach den Berichten eines Feinschmeckers einmal in England gegeben haben. Die Minzeblätter sollen demzufolge lange Zeit die Speisen von der Suppe bis zum Dessert in vielen Variationen und bei allen möglichen und unmöglichen Verarbeitungsgelegenheiten verdorben haben. Die Krankheit muß sich auf einige Grafschaften Mittelenglands beschränkt haben. Das ist interessant.

Denn auch in Deutschland scheinen einige Landstriche gegen Dill immun zu sein. Schweinshaxen, Leberkäs und ähnliche bayerische Spezialitäten sind bislang noch ohne das Parfümkraut ausgekommen; auch das bayerische Kraut, das

Sauerkraut und die Regensburger Würsterl, vor allem aber die Weißwürste, werden immer noch mit Petersilie grün gehalten. Die Bayern sind eben schon ein wenig sattelfester in ihren Anschauungen als wir übrigen Süddeutschen.

Vor mehr als zwei Jahrzehnten habe ich in Hamburg den ersten Aal in Dill gegessen. Er war ausgezeichnet. Und ich weiß auch warum: Er wurde in einer Soße serviert, die nur einen Hauch von Dill verbreitete. Von da an war ich ein »Aal-in-Dill-Fan«. Aber nicht lange, denn dann wußte ich, daß man ihn so gut nur selten bekommt. Fast immer schmeckt das Küchenkraut zu sehr vor. Bei einer anderen Gelegenheit aß ich Krebse aus dem Kräutersud nach ostpreußischen Rezepten. Die Krebse schmeckten jedoch so sehr nach Dill, daß man ihnen nur noch mit Schnaps beikommen konnte.

Aber wir wollen das Kind nicht mit dem Bade ausschütten: Man muß sich überlegen, wozu das intensive Dillaroma, das sich nach der Zubereitung der Speisen erst recht entwickelt, paßt. Es kann sich dabei nur um weißes Fleisch handeln. Für Fischmarinaden wird Dill wie für die bereits erwähnte Herstellung von Gewürzgurken verwendet. Natürlich darf ein Aal in Dill auf der deftigen Basis des Fisches etwas Dillaroma bringen. Aber schon beim gekochten Geflügel wird es kritisch. Außer beim Aal ist Dill überall dort zuviel, wo er sichtbar wird. Hier gibt es übrigens eine Parallele zum Knoblauch: Grüner Salat in einer Schüssel zubereitet, die mit einer Knoblauchzehe ausgerieben wurde, kann sogar Knoblauchgegner überzeugen. Unter den Salaten verträgt nur der Gurkensalat Dill in kleinen Portionen. Ich aber ziehe jenen, der nach alter badischer Art zubereitet wird, vor. Das geschieht, indem die geschälten und entkernten Gurken, fein geschnitten, gesalzen und leicht gepfeffert, in gesäuertem, aber etwas verdünntem Rahm etwa eine Stunde durchziehen. Die Soße wird dann abgegossen und der Rest mit in Öl gebräunten, feingehackten Zwiebeln abgeschmälzt.

Die gute alemannische Küche

Herrliche Zeiten

Stil und Art unseres Lebens ändern sich viel schneller, als wir zu glauben bereit sind. Das stelle ich fest, wenn ich in einer ruhigen Minute an das ländliche Leben von früher zurückdenke, zum Beispiel an die Spätsommerzeit oder die Herbstwochen in meiner Jugend. Wie konnte man sich damals über die einfachsten Dinge freuen, die die Natur und der Fleiß des Landmannes zuwege brachten! Alles gilt heute als so selbstverständlich: Erntedank ist in weiten Bevölkerungskreisen längst vergessen, oder man versteht den Sinn nicht mehr.
Wenn etwa damals die Nußbäume leer blieben, weil ein Frühjahrsfrost die jungen Austriebe vernichtet oder ein Hagelschlag die Früchte verdorben hatte, gab es nur die Hoffnung auf die nächste Ernte. Das Nußöl in den irdenen Krügen mußte dann eben ein Jahr länger reichen, der Salat wurde mager. Heute kommen die Nüsse aus einem anderen Teil der Welt, und nur der Kenner weiß, daß es nicht dieselben wie früher sind. Sie sind für den Export präpariert, haltbar gemacht und deshalb von minderer Qualität.
Daß viele Zeitgenossen nicht mehr wissen, wie unsere Nahrung entsteht, beobachteten wir schon während der Kriegsjahre. Evakuierte Großstadtkinder, die uns zur Zeit der Bombenangriffe besuchten, weigerten sich, die Milch zu trinken, die frisch vom Euter kam. Sie verlangten nach Milch aus der Fabrik. Inzwischen hat sich diese Mentalität ausgebreitet. Wir freuten uns noch, als man uns über die für die Jugend unangenehme und langweilige Erntearbeit mit dem Hinweis tröstete, daß es bald Brot vom neuen Korn oder Zwiebelkuchen von neuen Zwiebeln gäbe. Diese Versprechungen waren notwendig, denn keiner meiner Klassen-

kameraden verrichtete mit besonderer Begeisterung die damals noch überwiegend manuelle Erntearbeit. Meistens begann diese Arbeit – auch für die Schulpflichtigen – mit dem Sonnenaufgang. Das bedeutete, daß man vor dem Beginn der Schule schon drei oder vier Stunden auf dem Feld war. Aber die Freude überwog doch. Denn es gab immer neue Früchte: Die ersten Herbstpfirsiche wurden reif, und wenn man selber keinen Pfirsichbaum in den Reben hatte, vertraute man auf den Nachbarn, daß er ein gutherziger Mann sei. Dann begannen die Trauben zu reifen, und wir rupften verstohlen die ersten reifen Beeren. Schulferien während der Weinlese waren damals in den Weinorten selbstverständlich. Das hatte zur Folge, daß es keine Möglichkeit gab, sich von der Lesearbeit zu drücken. Sie war besonders beschwerlich, wenn man schon am frühen Morgen den Bauch voller Trauben hatte. Trägheit und organische Beschwerden waren dann selbstverständlich. Und dies minderte immer sehr schnell unsere Wertschätzung als Arbeitskraft.
Das Nüsseschwingen schließlich, eine recht sportliche Angelegenheit, weil die Nußbäume nicht mit Leitern abgeerntet werden, machte uns nur so lange Spaß, wie wir den Bemühungen der Erwachsenen zusehen konnten, die mit langen Haselnußgerten auch die letzte Frucht zu erreichen versuchten. Dann kam das Einsammeln der Nüsse. Stundenlanges Bücken machte Schmerzen, und man grübelte fast immer nach einer Ausrede, um verschwinden zu können. Noch schlimmer war es mit dem Auflesen der Kartoffeln, wenn der Herbst mit Regen und Nässe seinen Einzug hielt. Aber auch hier wurde die Arbeitsmoral mit dem Hinweis auf besseres Essen, genauer gesagt, auf die guten, neuen Bratkartoffeln erfolgreich gehoben. Dann kam der erste neue Wein. Neuer Wein, neue Nüsse und Brot vom neuen Korn. Und für die Alten neues Kirschwasser: Das gab Kraft, die Unbill unfreundlicher Herbsttage besser zu überstehen.
Neues Kirschwasser, werden die Kenner fragen? – Jawohl, der Landmann trank junges Kirschwasser im Herbst, denn das alte war verkauft oder schon getrunken; die Vorratshaltung zur Alterung war der Gastronomie oder dem Handel vorbehalten.

Federweißer und Zwiebelkuchen

Nicht neuer Süßer und Zwiebelkuchen, wie heute die Schilder und Anzeigen verkünden, sind klassisch. Zum Zwiebelkuchen gehört vielmehr Federweißer. Der neue Süße bringt schreckliche Geschmacksdissonanzen, an die sich im Laufe der Zeit jedoch viele Leute gewöhnt haben. Die nächste Steigerung wären Pralinen und Sauerkraut. Am ehesten passen noch neue Nüsse zum Süßen oder Suser (Sauser). Der Suser ist bereits in Gärung übergegangener Traubenmost.
Dabei habe ich gar nichts gegen den neuen Süßen. Ich trinke ihn selber gern. Für eine Traubenzuckerkur ist er sehr zu empfehlen. Und man kann ihn heute wieder mit Appetit trinken. Jahrzehntelang war das nicht so, was den Konsum stark absinken ließ. Rückstände von Schädlingsbekämpfungsmitteln waren die Ursache. Inzwischen ist dieses Problem gelöst. Die heutigen Mittel bauen sich ab, sie sind weder mikroskopisch noch chemisch feststellbar. Nur die Haftmittel, mit denen die eigentlichen Bekämpfungspräparate an Rebe und Trauben gebracht werden, sind teilweise noch vorhanden. Sie werden aber heute von jedem guten Weinbaubetrieb mit Zentrifugen entfernt. Das kommt auch dem Endprodukt, dem Wein, geschmacklich sehr zugute.
Besonders aber dem Federweißen, dessen Hefen, Gerbstoffe und Säure zusammen mit dem jungen Alkohol und kleinen Zuckerresten die herrliche Geschmackskomponente und die hohe Bekömmlichkeit ergeben. Jawohl, auch Bekömmlichkeit! – Denn das, was das Gegenteil bewirkt, sind nicht die erwähnten Bestandteile, sondern eben jene Fremdkörper, die man heute kennt und entfernt. Das ist einer der wenigen Fortschritte der modernen Kellerwirtschaft.
Doch was soll's? Die Leute haben sich daran gewöhnt, neuen Süßen zum Zwiebelkuchen zu trinken. Wer es verträgt, kann alles kombinieren. Und wer neuen Süßen zum Zwiebelkuchen trinkt, weiß auch nicht, daß man nur noch sehr selten den echten, alten bäuerlichen Zwiebelkuchen bekommt.
Frische Nüsse schmecken zu allen Arten des neuen Süßen, am besten aber, wenn man sie noch schälen kann, das heißt, wenn sie frisch geerntet sind. Das ist zwar zeitraubend, aber eine nette Beschäftigung. Den Grund, warum den Kennern

gerade Federweißer zu jungen Nüssen schmeckt, habe ich erst vor wenigen Jahren erfahren. Es ist nicht das Stadium des Jungweins an und für sich, es ist einzig und allein sein Gerbstoffgehalt, der geradezu nach dem geschmacklichen Gegenpol der jungen Nüsse verlangt, wie ein Säugling nach der Mutter schreit. Alljährlich ist es ein Bangen um die neuen Nüsse, denn recht oft kommen sie zu früh: zu früh für den Federweißen. Sie sind dann schon angetrocknet und schmecken natürlich auch mit der Schale. Aber feiner sind sie schon, die geschälten.

Voller Sorge diskutierte ich einmal über dieses Nüsse-Federweißen-Problem, als mir mein Gesprächspartner erzählte, daß alte Bordeauxweine, weil sie sehr gerbstoffreich sind, ausgezeichnet zu geschälten Nüssen passen würden. Sie seien nicht von Reifeterminen abhängig. Wer sie im Keller hat, der hat sie auch, wenn sich die Nüsse noch schälen lassen. Recht hat er. Ich habe es ausprobiert und festgestellt, daß es stimmt. Natürlich wird kein Verehrer großer Bordeaux-Weine einen alten Jahrgang zu den jungen Nüssen trinken. Der Reiz dieser Kombination liegt im geschmacklichen Spiel der frisch-deftigen geschälten Nüsse und dem Rotwein mit seinem relativ jungen Gerbstoff. Ein milder, reifer und damit großer Rotwein ist zu schade für dieses Spiel.

Sicher haben meine Angaben, wenn ich hier Jahrgänge nenne, nur zeitlich begrenzte Gültigkeit. Der Kenner wird aber bestimmt immer wieder vergleichbare Jahrgänge finden, bevor sie den Höhepunkt, eben den für diesen Zweck brauchbaren Reifegrad, überschritten haben. In diesen Jahren würde ich beispielsweise einen leichten bis mittleren Pauillac, einen der Jahrgänge 1972, 1974, 1976 oder 1977, trinken, vielleicht einen Haut-Batailley oder einen ähnlichen: den St. Julien des gleichen Alters, z. B. Château Ducru Beaucaillou oder Château Beychevelle.

Den Zwiebelkuchen hat es seit eh und je in vielen Variationen gegeben. Jede Bäuerin hatte ihr Spezialrezept. Der echte bäuerliche Zwiebelkuchen hat allen Bemühungen auf Verfeinerung standgehalten. Den negativen Beweis dafür liefern die Elsässer. In ihrem Drang, den übrigen Franzosen besonders vorzügliche Landesspezialitäten vorzusetzen, haben sie den guten, alten Zwiebelkuchen zu einem Konditoreiprodukt gemacht. Da wird Zwiebelkuchen mit Mürbeteig, viel-

leicht sogar noch mit Blätterteig serviert. Dabei haben gerade die Elsässer auf ähnlichen Gebieten bewiesen, daß sie viel mehr Selbstbewußtsein haben als wir auf der anderen Seite des Rheins.
Zwiebelkuchen muß deftig sein. Viele und gut gedämpfte Zwiebeln, die nicht mehr glasig sein dürfen, mit Öl, Rahm und Eiern vermengt und mit Pfeffer und Salz sowie einem Hauch Muskatnuß abgeschmeckt, werden fingerdick auf einen zwei bis drei Millimeter »ausgewahlten« Boden aus Brotteig gegeben und im Ofen gut braun gebacken. Im bäuerlichen Haushalt gab und gibt es auch heute noch den besten Zwiebelkuchen dort, wo man einen Holzofen hat. Der Rand des runden oder auch auf großen rechteckigen Blechen zubereiteten Zwiebelkuchens darf schwarz angesengt sein. Das bietet die Gewähr, daß er im Innern auch gut durch ist. Im bäuerlichen Haushalt gab es den Zwiebelkuchen immer nur, wenn Brot gebacken wurde. Während der Brotteig trieb, wurde zwischendurch der Zwiebelkuchen gebacken.
Fast das ganze Jahr über war das so. Mit einem Glas Wein zusammen ersetzte er das Frühstück und das Vesper in einem. Doch der Höhepunkt war die Zeit mit dem Federweißen. Das Mittagessen fiel aus, es gab den aufgewärmten Zwiebelkuchen, der auch so herrlich schmeckte.
Doch leider ist das vorbei. Es gibt zwar immer noch Bäuerinnen, die ihr Brot selber backen. Aber fast alle haben nun elektrische Öfen. Da fehlt der herrliche Geschmack des Holzfeuers, der durch nichts zu ersetzen ist. Den Zwiebelkuchen nennt man in verschiedenen Gegenden unseres Landes auch Flammenkuchen, was zugleich als Sammelbezeichnung für andere Variationen galt. Denn wenn die Zwiebeln aus dem eigenen Anbau zu Ende gingen, konnte man keine Importzwiebeln im nächsten Geschäft kaufen. Dann entstanden die Variationen. Im Winter waren auch die Eier fast immer rar. Im Frühjahr und im Frühsommer dagegen die Zwiebeln. Dann gab es eben gewürzte Rahm-Eier-Auflagen, die im Krieg auch noch mit gekochten Kartoffeln verlängert wurden. Mein Großvater nannte diese Art von Flammenkuchen den »Gesalbten«, weil er nichts anderes war als der mit dieser Masse bestrichene Brotteig.

Einige wenige Wirte im Markgräflerland und am Kaiserstuhl bereiten ihn noch im Holzofen zu, doch bekommt man ihn oft nur halb durchgebacken. Das macht ihn noch schwerer, als er ohnehin schon ist. Man sollte sich also die Zeit zum Backen nehmen. Gut Ding braucht Weil'. Und die Gäste sollten auch die Zeit zum Warten mitbringen.
Was nun den Federweißen angeht, so muß man ihn im richtigen Stadium antreffen. Es ist dies eine ganz kurze Periode am Ende der Gärung. In großen Fässern und Tanks bleibt er wesentlich länger federweiß, was nicht zuletzt eine Frage der Erhaltung der Gärtemperatur ist. Am Ende der Gärung verliert der junge Wein die durch die entstandene Hefe erzielte Färbung. In dieser Periode der Beruhigung fallen die ersten groben Teile der Hefe aus. Zurück bleiben die feineren, länger schwebenden Teile. Sie sind heller in der Färbung und verleihen dem jungen Wein jenen Farbton, den man seit eh und je federweiß nennt.
Ich gehöre zu den besonderen Liebhabern dieses Jungweins, der noch ein gerüttelt Maß an eigener, bei der Gärung entstandener Kohlensäure, vor allem aber einen besonders temperamentvollen jungen Alkohol hat. Die junge Weinhefe ist auch medizinisch empfehlenswert; und zwar besonders deshalb, weil die geschilderten Behandlungsmethoden nachteilige Wirkungen der Fremdstoffe ausschalten und die vorteilhaften Effekte der Hefen deshalb überwiegen.
Eine ganze Serie von Viertele kann man vertragen, wenn man das Bett in der Nähe, genügend Brot und neue Nüsse oder genügend Zwiebelkuchen hat. Ob Gutedel in der Markgrafschaft, Müller-Thurgau oder Silvaner am Kaiserstuhl oder sogar der Elbling seligen Angedenkens – sie sind alle gleich in ihrem Temperament, nur muß man sie eben im richtigen Stadium finden. Und im richtigen Stadium scheint sie auch vor einigen Jahren ein über drei Zentner schwerer Bäcker vom Kaiserstuhl gefunden zu haben, der, nebenbei auch noch ein bedeutender Winzer, bei bester Gesundheit täglich seine acht bis zehn Viertele trank. Aber ein Federweißer »schaffte« ihn. Er konnte es zum Gaudium seiner Zechkumpane nicht begreifen, als er, am Straßenrand sitzend, sich beklagte, daß ihn drei so lausige Literchen Federweißer in die Knie gezwungen hätten. Nun: Literweise vertragen ihn nur wenige. Aber mehr als das übliche Viertele können

die Wanderer schon zu sich nehmen, wenn sie in den Herbsttagen durch die Reben unserer Markgrafschaft oder über den Kaiserstuhl wandern.

Bäuerlich badisch

Die weltweit verbreiteten Geflügelgerichte waren im bäuerlich badischen Haushalt durchaus nicht populär. Das Geflügel allgemein war nicht sonderlich beliebt. Trotzdem gedachte man mit Ehrfurcht des Herrenhaushalte, wo zu Weihnachten eine Gans im Ofen schmorte. Lediglich in den Rheinauen oder an den Ufern der badischen Flüsse, wo Gänse und Enten die Höfe bevölkerten, beendete da und dort eines dieser Tiere sein Erdendasein auf einem weihnachtlich gedeckten Tisch. Das aber war die Ausnahme. Und meistens wurde es nur deshalb verzehrt, weil es zum Verkauf zu alt oder aus irgendeinem anderen Grund nicht mehr abzusetzen war. Diese Gänse erreichten in diesen Gebieten der geringen Nachfrage wegen nicht selten ein hohes Alter. Es passierte deshalb recht oft, daß solche Weihnachtsbraten mehr Ärger als Freude brachten, wenn sich das Festtagsessen verzögerte, weil der Herd noch einmal kräftig nachgeheizt werden mußte, um die alte Gans im Ofen doch noch genießbar zu braten.

Wohlgemerkt, ich spreche vom bäuerlichen Haushalt. Das hier gemästete Geflügel war für den Markt bestimmt, wo keine Bäuerin einkaufte. Im dörflichen Bereich hatten vielleicht der Lehrer oder der Pfarrer oder andere Angehörige der ländlichen Oberschicht zu Weihnachten eine junge Gans im Ofen. Warum das so war, ist mir eigentlich nicht erklärbar, denn auf der anderen Seite des Rheins, drüben im Elsaß, dem Spiegelbild Badens, war Geflügel schon immer Volksnahrung und Delikatesse zugleich.

Vielleicht war es ein Ausdruck der Bescheidenheit der badischen Bauern, daß das beste Huhn immer verkauft werden mußte. Die jüdischen Viehhändler jedenfalls machten selten ein Geschäft auf einem Hof, ohne daß nicht ein junges Huhn als Dreingabe ausbedungen wurde. Und eine alte badische Regel besagte, daß, wenn ein Hähnchen auf dem Tel-

ler des Bauern landete, entweder der Hahn am Abkratzen oder der Bauer dabei war, das Zeitliche zu segnen.
Der Unterschied in der Beliebtheit des Geflügels bei elsässischen und badischen Bauern muß wohl in der immer wiederkehrenden Zugehörigkeit des Elsaß zu Frankreich begründet sein. Einfluß und angenehme Lebensauffassungen der Franzosen fanden nicht nur auf diesem Gebiet einen schnellen Einzug bei unseren Freunden westlich des Rheins.
Aber auch die Nebenprodukte, die ursprünglichen Nebenprodukte wohlgemerkt, sind im Elsaß schon seit über hundert Jahren ein Wirtschaftsfaktor geworden. Wer kennt heute nicht zumindest vom Hörensagen die Straßburger Gänseleber? Sie war ursprünglich eine gehütete Spezialität des Périgord und des Landes im französischen Südwesten. Inzwischen machen die elsässischen Gänseleberhersteller, die großen und die kleinen, den Meistern dort unten beachtliche Konkurrenz. Längst reicht die im Elsaß gestopfte Leber nicht mehr aus, um die Nachfrage zu decken. Man holt die Stopfleber heute aus Israel, Ungarn und Polen, um sie nach den streng gehüteten Rezepten zu der beliebten Pastete in Blockform oder in Tiegeln aus Porzellan oder elsässischem Steingut zu verarbeiten. Sie werden als Halbkonserven weit verschickt. Als Vollkonserven sind sie in allen gutsortierten Feinkostgeschäften der Welt zu finden.
Am besten aber schmeckt die Gänseleber am Platz selbst. Hier sind die Variationen reizvoll. Viele Köche haben ihre Spezialrezepte, die möglichst in der Familie bleiben. Mein verstorbener Freund Freddy Henk aus Colmar war einer der Artisten auf diesem Gebiet. Paul Haeberlin ist heute der erfolgreichste. Von ihm weiß ich, daß er sein Rezept von seinem elsässischen Lehrmeister, dem alten Monsieur Weber, bekam, dessen Lieblingsschüler er war. Mein Freund Freddy aber sprach nicht zu Unrecht etwas geringschätzig von der Gänseleber aus der Fabrik, der recht oft die typischen Qualitätsmerkmale fehlen. Marmoriert müßte sie sein, auch sollten die ganzen Stopfleberstücke im Anschnitt sichtbar erscheinen. Wenn die Gänseleber uni wäre, außerdem noch unnatürlich rot als Konserve, dann, so meinte er, sei er sicher, daß der Hersteller »Lumpensprünge« verwendet habe, womit er Farbhaltemittel und ähnliche Kunstkniffe meinte.

Interessanterweise gibt es auch einige badische Rezepte; daß sie nicht mehr populär sind, liegt daran, daß in Deutschland das Stopfen von Gänsen schon seit Jahrzehnten verboten ist. Die Einfuhr von Stopfleber schließlich war während Hitlers Devisenwirtschaft auch untersagt, so daß diese Rezepte in Vergessenheit gerieten. Einige wenige badische Köche haben sie nun wieder ausgegraben und unter Berücksichtigung französischer Erfahrungen verfeinert.

Ochsenfleisch in Baden

Was aber nicht in Vergessenheit geriet, das ist das badische Ochsenfleisch. Das Ochsenfleisch selbst kann man eigentlich nicht badisch nennen. Überall in Europa kennt man gekochtes Rindfleisch. Aber die Zubereitung und die Beilagen sind sehr unterschiedlich. Auch die jeweils beliebtesten Stücke unterscheiden sich stark.

In Baden kennt man wohl heute noch kein bäuerliches Hochzeitsessen ohne das beliebte Ochsenfleisch. Nur den Namen sollte man ändern. Die Schlachtochsen, die das beste Rindfleisch lieferten, gibt es nicht mehr. Sie sind der Rationalisierung der Landwirtschaft zum Opfer gefallen. Drei Jahre mußten sie alt sein, mindestens aber zweieinhalb, ehe sie geschlachtet wurden. Sie lieferten Rindfleisch mit einem Eigengeschmack, den man heute höchstens bei Fleisch von jungen Kühen findet.

Der kastrierte Bulle brauchte wesentlich mehr Zeit, um das rentable Schlachtgewicht zu bekommen. Und genau das hat der heute nach amerikanischen Methoden gemästete Bulle in etwa fünfzehn Monaten – dasselbe Gewicht, denselben Erlös in weniger als der halben Mastzeit. Aber das Fleisch ist entsprechend. Es ist ein Mittelding zwischen Kalbfleisch und Rindfleisch. Hellrot in der Farbe, sehr schnell gekocht – aber auch verkocht – und langweilig im Geschmack. Da viele Hausfrauen oft hinsichtlich der Qualität kaum kritisch sind, weiß man nicht, wie wenig Eigengeschmack solches Fleisch hat. Wichtig erscheint ihnen, daß es weich und zart ist. »Baby-bœuf« nennen es dagegen unsere Nachbarn in Frankreich und kaufen lieber ein älteres Stück Fleisch dunklerer Färbung.

Beim badischen Suppenfleisch, wie man es richtigerweise nennen sollte, ist der wichtigste Teil die Rinderbrust. Sie soll kernig und saftig sein. Beliebt sind auch die Stücke der dikken Rippe, die in gekochtem Zustand zart, aber auch saftig sein müssen.
Das alles gibt es natürlich auch in anderen Landstrichen Europas. In Frankreich beispielsweise den Pot-au-feu, in Österreich den Tafelspitz. Der Tourismus hat diese Gerichte bekannter gemacht. Aber namentlich beim Tafelspitz rätselt man darüber, von welchem Teil des Rindes er kommt. Die Österreicher nehmen dazu das Hüftstück, jenen Teil des Rindes, in dem zu seinen Lebzeiten das Vorderteil des Filets, der Filetkopf, eingebettet liegt. Eine gute Gegend also. Woanders macht man aus diesem Stück ausgezeichnete Steaks oder, wo die Fondue-Braterei zu Hause ist, die Fleischwürfel für dieses Gesellschaftsspiel.
Was ich aber noch nirgendwo anders gefunden habe, ist der Meerrettich oder, genauer, die Meerrettichsoße nach badischer Art. Wenn die Badener bei entsprechenden Anlässen schlemmen, bei Hochzeiten, Taufen, Hofübernahme, nach der Beerdigung des Bauern, am Patroziniums- oder Reformationsfest, dann ist Suppenfleisch mit Meerrettich dabei. Dann wird Suppenfleisch, obwohl es solchermaßen ein Zwischengericht ist, in verschiedenen Variationen gegessen. Zunächst nur mit besagter, beliebter Meerrettichsoße; dann in Gebieten, wo viel Kraut angebaut wird, auch mit Sauerkraut oder mit Gemüsesalaten, Rahnen, Sellerie, Karotten, süßsaurem Kürbis oder Gurken; eben jenen Beilagen, die die Franzosen »Crudités« nennen. Kartoffeln sieht man bei diesem nationalen Zwischengericht recht selten. Ein Stück Bauernbrot begleitet den Schmaus. Natürlich gibt es fast überall auch Preiselbeer- oder Johannisbeerkonfitüre dazu. In den Weingegenden aber spielen die süßen Beilagen keine Rolle, was für den guten Geschmack der Badener spricht. Nichts paßt weniger zu Wein als die Säure der stark gesüßten Preiselbeerkonfitüre, die dann zur Übersäuerung des Magens führt. Kenner nennen dies den Preiselbeereffekt, auf den ich später noch eingehen werde.
Das Bekömmlichste und geschmacklich Raffinierteste ist die Meerrettichsoße. Kein Koch vermochte sie mir bisher so zuzubereiten, wie es Hausfrauen können. Vielleicht liegt das an

der Bequemlichkeit oder, besser gesagt, an der Technisierung. Der Meerrettich darf nicht aus dem Mixer kommen, er muß mit der Hand gerieben werden. Dabei geht es leider nie ganz ohne Tränen ab. Es sind aber die einzig lohnenden Tränen, die ich kenne.
Eine mittlere Stange Meerrettich wird gewaschen und die Rinde mit dem Messer abgeschabt, bis nur noch weißes Mark sichtbar ist. Dann wird er mit einer einfachen Haushaltsreibe in eine Porzellan- oder Steingutschüssel gerieben. Die Schüssel wird vorher mit Mehl gut bestäubt; über den geriebenen Meerrettich gießt man immer wieder etwas Milch, weil Meerrettich schnell oxydiert und sich verfärbt. Außerdem verhindert die Milch eine allzu starke Einwirkung des geriebenen Meerrettichs auf die Tränendrüsen. Ein gutes Viertel Milch und genausoviel Fleischbrühe ergeben etwa das richtige Verhältnis. Mit Mehl wird eine leichte Bindung erzielt. Das Ganze läßt man unter Umrühren einige Minuten aufkochen. Etwas Zucker, Salz und weißer Pfeffer sind die weiteren Zutaten. Die Soße muß leicht sämig sein, darf aber nicht stehen. Notfalls kann mit Fleischbrühe weiter verdünnt werden; und zwar auch, wenn die Soße zu scharf gerät. Das kommt allerdings heute weniger oft vor. Es sei denn, man gehört zu den Glücklichen, die noch wilden Meerrettich in irgendeinem feuchten Teil des Hausgartens haben. Von ihm braucht man höchstens ein Drittel der sonst üblichen Menge. Natürlich hält man die Saison des Meerrettichs ein: Die Monate ohne r sind tabu. Da gibt's nur Suppenfleisch ohne.

Schinken aus dem Kamin

Der Brauch, das Suppenfleisch bei Hochzeiten nacheinander mit verschiedenen Beilagen zu essen, bedingt natürlich, daß mit dem Fleisch nicht sehr sparsam umgegangen wird. Die übliche Portionierung kennt man in solchen Fällen nicht. 250 bis 300 Gramm pro Person sind eigentlich als normal anzusehen. Entsprechend groß ist dann die Pause bis zum nächsten Gang des ländlichen Festessens. Dieser Gang besteht vom frühen Herbst bis zum späten Frühling aus den selbsthergestellten Schinken. Für sie sind auf den Bauernhö-

fen die Frauen verantwortlich, die ihre eigenen, speziellen Rezeptlein zum Beizen haben. Dieses Beizen geschieht nicht oder nur selten nach Art der Metzger. Von den Metzgern werden gute Räucherwaren trocken gesalzen oder für die Schnellherstellung und den schnellen Verbrauch mit Salz- und Gewürzlaken gespritzt. Die Bauersfrauen dagegen salzen das Schweinerne in einer Lake, die mehr oder weniger Salz, Knoblauch, Zwiebeln und Gewürze enthält. Die Kenntnisse in dieser wichtigen Sache zeigen sich dann, wenn die Schinken bei entsprechenden Anlässen auf den Tisch kommen. Recht oft sind sie übersalzen; allerdings nur deshalb, weil die Witterung während der Hausschlachtung nicht besonders günstig war. Aus Sicherheitsgründen, aus Angst vor einem Knochenhautgout, griff man tiefer ins Salzfaß. Die Schälripple, Kinnbäckle, Schäufele und früher die »Hohrucken« werden entweder frisch aus der Salzlake oder leicht geräuchert in den ersten Wochen und Monaten nach der Schlachtung verbraucht. Die Beilagen sind recht zahlreich. Einige davon werde ich noch beschreiben.
Doch die Schinken werden für Festtage und besondere Anlässe gekocht. Die Kenner ziehen hier oft die nach Schinkenart zurechtgeschnittenen Schulterstücke vor. Sie enthalten als Kern das sonst als Schäufele bekannte Schulterblatt. Vorderschinken sind saftiger. Sie müssen deshalb auch als erste verbraucht werden. Die Hinterschinken dagegen sind bei richtiger Behandlung eigentlich nach längerer Zeit der Lagerung besser. Das warme Klima der Rheinebene brachte besondere Probleme für die Lagerung. Aber die Landleute wußten früher vorzüglich ihre bescheidenen Möglichkeiten zu nutzen. Die Schinken wurden nach dem Räuchern längere Zeit gelüftet und dann, in Papier verpackt, in Kisten mit Holzasche gelegt. Rundum gleichmäßige Schichten von Holzasche verhinderten den Zutritt jeglichen Getiers. Außerdem war die Isolierung so hervorragend, daß man die so gelagerten Schinken noch nach Jahren saftig und fein im Geschmack auf den Tisch bringen konnte. Auf diese Weise haben mit Sicherheit Legionen von Schinken den Krieg überdauert.

Anders dagegen, viel einfacher, hatten es die Bauern in den Höhenlagen. Dort blieben die großen Stücke des Rauchfleischs einfach an der Küchendecke hängen, wo sie zwar

sehr wenig, aber immerhin so viel Rauch bekamen, um Ungeziefer fernzuhalten. Die Bauernhöfe sind natürlich anders geworden. Die Konservierungsarten haben sich geändert. Großgefriertruhen stehen heute in den Höfen. Aber nicht wenige Bauern haben inzwischen schon wieder zu den alten Methoden gegriffen: Die Gefriertruhen-Kost wird langweilig. Ein Schinken aus der Gefriertruhe, das ist einfach unmöglich. Da wäre selbst ein »Späniger«, wie man die zu alten Schinken nannte, eine Delikatesse. Und Spänige gab es tatsächlich bei übertriebener Sparsamkeit und unsachgemäßer Lagerung.
Ich erinnere mich, daß bei winterlichen Gesprächen ein Nachbar immer wieder abfällig über diese Schinken sprach. Dabei ging es nicht um einen Knochengeschmack, nur den spänigen Zustand fand er nicht gut. Aber ein anderer meinte, daß er doch überhaupt nicht wüßte, wie spänige Schinken schmeckten: Seine städtische Verwandtschaft würde doch durch entsprechend zahlreiche Besuche das Vertrocknen der Schinken zu verhindern wissen; seine Schinken überlebten doch kaum die Osterzeit, womit er die Lacher am Stammtisch auf seiner Seite hatte.
Wenn auch seltener als früher, aber vielleicht in Zukunft wieder öfter werden solche Produkte guter, alter Hausfrauenkunst auf ländlichen Tischen erscheinen. Mit Sauerkraut und Kartoffelbrei ist so ein Schinken ein wirkliches Festessen. Dabei spielt das Sauerkraut eine wichtige Rolle. Die Bauersfrauen verstanden sich am besten darauf. Sie schnitten das Sauerkraut selbst ein. Manchmal nicht besonders schön, wenn das »Kabiskraut« nicht gut gewachsen war. Wer aber Filderkraut selber.einsäuerte, es hygienisch verwahrte und dann auch noch kochen konnte, war schon allein deswegen wert, geheiratet zu werden! Es muß trocken sein und nicht wie in einer Suppe schwimmend auf den Tisch kommen, mit noch etwas Biß, die Elsässer nennen es »krachlig«: So schmeckt das Sauerkraut. Das zweitbeste ist das aufgewärmte, obwohl es nicht mehr schön aussieht. Nur schade, daß die badischen Sauerkrautgerichte insgesamt einseitig sind: entweder mit Schäufele oder mit Schinken, entweder mit Braten oder Kasseler, manchmal auch mit Bratwürsten. Die Elsässer machen's großzügiger. Dort muß alles dabeisein: Knoblauchwurst, Wienerle, gesalzener Speck, ge-

räucherter Speck, Kasseler; sogar ein Stück gebratene Fasanenbrust findet man auf der fast überladenen »Elsässer Sauerkrautplatte«. Als eines der wenigen Gerichte ißt man sie immer noch ohne Vorspeise. Die Sauerkrautplatte und die Bouillabaisse sind die einzigen Essen, bei denen selbst die Wirte sagen, daß man keine Vorspeise nehmen sollte.

Historische, zum Teil uralte badische Wintergerichte

Ich bin bekannt dafür, daß ich bei süß zubereiteten Gerichten allergisch reagiere. Selbstverständlich berührt diese Abneigung nicht die Desserts. Im Gegenteil, bei Desserts muß ich mich nicht selten selbst zur Ordnung rufen, was die Quantität betrifft.
Die Abneigung gegen Hauptgerichte, die mit heimischen oder exotischen süßen Früchten zubereitet sind, ist unter Feinschmeckern weit verbreitet. Es ist nicht übertrieben, auch nicht vermessen zu behaupten, daß die Liebhaber solcher Verirrungen keine Feinschmecker sein können. Es ist einfach eine Frage der Bekömmlichkeit. Ein Feinschmecker weiß immer sofort, was er zu einem bestimmten Essen trinkt. Zumindest in den klassischen Weinbaugebieten gibt es keine Speisen, zu denen man nicht irgendeine Art oder Sorte Wein trinkt. Und das wirft die Frage der Bekömmlichkeit auf. Die Bekömmlichkeit ist die unabdingbare Voraussetzung für die Feinschmeckerei. Die Süßspeisen aber, die nach einer klassischen Speisenfolge gereicht werden, können in dieser Hinsicht nicht nachteilig wirken, vor allem dann nicht, wenn das passende Getränk dazu serviert wird. Diese Süßspeisen gibt es in Hülle und Fülle. Doch darüber werde ich bei anderer Gelegenheit schreiben.
Hier geht es zunächst um ein altes bäuerliches Gericht, um ein sparsames Gericht, ein Gericht aus Zeiten, da Sparsamkeit einfach die Voraussetzung für die Existenz war: die süßen Rüben. Böse Zungen behaupten auch heute noch, die Bauern würden mit solchen Gerichten das gleiche zu sich nehmen wie ihre Kühe. Warum eigentlich nicht? Die Zubereitung ist das Entscheidende.
Die hierzu notwendigen weißen Rüben werden im Zweifruchtanbau nach der Getreideernte gesät. Als man noch

Roggen mehr zur Gewinnung des Bindestrohs für die Reben anbaute, wurde dieser einige Tage vor dem Weizen geerntet. Das war der Grund, daß man die Roggenfelder für den Rübenanbau vorzog. Als der Weizen geerntet wurde, waren die Triebe der weißen Rüben auf den Äckern oft schon sichtbar. Und im November nach der Weinernte erhoffte man schnell den ersten Reif. Dieser Reif reduziert den rezenten Säuregehalt der Rüben, sie werden feiner im Geschmack. Und von dieser Zeit an waren in fast allen ländlichen Haushalten meiner Heimat mindestens einmal in der Woche süße Rüben auf dem Tisch.

Nachdem sie geschält sind, werden die Rüben in kleine Würfel geschnitten und längere Zeit, möglichst über Nacht, gewässert. Eine fast unglaublich anmutende Zubereitung beginnt mit Schweineschmalz und feingehackten Zwiebeln oder Schalotten. Je nach Menge der Rüben werden dann einige Löffel Zucker beigegeben. Diese Masse muß so lange bewegt werden, bis der Zucker gut karamelisiert, also gut braun ist. Erst dann werden die Rübenwürfel zugegeben und mit Wasser zu etwa einem Viertel aufgefüllt. Wenn sie halbgar sind, gibt man ein möglichst großes Stück mageren, ungesalzenen Bauchspeck bei, der vor dem Kochen nur ganz leicht mit etwas Salz bestreut wird. Die Rübenwürfel müssen ganz weich gekocht sein. Kurz bevor sie zu einem Brei zerfallen, sind sie richtig. Und selbst nach einem Aufwärmen, was so gut wie üblich ist, schmecken sie zusammen mit dem frischen, mageren Speck noch ausgezeichnet. Diesen nimmt man übrigens dann heraus, um ihn warm zu halten, wenn er noch etwas Biß hat und beim Schneiden kernig wirkt, um die Rüben dann allein gut gar zu kochen.

»Geschwellte« oder auch Salzkartoffeln sind die einzige mögliche Beilage. Neuer Federweißer, der am Ende der Gärung oft auch noch einen ganz kleinen Rest von unvergorenem Zucker hat, ist das Beste, was man dazu trinken kann. Alte Weine schmecken im Hinblick auf den leichten Süßton des Gerichts nicht dazu.

Wie findig in ihrer bescheidenen Lebensweise die Bäuerinnen früher sein mußten, beweist eine winterliche Salatart, die von den Austrieben der Rübe zubereitet wird. Die Weißrüben treiben in der Tiefe der Ackermieten, wo sie mit Stroh und Grund abgedeckt, vor Frost geschützt werden, hellgelbe

Schattenblätter. Sie sind geschmacklich der Chicorée ähnlich, aber nicht so langweilig. Sie werden, nachdem die Rüben zu Futterzwecken aus den Mieten geholt wurden, säuberlich geschnitten und wie Salat geputzt und gewässert; dann brüht man sie mit kochendem Wasser ab und läßt sie ziehen. Diese Prozedur ist notwendig, um die enorme Schärfe, die in diesen Trieben steckt, zu reduzieren. Die reduzierte Schärfe aber, die dann eher leicht bitter schmeckt, ist das Reizvolle an dem lauwarm zubereiteten Salat. Er wird nur mit etwas Pfeffer und Salz, aber mit möglichst vielen Speckwürfeln, die in Öl knusprig zu braten sind, abgeschmälzt.

Durch diese Torturen der Zubereitung ist dieser Salat natürlich keine Augenweide, kein Objekt für große Präsentation. Er ist aber eine kräftig-deftig schmeckende Abwechslung während der Winterzeit, die so beliebt ist, daß es heute Bauern gibt, die, der Sehnsucht nach dieser bäuerlichen Spezialität nachgehend, wieder Weißrüben anbauen. In den Weinbaugemeinden, wo es heute wegen der zwar rationellen, aber einseitig gewordenen Landwirtschaft keine weißen Futterrüben mehr gibt, weil keine Viehwirtschaft getrieben wird, ist dies da und dort zu beobachten. Einige, man lese und staune, fahren auf den Freiburger Münsterplatz, um dort bei Bauersfrauen anderer Landstriche die beliebten Weißrübentriebe für den Kiemensalat zu erstehen, zu dem dann eben wiederum die Geschwellten auf den Tisch kommen. Genauso gut schmeckt aber ein frisches Bauernbrot dazu.

Immer wieder muß ich die »Geschwellten« erwähnen, die im bäuerlichen Haushalt die einfachste und damit fast tägliche Beilage zu fast allen Gerichten waren. Selbst zu Mehlspeisen wie Knepfle (was den Schwaben die Spätzle, sind uns Badenern die Knepfle) gab es noch mehlige Schalenkartoffeln oder Pellkartoffeln oder, wie wir sie nennen, eben die »Geschwellten«.

Es ist gar nicht so einfach, eine mehlige Kartoffel zu bekommen – der Zubereitung nach müßte man sie Dampfkartoffel nennen, da sie nur im Dampf mehlig werden kann. Die Schale muß beim Kochen aufspringen, daher wird der Kochtopf nur mit der notwendigen Wassermenge gefüllt. Wahrscheinlich wird man auch Wasser nachfüllen, bis die Kartoffeln gar sind. Kartoffeln sind nicht gleich Kartoffeln –

Königstafel im Mittelalter, Holzschnitt aus dem 15. Jahrhundert

es kommt auch auf die richtige Sorte an. Leider ist das Angebot nicht überall so umfangreich wie z. B. in München. Nirgends auf der Welt habe ich bisher ein so umfangreiches Kartoffelsortiment gefunden wie auf dem dortigen Viktualien-Markt. Hier geben die Kartoffelfrauen sogar den Grad des Mehligwerdens der einzelnen Sorten an. Das klingt verwunderlich. Wer aber schon einmal eine heißdampfende, frisch aus dem Topf kommende Kartoffel, leicht gesalzen, mit frischer Butter oder mit leicht gesalzener Butter gegessen hat, der weiß, daß auch diese einfachen Dinge zur Feinschmeckerei gehören. Natürlich ist dies nur dann der Fall, wenn auch hier der Grundsatz beachtet wird, daß auch die einfachsten Zutaten von guter Qualität sein müssen.
So erlebe ich es oft, daß mich die Gäste fragen, wo denn unsere gute Butter, die wir in kleinen Steinguttöpfchen, leicht gesalzen, zum Aperitif servieren, herkommt. Vielleicht aus der Normandie oder aus Holland? Wie erstaunt sind dann auch die Feinschmecker, wenn sie hören, daß diese Butter aus der nächsten großen Molkerei, der Breisgau-Milch-Zentrale in Freiburg, kommt. Und so bekommt man sie mit kaum spürbaren Qualitätsunterschieden überall. Nach eigenem Geschmack gesalzen, in kleinere oder größere Steinzeugtöpfe gefüllt, hat sie nach wenigen Stunden schon den goldgelben, appetitlichen Farbton, den wir noch aus der Zeit der bäuerlichen Butterballen in Erinnerung haben. Ein ähnliches Ergebnis kann auch ohne Salz erreicht werden. In dieser oder anderer Form ist Butter vom Tisch des Feinschmekkers nicht wegzudenken. Unzählige kalte Vorspeisen, Meeresfrüchte und vieles andere schmecken eigentlich erst richtig, wenn wir mindestens einen Hauch frischer Butter auf frischem, geröstetem Brot dazugeben.
Einige Jahrzehnte haben sich die Bauern und viele bedeutende Wissenschaftler von den Werbern für moderne Fettarten hypnotisieren lassen. Wie das berühmte Kaninchen vor der Schlange erstarrt, so resignierte man vor den Argumenten der Industrie. Fast mußte man die Butter in den Küchen der guten Gastronomie verstecken, um nicht in Mißkredit zu kommen. Jahrzehnte hat es gedauert, bis man wieder anerkannte, was große Köche längst – oder besser gesagt – noch wußten: Frische Butter ist die bekömmlichste Art von Fett. Mindestens gleich hoch, meistens aber höher ist ihr Anteil

an ungehärteten Fettsäuren, jenen Säuren, die im Körper mehr Fett abbauen, als die dazugehörende Butter bringt.
Es gibt überhaupt nur eine Zubereitungsart von Butter, die für unsere inneren Organe (vor allem Leber und Galle) schädlich ist, das ist die braune Butter, weil sie meistens zu braun ist, oder diejenige, die schlechte Köche in der Pfanne verbrennen lassen. Wir wissen, daß wir in der Pfanne kein Fleisch in Butter so scharf anbraten können, daß es seinen Eigensaft behält, weil Butter die hier notwendigen Hitzegrade nicht aushält. Deshalb braten Könner ein Filetsteak in zwei Pfannen. Die erste enthält ein Fett, das hohe Hitzegrade aushält, und das kann sogar das heute oft gemiedene Schweineschmalz sein. Das Steak wird dabei kurz vor dem gewünschten Punkt herausgenommen und vom Fett befreit, um anschließend in der Pfanne in Butter langsam »auf den Punkt« gebraten zu werden. »Braune Butter« aber sollte niemals wirklich braun werden. Wenn schon zerlassene Butter, dann sollte man mit goldgelber vorliebnehmen. Zu allen Arten von gekochtem Fisch in der einfacheren Küche schmeckt sie so wesentlich besser und bringt außerdem den Vorteil, den Eigengeschmack des jeweiligen Fisches nicht zu überlagern.
Eine der feinsten Soßen klassischer Art, die Sauce Hollandaise, ist nur deshalb geschmacklich so hervorragend und besonders bekömmlich, weil der hohe Anteil frischer Butter nur so weit erhitzt wird, daß sie den notwendigen Schmelzpunkt erreicht und danach auch geklärt werden kann.
Die breite Diskussion über die sogenannte »Neue Küche«, die ich nur für eine Renaissance halte, weil in der heutigen Zeit auf der Basis der »Alten Küche« entsprechend nur leichter gekocht werden muß, hat auch ein beliebtes altes Rezept mit all seinen Varianten zu neuer Geltung gebracht. Es ist die »Weiße Butter«, eine besonders von der Loire bis zum Atlantik beliebte Zutat, da sie zu fast allen Arten von Meeresfrüchten paßt. Schon im vorigen Jahrhundert kam dieses Rezept über das Elsaß in den alemannischen Raum.

Weiße Butter (Beurre Blanc)

In eine Kasserolle gehackte Schalotten, trockenen Weißwein und etwas Estragon-Essig geben, leicht salzen und pfeffern und bis zu 1/4 reduzieren lassen. Danach weiche Butter (en Pommade) stückweise unterrühren. Nachschmecken mit Salz und Pfeffer und anschließend passieren.

Sauce Hollandaise

In eine Kasserolle 2/3 trockenen Weißwein, 1/3 Estragon-Essig, geschroteten Pfeffer, eine Prise Salz geben und bis zu 1/3 reduzieren lassen. In der Zwischenzeit Butter klären; in die passierte Reduktion Eigelb mit etwas Wasser im Wasserbad zu einem Sabayon schlagen. Hat der Sabayon eine schaumige Konsistenz, wird die geklärte Butter daruntergeschlagen; mit etwas Salz und Pfeffer und Zitronensaft nachwürzen. Die Soße soll schaumig und luftig sein.

Das sind nur wenige Beispiele. Man könnte sie beliebig fortführen. Deshalb sei abschließend bemerkt: Eine Küche, gleich welcher Kategorie, ob Haushalt oder Gaststätte oder die eines Feinschmecker-Restaurants, ohne Butter ist so traurig wie ein Keller, in dem man nur Wasserflaschen vorfindet.

Löwenzahnsalat

Zur gleichen Zeit etwa, je nach winterlicher Witterung, freut man sich auf den Löwenzahnsalat oder Roßblumensalat oder Seicher oder Pißangelie, genannt nach der ins Alemannische gezogenen französischen Bezeichnung »pissenlit«. In jedem Ort wird er anders genannt. Aber alle wissen, was gemeint ist. In den wärmeren Teilen Südbadens gedeiht er in nicht oder nur schwach gedüngten Reben, in Kleeäckern oder Umbrüchen schon um Weihnachten. In der Regel aber wächst er Ende Januar, im Februar und nach strengen Wintern noch bis in den März hinein. Er läßt sich nicht unterkriegen, kein noch so kalter Winter schadet ihm. Wenn sich

Schnee und Frost verziehen, ist er schnell da. Kenneraugen finden ihn schon, wenn er noch ganz klein ist. Kenneraugen gibt es für ihn vor allem in Frankreich, wo er wohl der beliebteste aller winterlichen Salate ist. (Wenn er gezüchtet wird, werden die Stöcke zu groß, sie haben weit weniger Eigengeschmack.) Zubereitet wird er nach dem Säubern und Wässern mit heißen Speckwürfeln sowie Pfeffer und Salz. Er soll lange Zeit vor dem Essen angemacht und leicht warm gehalten werden, weil seine Beschaffenheit verhältnismäßig garstig ist. So wird er etwas weicher. Und weicher wird er auch durch eine etwas schwierige Zubereitungsweise: Frischgekochte Pellkartoffeln, möglichst mehlig, werden zerdrückt, aber nicht püriert, und heiß mit dem Salat vermengt, der vorher nach der beschriebenen Art zubereitet wurde. Alle Arten von Eiern schmecken dazu, am besten aber Vier-Minuten-Eier, die man dann mit dem Messer halbiert und mit einem kleinen Löffel halbseitig herausnimmt. In armen Zeiten war oft so eine Schüssel Roßblumensalat das einzige, was man zum Nachtessen auf den Tisch brachte.
Neben dem Kiemensalat ist er meine winterliche Leibspeise. Einer meiner Nachbarn ärgert mich seit Jahren immer mit der Nachricht, daß er schon wiederholt Roßblumensalat gehabt habe. Wenn er sich dann damit gesättigt oder, wie die Elsässer sagen, regaliert hat, mildert er meinen Ärger, indem er mir dann und wann ein paar Blätter sucht. – Wenn der Löwenzahn aber Ende März oder bei später einsetzendem Frühlingswetter im April Knospen bekommt, ist seine Zeit vorbei. Spötter geben den Rat, ihn dann zu suchen, wenn die ersten eidottergelben Blüten sichtbar werden. Man fände ihn dann leichter!
Den anderen Vitaminbringer für die Winterzeit, den Rebensalat oder Feldsalat oder Sunnwirbele, gibt es leider nur noch aus der Kultur. Die beste wie die wilde Art ist heute aus den Reben praktisch verschwunden: vom Wohlstand vertrieben. Nur noch in den Reben armer Leute findet man ihn, weil sie keinen oder nur wenig Handelsdünger in den Weinberg einbringen. Wer in mehrfacher Hinsicht Glück hat, sich die Zeit nehmen kann und dann auch noch so ein Arme-Leute-Rebstück findet, kann mit Freude den Unterschied zwischen dem mit Dünger hochgepäppelten und dem wilden Salat feststellen.

Der Hohrucken

Historisch ist auch ein früher übliches Stück Schweinefleisch geworden: der »Hohrucken«. Hohrucken deshalb, weil es sich um das Rückenstück des Schweins handelte, bevor man diese Art der Zerlegung aus veterinärmedizinischen Gründen verbot. Es war der schmale Streifen der Wirbelsäule. Vom Nacken bis zum Ringelschwanz wurde ein etwa fünf bis sieben Zentimeter breiter Streifen herausgeschnitten, zusammen mit dem kernigen Rückenspeck. Das darin sich befindliche Rückenmark ist die Ursache, daß es ihn nicht mehr gibt. Das Rückenmark soll für die zwar seltenen, aber um so gefährlicheren Trichinen besonders anfällig sein. Es muß, so wie sonst beim Metzger üblich, aufgespalten werden, um die genaue Untersuchung zu ermöglichen.
Damit war der Hohrucken »gestorben«. Nur in guter und bester Erinnerung haben wir ihn noch: das glasig wirkende, aber kernig schmeckende Oberteil, den Rückenspeck, der leicht angeräuchert in gekochtem Zustand bernsteinfarben war, sowie das Unterteil, das aus dem mageren Fleisch um die Wirbel bestand. Kenner sagen, das beste Fleisch sei jenes unmittelbar an den Knochen. Ich kann das nur bestätigen.
Zum Hohrucken gab es die gute andere Zubereitungsart der weißen Futterrübe: die sauren Rüben. Mit einem speziellen Hobel wurden sie in feine Streifen geschnitten und in großen Mengen genau wie Sauerkraut eingesäuert. In diesen gesäuerten Rüben wurde dann der Hohrucken gekocht. Stück um Stück. Vom Nacken bis zum Schwänzle. Und wenn die Hohrucken der verschiedenen winterlichen Schlachtungen verzehrt waren, war meistens auch die Stande mit den sauren Rüben leer. Das Frühjahr war dann bald vor der Tür.
Der Hohrucken selbst aber, oder vielmehr sein System, war in vielen Familien ein ständiges Diskussionsthema. Man sprach über das Für und Wider. Vor allem gab es keine Koteletts bei dieser Art der Zerlegung des hausgeschlachteten Schweins. Ein Teil davon blieb am Hohrucken, ein anderer an den Schälripple, der Rest schließlich an der Speckseite, die mit diesem mageren Teil ansehnlicher wurde. Das Unterteil bestand demnach aus dem Wirbelknochen und einem Teil des Fleischs der Koteletts. Den oberen Teil bildete das kernige Stück Rückenspeck. Man hatte also ganz mageres

Fleisch vom Knochen und gleichzeitig das fette an einem Stück.
Noch auf ihre alten Tage haben manche Bauernkinder einen Ekel vor diesem Speck, der natürlich gegessen werden mußte, auch wenn die Rüben und Kartoffeln oder die Rübe allein bevorzugt wurden. Eine Bauerntochter aus dem oberen Wiesental schrieb mir, als ich in der „Badischen Zeitung" meine Erinnerungen an den Hohrucken kundtat, daß die Hohrucken auf ihrem Hof meistens bis zu zehn Zentimeter dicken Speck aufwiesen. Das war bei uns armen Kaiserstühlern natürlich besser. Hier hatten die Bauern nicht den Ehrgeiz, das schwerste Schwein auf den Schragen zu bringen. Man war schon froh, wenn man wenigstens eines oder manchmal zwei für den eigenen Haushalt schlachten konnte. Bei schlechter Obst- oder Traubenernte mußten sie nicht selten, damit etwas Bargeld ins Haus kam, verkauft werden. Dann gab es Rüben ohne Hohrucken. Kaum zu glauben; aber sie schmeckten trotzdem. Wenn ich heute daran denke, läuft mir das Wasser im Munde zusammen, obwohl ich die Zubereitung damals haßte wie die Pest: Eine Schicht gekochter Rüben kam auf eine Schicht bereits gekochter Nudeln. So wurden in großen Schüsseln vier bis sechs Schichten angerichtet. Die oberste Schicht bildeten immer Nudeln. Wenn von einer früheren Schlachtung noch Reste einer Speckseite irgendwo verloren im Kamin oder in der Räucherkammer hingen – man nannte diese Reste den Mausfallenspeck –, so wurden sie mit den Rüben gekocht, um ihnen wenigstens etwas vom schweinernen Geschmack zu geben. Die oberste Schicht Nudeln wurde im Ofen knusprig. Wenn sie dieses Stadium erreicht hatte, wurde das Ganze recht sparsam mit heißem Schmalz oder Öl und den darin gebräunten Zwiebeln abgeschmälzt.
Dasselbe Arme-Zeiten-Gericht wurde auch mit Sauerkraut zubereitet, und es schmeckte, wenn man Hunger hatte. Aber leider der Schrecken fast aller Kinder war der »Krautleimen«. Leimen steht im Alemannischen für Lehm. Und mit Lehm und Stroh haben noch zu Beginn dieses Jahrhunderts arme Bauern in Teilen der Rheinebene die Zwischenwände ihrer kleinen Häuser ausgemauert. So ähnlich sah dann dieses Gericht aus, wenn es, Kartoffelbrei und Sauerkraut in Schichten in eine Schüssel gegeben, heiß aus dem Ofen kam. Des-

halb der Name Krautleimen (Krütleime). An diesen Gerichten war dann das Schönste, daß man beim Essen von Schälripple und Hohrucken träumen konnte.
So war's bei den kleinen Bauern mit ihren unrentablen Mischbetrieben, die vornehmlich in den Weinbaugebieten zu finden waren. Die reichen Bauern im Schwarzwald und in der Rheinebene, wo man sich im Jahrhundert der autarken Wirtschaftspolitik auf Getreide, Hackfrüchte, Vieh- und Milchwirtschaft konzentrierte, wußten von soviel Armut nichts. Bei ihnen konnte die Zahl der notwendigen Hausschlachtungen immer eingehalten werden.

Die Sache mit den Jägern

Aber es gab auch zwischendurch einmal Höhepunkte. Ich habe den besten Fasan meines Lebens in einer Zeit der Armut verzehrt. Es war gleichzeitig auch mein erster. Er kam durch eine Geschichte auf den Tisch, die in gesteigertem Maß wie Jägerlatein klingt. Mit zwei Ochsen vor der Egge war ich mit dem Abräumen eines Maisfeldes beschäftigt, als am anderen Ende des Ackers ein Fasan einflog. Er machte sich über einige zurückgebliebene Maiskolben her und scherte sich weder um das Gespann noch um mich. Gemütlich, wie ich mit den Ochsen im Acker eben ging, näherten wir uns dem Fasan. Als wir etwa so zehn Meter entfernt waren, hob ich eine Grundscholle aus der für spätherbstliche Verhältnisse sehr trockenen Ackerkrume. Ich warf, ohne zu zielen, nur um den farbenprächtigen Zigeuner zu vertreiben – und traf ihn am Kopf. Er torkelte vollkommen betäubt. Ich ließ natürlich die Zügel der Ochsen fallen und gab ihm mit dem Geißelstock den Rest. Erst dann befürchtete ich, beobachtet worden zu sein. Da der Fasan aber nun schon tot war, nahm ich ihn im Ochsenwagen, unter Maisstauden versteckt, nach Hause. Meine Tante, viele Jahre vorher begabte Köchin in einem herrschaftlichen Hause einer alten Freiburger Bürgerdynastie, versprach mir, den Fasan, nachdem er einige Tage abgehängt sei, zuzubereiten, wenn sie nichts davon essen müßte. Mein Großvater war derselben Ansicht. Und so blieb mir nichts anderes übrig, als den ersten, unrechtmäßig erlegten Fasan ganz allein zu verzehren. Ich glaube, wenn ich es richtig betrachte, war er meine erste wirkliche Feinschmeckermahlzeit. Der Fasan, in der für Qualität des Wildbrets günstigen Zeit, nach der Maisernte erlegt, war unter der Haut mit einer millimeterdicken Schicht von goldgelbem Fett bedeckt. Mit diesem und wenig Schweineschmalz wurde er unter regelmäßigem Übergießen gebraten.

Ich spüre heute noch meine triefenden »Müleckle«. Ich habe ihn kurz und klein gegessen. Als Beilage gab es gewärmtes Sauerkraut vom Tag zuvor und Bratkartoffeln in der Art der Pommes Lyonnais, also leicht braunkrustige Bratkartoffeln, denen man in der Endphase der Zubereitung Schalotten oder Zwiebeln, grob geschnitten, beigibt. Das war der beste Fasan meines Lebens. Niemals habe ich einen besseren bekommen, auch nicht bei Paul Bocuse.

Seither weiß ich auch, was mir große Köche bestätigten: Ein Fasan muß einige Tage hängen, wenn auch nicht unbedingt nach alter französischer Art, nach der man während kühler Wintertage den Fasan am Stoß (Schwanzfedern) auf den Speicher hängt, um ihn erst zuzubereiten, wenn er dann von selbst herunterfällt: »faisandé«. Mit etwas Fasanen-Wildgeschmack, aber so wenig, daß man nicht weiß, um was es bei diesem Geschmack geht, bin ich einverstanden. Mehr kann nur von Nachteil sein.

Anders ist es bei den Reb- oder Feldhühnern. Sie müssen, und darüber sind sich die Experten einig, spätestens drei bis vier Tage nach dem Erlegen in die Pfanne.

Jede Spur von Wildgeschmack, der durch längeres Abhängen entsteht, schadet. Und da diese beiden Wildgeflügelarten im alemannischen Raum, besonders aber im Oberrheintal, recht zahlreich vorhanden sind und dementsprechend oft auf den Speisekarten vorkommen, möchte ich etwas näher auf sie eingehen. Ich denke hier weniger an Rezepte oder Zubereitungsarten. Viel eher geht es mir um Grundsätzliches.

Grundsätzliches deshalb, weil ich oft dem Weinen nahe bin, wenn ich sehe, wie diese armen Vögel noch im Tode traktiert werden. Monate müssen sie in der Kühltruhe zubringen. Der Fasan und das Rebhuhn nehmen das sehr übel, auch wenn man sie in ihrem Gefieder einfriert. Das geht höchstens einige Wochen gut. Aber dann sollten sie raus und in die

Pfanne. Speisekarten, die außerhalb der Saison – sie dauert für Rebhühner von September bis Oktober und für Fasanen von Oktober bis Mitte Januar – diese beiden Wildarten enthalten, kann ein Kenner nicht ganz ernst nehmen. Im übrigen gibt es nur eine Zubereitungsart für Rebhuhn und Fasan: die einfachste. Füllung ist, wie der Name sagt, eine Füllung. Wenn ich ein Rebhuhn esse, so möchte ich keine Füllung essen. Ich akzeptiere sie, wenn es dabei mehr um die Verfeinerung des Geschmacks geht, das heißt, wenn diese Füllung aus feinen Kräutern und passenden Gewürzen hergestellt ist. Auch etwas Schweinefleisch darin ist von Vorteil. Die Leber und die anderen genießbaren Innereien dürfen dazu verarbeitet werden. Aber weder exotische noch heimische Früchte haben in der Füllung etwas zu suchen.
Sie wurde früher einmal tatsächlich nur mit dem Ziel der Verfeinerung zusammengestellt. Später diente sie zur allgemeinen Sättigung, wenn mit dem Wildbret sparsam umgegangen werden mußte. Die mit Speck umwickelte Brust wird durch diese Methode vor dem Austrocknen geschützt. Wenn dafür ein zu starker Speckgeschmack eingehandelt wird, ist das allerdings von Nachteil. Eifriges Übergießen des Bratens ist vielmehr empfehlenswert. Nach der halben Garzeit sollte man Brust und Ständerkeulen mit Aluminiumfolien abdekken. Dann hat man den reinen, höchstens noch durch Gewürze vorsichtig beeinflußten Wildgeschmack. Leber und Nierchen aber gibt man leicht angebraten, fein gehackt mit Küchenkräutern und Gewürzen je nach Geschmack gemischt sowie in der Pfanne nicht zu stark gar gemacht auf eine in derselben Pfanne zubereitete Scheibe Buttertoast als Beilage. Ein Sauerkraut, mit Wein gut abgeschmeckt, lasse ich mir noch gefallen. Champagnerkraut steigert den Umsatz der Gastronomie; wer aber Ananaskraut dazu serviert, gehört zu den Kochlöffelakrobaten. Die alten Köche und Köchinnen würden sich in ihrem Grab umdrehen, könnten sie von diesem Unfug hören. Wem nichts Besseres einfällt, als eine Büchse geraspelte Ananas zum Peis von 98 Pfennig im nächsten Supermarkt zu holen, um Kraut zu Rebhühnern oder Fasanen zuzubereiten, dem fehlt der Sinn für ergänzendes Aroma.
Alte Kenner dieses Gebietes meinen, daß man zum Wild als Gemüse das servieren sollte, was die jeweilige Gattung als

Äsung bevorzugt. Geschälte Weinbeeren in geringen Mengen schmecken weniger der Süße als der feinen Säure wegen hervorragend zum Rebhuhn ebenso wie zum Fasan. Rosenkohl, der Hasen liebstes Herbstfutter, paßt ausgezeichnet zu einem Hasenrücken, der natürlich zubereitet ist und nicht in einer Soße schwimmt. Ansonsten sind es alle Arten von Wintersalaten, an denen sich die wilden Viecher auch gütlich tun. Beim Fasan ist bei der Zubereitung von Anfang an das Alter besonders zu berücksichtigen.

Denn auch Jäger sind Schlitzohren. Sie verkaufen immer nur »jährige« Fasanen, allerdings weiß man dann nicht immer, wievieljährig sie sind, wenn man sich nicht einige Merkmale einprägt: Kleine, kaum entwickelte und stumpfe Sporen auf halber Höhe der Ständer zieren den Fasanenhahn vom gleichen Frühjahr. Etwas stärkere Sporen, spitz wie ein Stachel, zeigen ein Alter von eineinhalb bis zu drei Jahren an. Und alle, die spitze Sporen von einem Zentimeter und mehr haben, gehören zu den Urvätern. Natürlich sind auch sie genießbar. Sie schmecken, zu Pasteten und Terrinen verarbeitet, ausgezeichnet. Auch eine Consommé oder gar eine stark konzentrierte Essenz vom Fasan können bei entsprechender Sorgfalt zur Delikatesse werden. Wenn man einen Jährling im Ofen zubereiten will, so muß er eben tatsächlich »faisandé« sein. Die stark entwickelten Sehnen in den Keulen sollte man bei älteren Tieren schon vor dem Braten wie beim Truthahn ziehen. Man kann das mit einer ganz einfachen Kombizange tun. Mit einer normalen Injektionsspritze kann man den abpassierten heißen Bratensaft dem Fasan in Keule und Brust einspritzen, wodurch er zarter, saftiger wird.

Bei Reh-, Hasen- und Gemsenwild hat sich die Unsitte eingestellt, alles mit Speck zu spicken. Natürlich sind dafür teilweise kommerzielle Interessen die Ursache. Seitdem Wildbret zur vielbegehrten Delikatesse, Schweinespeck aber sehr billig wurde, ist es nicht uninteressant, mit dem Rehrücken von zwei Kilogramm auch gleich zweihundert Gramm Speck zum gleichen Preis zu verkaufen. Dabei glaubt man, zum Gelingen der Zubereitung beizutragen. Weit gefehlt! Selbst ein Rehrücken aus der Tiefe einer Kühltruhe hat noch genügend Eigensaft, um nicht trocken zu werden, bis er auf den Tisch kommt. Zartrosa oder auch noch auf den alleräußersten Punkt gebraten, kann er auf den Speck vollständig verzichten. Jede Verletzung, die mit der Spicknadel beigebracht wird, schadet dem Wildbret. Der nicht im Überfluß vorhandene Bratensaft tritt dann teilweise aus. Natürlich wird er durch den Speck mehrfach kompensiert. Aber nur durch Selbstbetrug. Es ist tatsächlich ein schlechter Tausch, den wir hier vornehmen: feiner Eigensaft und Eigengeschmack des Wildbrets gegen zwar noch akzeptables, aber immerhin ordinäres Speckfett und den bei anderen Gelegenheiten durchaus vorteilhaften Schweinegeschmack.

Beim Wildschwein ist Spicken ohnehin nicht notwendig. Die gebräuchlichste Zubereitungsart hier im alemannischen Raum ist die aus der Beize. Hundert Variationen von Laken sind teilweise ganz interessant. Aber wir sollten berücksichtigen, daß sie ursprünglich nicht der Verfeinerung des Geschmacks dienten, sondern mehr eine Art Halbkonservierung darstellten; deshalb wurde ihnen auch Wein beigegeben, im Norden sogar Wacholderschnaps. Die Not wurde zur Tugend. Und Wildbret schmeckt tatsächlich aus einer sorgfältig zusammengestellten Beize nicht schlecht. Ein gutes, junges Tier aber bei den heutigen Kühlmöglichkeiten in die Beize zu legen ist barer Unfug. Das gilt für alle Wildarten mit rotem Fleisch.

Immer weiter verbreiten sich verschiedene Zubereitungsarten von Wildgeräuchertem: Rehkeulen werden zu Rehschinken, und den Hirschen geht's nicht besser. Dazu muß einfach gesagt werden, daß das Salzen – und ohne Salzen ist eine Konservierung nicht möglich – weder dem Hirsch- noch dem Reh-, noch dem Gemsenfleisch bekommt. Ich habe noch nie ein solches Produkt gekostet, das mich begeistert hätte. Sie alle sind geschmacklich stumpf, sie bleiben weich in ihrer Konsistenz – oder sie werden zu trocken. Wildbretaroma und Salz vertragen sich nicht in dem Maße, wie es zur Haltbarmachung notwendig ist. Auch der Rauch bringt eine Geschmacksdissonanz, die sehr stört. Eine ausgezeichnete Zubereitungsart für Wildschweinschinken, vollkommen ohne Rauch, ist dagegen auch für den privaten Bereich so einfach und reizvoll, daß ich sie meinen Freunden nicht vorenthalten möchte:

Die Keule eines Wildschweins mittleren Alters oder auch älter läßt man sich vom Händler so zurechtschneiden, daß sie ein rundes Stück darstellt. Nur die Rohrknochen bleiben darin. Man salzt in einer entsprechend großen, rostfreien Schüssel mit Kochsalz oder mit speziellem Pökelsalz, Schinkensalz genannt. Das kann während der kühleren Jahreszeit in einem ungeheizten Raum, ja sogar auf einem Balkon geschehen. Für ein Kilo Eigengewicht rechnet man zwei Tage Lagerung im fest umschließenden, überall deckenden Salz. Ein Tag mehr schadet nicht, weil man anschließend etwa 24 Stunden wässert, um den Schinken dann gut abzutrocknen. Daraufhin läßt man ihn bei günstiger Witterung noch ein oder zwei Tage an einem zugigen Platz hängen. Bei warmer Witterung empfiehlt es sich jedoch, mit der Zubereitung sofort zu beginnen, indem man den ganzen Schinken einschließlich der freiliegenden Knochenteile mit einem scharfen Senf einreibt und diesen Senf dann mit dem Ballen der Hand fest einwalkt. Ein übriges kann getan werden, wenn man den ganzen Schinken mit Zwiebelscheiben beklebt, die durch den restlichen Senf an der Oberfläche festgehalten werden. Das geschieht weniger wegen der geschmacklichen Beeinflussung als aus hygienischen Gründen: Die Zwiebeln halten die Insekten ab. Die Monate Januar und Februar sowie besonders der März mit seinen trockenen Winden eignen sich für diese Konservierung ohne Rauch ausgezeichnet. Schon nach wenigen Wochen hat man einen schnittfesten Wildschweinschinken, der vor allem zum Spargel gut schmeckt, weil er zu dieser Zeit schon auf dem Höhepunkt seines Schinkendaseins angelangt ist. Nach wenigen Monaten wird er trocken, wonach man ihn noch ähnlich wie Bündnerfleisch essen kann.

Weiße Bohnensuppe

Eine Suppe von weißen Bohnen mit Schweinsohren, Füßle, Ripple oder ähnlichem ist ein deftiges Gericht für die kalte Jahreszeit, wobei man auch als Feinschmecker auf Vor- und Nachspeisen verzichten kann. Gutes Brot dazu ergibt ein mächtiges Essen, das natürlich in kurzen Abständen nur Leute vertragen können, die körperlich arbeiten oder – was heute beliebter ist – Sport treiben.
Die bäuerlichen Eintopfgerichte waren nicht immer nur ein Zeichen von Armut oder Bescheidenheit. Man hat – und mit

»man« meine ich die arbeitsüberlasteten Hausfrauen, die nicht nur ihren familiären Haushalt zu versorgen hatten – so eine Bohnen- oder Erbsensuppe mit Geräuchertem stundenlang auf dem Herd geköchelt. Es kam nicht auf einen bestimmten Garpunkt an. Im Gegenteil, verkocht schmeckten sie manchmal noch besser. Nur das Fleisch mußte etwas geschont werden. Es war also der Sinn fürs Praktische, der diese Art der einfachen Küche hervorbrachte. Und nicht nur das: Wenn die Männer mit Waldarbeiten beschäftigt waren, brauchten sie mittags eine kräftige Mahlzeit, die auf einfache Art eingenommen werden konnte. Man ging zu Tisch nicht heim auf den Hof. Man blieb im Wald. Und in einer Milchkanne wurden kräftige Portionen solcher Gerichte in den Wald gebracht. Wein und Schnaps hatte man schon morgens mitgenommen, und der notwendige Appetit war durch die Arbeit an der frischen Luft vorhanden. Nur war er manchmal auch zu stark. Es schmeckte dann am Feuer so ausgezeichnet, daß manch einer nicht wußte, wann er aufhören sollte. In diesem Fall machte dann die Arbeit anschließend weit weniger Spaß. Aber ein Schnaps half, und die Bohnen machten sich auch von selbst Luft, was im Wald zeitweise eine neue Geräuschkulisse ergab.
Weiße Bohnen wässert man zehn bis zwölf Stunden und setzt sie dann mit Fleischbrühe oder auch mit Wasser auf. Einige Lorbeerblätter und nur wenig Salz kommen gleich dazu; wie auch die Schweinsfüßle, die ganz oder zum größten Teil verkochen dürfen, weil sie dann das Ganze auf angenehme und schmackhafte Weise leicht binden. Schweinsohren dagegen sollen höchstens eineinhalb Stunden mitkochen, damit sie noch etwas kernig bleiben. Man gibt sie deshalb erst etwa nach der halben Garzeit zu. Je nach dem Trockenzustand der Bohnen braucht die Suppe drei bis vier Stunden Kochzeit. Köcheln nannte ich es vorhin. Also nur kein starkes Kochen! Etwa zusammen mit den gesalzenen Schweinsohren gibt man gewürfelte Kartoffeln im Verhältnis eins zu vier der Menge der Bohnen bei. Die Kartoffeln dürfen ganz, die Bohnen nur teilweise verköcheln. Ganze Bohnen sind zu schwer verdaulich. Zum Schluß wird mit gebräunten Zwiebeln abgeschmälzt und mit Salz, Pfeffer und etwas Muskatnuß nach Bedarf abgeschmeckt. Die Schweinsohren und Schweinsrüssel werden, wenn notwendig, schon

vorher herausgenommen, in kleine Würfel geschnitten und wieder beigegeben. Nach demselben Rezept verfährt man auch mit grünen oder gelben Erbsen. Und die verkochten Schweinsfüßle geben dann in kaltem Zustand noch ein schmackhaftes Vesper ab, ohne Messer und Gabel. Ein Gutedel, ein Silvaner mit wenig Bukett oder ein durchgegorener Ruländer eines kleinen Jahrgangs sind eine ausgezeichnete Begleitung. Natürlich gab es im bäuerlichen Haushalt außerdem ein kräftiges Bauernbrot zu diesen Eintopfgerichten, obwohl bei normalem, warmem Essen der Brotlaib recht selten auf dem Tisch zu finden war.

Heute ist das natürlich schwierig. Man muß schon einen besonders guten Bäcker finden, um ein kräftig schmeckendes, vor allem aber durchgebackenes Brot zu bekommen. Daß dies so schwierig ist, werden die Bäcker nicht sehr gerne hören. Da ich aber die Ursachen kenne, dürfen sie versichert sein, daß der Vorwurf nicht ihnen, sondern einer unverständlich peniblen Gesetzgebung gilt. Diese Gesetze werden leider zu oft von Theoretikern gemacht. Die kleinliche Auslegung ist ein weiteres Übel. Ich weiß, daß die Kontrolleure peinlich darauf achten, daß ein Zweipfünderbrot eben 1000 Gramm hat. Und der Laie wird dieser Auflage auch bei oberflächlicher Betrachtung zustimmen. Daß dadurch aber unser Brot schlechter geworden ist, weil es eben, um diese Gewichtsvorschrift genau einzuhalten, nicht immer durchgebacken ist, ist genauso verständlich, wenn wir wissen, daß die Bäcker nicht zu den Großverdienern unserer Zeit gehören.

Ein gutes Brot hat seinen Geschmack nicht zuletzt von einer kräftigen Kruste, die nur bei gutem Durchbacken entsteht. Nicht nur wir in Deutschland haben diese Probleme. Auch die Franzosen sehen aus sozialen Gründen sehr darauf, daß das Gewicht der Brote stimmt. Man ist aber etwas praktischer. Zum Beispiel wird dort nicht ein einzelnes Brot von den Kontrolleuren gewogen, sondern es sind immer etwa zehn Stück zusammen. Stimmt dann das Durchschnittsgewicht bei gut durchgebackenem Brot, so ist der Bäcker aus dem Schneider. In Frankreich ist die Qualität des Brotes ein nationales Bedürfnis. Mir selbst ist ein Zweipfundbrot, das nur 900 Gramm wiegt, aber gut durchgebacken und deshalb schmackhaft ist, wesentlich lieber. Und das leichtere Brot ist trotzdem genauso ausgiebig, vor allem aber auch bekömmlicher. Unsere Behörden sollten hier etwas unbürokratischer sein und mehr auf die Qualität als auf das Volumen und das Gewicht achten. Wenn dann die Bäcker auch noch mitziehen, könnte es bald wieder überall gutes Brot geben.

Das Schlachtessen

Metzelsuppe oder Metzgersuppe sowie einige andere Bezeichnungen stehen für die Höhepunkte der bäuerlichen Wintersaison, die die Jugend für die mageren »Krütleimentage« entschädigte. Übrigens: Auch als Kind weiß sich der Mensch zu helfen. Ich versuchte jedenfalls, wenn ich im voraus feststellen konnte, daß ein solches Armeleute-Essen vorbereitet wurde, bei den Tanten oder der Großmutter unterzukommen, wobei es dann natürlich passieren konnte, daß es dort ebenfalls Krütleimen gab.
Immer noch ist es mir ein Rätsel, daß die einzelnen Fleischgerichte der bäuerlichen Schlachtplatte so gut schmecken können, obwohl das Fleisch praktisch nicht erkaltet, bevor es in den Topf kommt. Eine alte Regel nennt die Notwendigkeit, daß selbst Kalbfleisch einige Tage hängen soll, bevor es in die Pfanne kommt. Diese Regel wird immer wieder durch die Praxis bestätigt. Auch beim Schweinefleisch trifft sie zu. Vom Rindfleisch gar nicht zu reden. Dabei denke ich noch nicht einmal an Rumpsteak und Filetsteaks. Denn auch ein gutes Suppenfleisch schmeckt erst acht Tage nach der Schlachtung.
Nur bei der Hausschlachtung gelten für mich andere unbegreifliche Regeln. Da wird ganz schnell mageres und fettes Fleisch in den Topf gegeben, damit es die Brühe für die eigentliche Metzelsuppe liefert. Längst zurückgelegtes, getrocknetes Weißbrot ist eine recht nahrhafte Einlage, die sehr gut schmeckt. Nudeln gibt es dann und wann auch. Mit der Suppe beginnt man. Dann kommt das Kesselfleisch. Die Abschnitte von den Schinken oder Stücke von der Schulter oder fettere Teile vom Hals werden zusammen mit den für die Hausmacherwurst bestimmten Stücken gekocht. Ein Teil davon kocht nach einer gewissen Zeit im Sauerkraut weiter, um diesem den typischen Geschmack zu geben. Auch große

Mengen von Meerrettich werden vorbereitet. Die Nachbarschaft, soweit sie nicht zu weit entfernt liegt, ißt schon vor der Mittagszeit mit der Nase mit. Und gute Bauern sind dann human: Sie schicken entweder eine gut gespickte Schüssel zum Nachbarn hinüber, oder er wird gleich an den Tisch geladen. Zwischen Suppe und Kesselfleisch aber gibt es vielerorts eine Spezialität, die nur hier in Südbaden, sowohl im Schwarzwald als auch in der Rheinebene, zu Hause ist: die Kutteln. Sie sind nicht zu verwechseln mit den schwäbischen Kutteln, die aus Pansen und Blättermagen des Rindes bestehen. Die Kutteln bei uns sind ganz einfach Blutwürste. Ihre Zubereitung ist vom Rezept der französischen Boudins beeinflußt, das bei uns – wir können stolz darauf sein – verfeinert wurde. Ich habe in Frankreich schon wiederholt versucht, den Boudin bei Leuten, die sich Spezialisten nennen, so zu bekommen wie von einem guten Hausmetzger. Es ist mir nie gelungen. Unsere Kuttel besteht nur aus dem frischen Schweineblut und viel frischer Milch. Hinzu kommen gedämpfte Zwiebeln in beachtlicher Menge, etwas Brühe vom Wurstfleisch, Pfeffer, Salz, Nelken (Nägeli), etwas Majoran, Muskat und Koriander. Es gibt dafür keine Mengenangaben. Jeder Hausmetzger hat sie im Gefühl. Entsprechend unterschiedlich ist natürlich das Resultat. Diese Masse wird in den dicken Därmen des Schweins gekocht und aus dem Sud am Tisch aufgeschnitten. Die Besten sind jene, deren Anschnitt sich sofort nach außen wölbt: ein delikates Zwischengericht, das man nur mit Brot ißt, denn es gibt meines Erachtens außer dem Sauerkraut nichts Passendes dazu.

Daß auch die Leberwurst zum Sauerkraut auf den Tisch kommt, ist selbstverständlich. Aber sie findet dann oft nicht mehr den rechten Zuspruch. Deshalb wird sie im sparsamen Haushalt zusammen mit der eigentlichen Blutwurst, die mit Teilen von Innereien und kernigem Rückenspeck hergestellt wird, wenn möglich luftgetrocknet, aber bei weniger guter Witterung etwas angeräuchert und haltbar gemacht. Es entstehen daraus jene so beliebten wie seltenen Schwarzwürste, die steinhart werden können. Mit einem scharfen Messer in Scheiben geschnitten, ergeben sie ein herrliches winterliches Vesper, das man natürlich auch noch im Frühling zu schätzen weiß.

Für die Jugend aber, ich meine jene, die sich abends mit ihrem Freundeskreis traf, war es zu meiner Zeit noch üblich, dann kleine Feste zu feiern, wenn zu Hause eine Sau im Fleischgeschirr lag. Man sieht, wir waren gar nicht so rückständig. Die Jugend vom Lande hat schon seit eh und je Parties gefeiert. Natürlich etwas anders als heute. Urwüchsiger. Ich möchte manchem Jungen wünschen, so etwas einmal noch erleben zu können. Im Unterschied zu heute waren jedoch keine Mädchen dabei. Leider – muß ich zurückblikkend sagen. Aber noch vor wenigen Jahrzehnten herrschten bei uns streng patriarchalische Sitten.
Mit einfachsten Mitteln mußten solche Feten organisiert werden. Geld gab's dafür natürlich nicht. Dafür hatten wir, wenn wir richtig planten, eigentlich alles, was man für ein Fest braucht. Da wurden eben die Köpfe zusammengesteckt. Wo ein oder zwei Schweine in der Fleischbütte lagen, war es kein Problem, an Schäufele, Ripple, Hohrucken oder andere Stücke zu kommen. Wo zu Hause zuletzt frisch gebacken worden war, war auch schnell bekannt. Wer viel und guten Wein im Keller hatte, wußte man meistens schon im voraus. Ein altes, leerstehendes Haus war dann immer der Treffpunkt in der Abenddämmerung. Eine zerfallene oder auch improvisierte Feuerstelle benutzte man zum Kochen der erbeuteten Teile der Hausschlachtung. Auf komplizierte Beilagen wurde angesichts genügender Fleischportionen verzichtet. Wochen später stellten dann die Alten beim Aufhängen der gepökelten Sau fest, daß sie nur ein Schäufele oder einen Schinken hatten. Wer für den Fehlbestand verantwortlich war, wußte man; und deshalb gab's auch manchmal Tränen. Aber gut, sogar sehr gut war es immer.

Die Stummente

Madame Jeanne, eine Elsässerin, über die ich später noch einmal wegen ihrer unnachahmlichen Schnecken berichten werde, lädt mich leider höchstens zweimal im Jahr zum Essen ein. Einmal im Mai oder Anfang Juni, wenn's die frischen Schnecken gibt, und einmal im Winter, zur Stummente. Es ist eine Ente, die im Frühling zuvor das Licht der Welt erblickte, keine Schnellmastente also. Das zeigt sich in

der Qualität des Fleisches, das geschmackvoll, kräftig und doch zart ist, zarter als das der Gans. Für vier bis fünf Personen ist sie eine sättigende Mahlzeit. Vor allem, wenn noch eine Füllung dabei ist, wie sie nur Madame Jeanne fertigbringt. Meine Freunde wissen, daß ich sonst nicht für Füllungen oder Gefüllsel bin. Aber die Farce der Stummente war so leicht, wie nur eine Farce sein kann, und von einer vollendeten Geschmackskombination der Gewürze.
Der sonst kräftige Duft der Entenleber mischt sich zart unter die mit Schweinefleisch, Weißbrot und verschiedenen Kräutern komponierte Füllung. Überhaupt, bei allen Füllungen, die gut sein sollen, geht es nicht ohne Schweinefleisch, vorausgesetzt allerdings, daß nicht zuviel verwendet wird. Der feine und zugleich ordinäre Geschmack des Schweinefleischs wirkt würzend. Vor vielen Jahren, als Schweinefleisch noch die teuerste aller Wurstfleischsorten war, behaupteten gute Wurster, daß Schweinefleisch das absolut beste Gewürz für die Wurst sei. Wohlgemerkt deshalb, weil man allgemein sehr sparsam damit umging. Heute ist das nicht mehr so.
Als Beilage gab's nur frische tournierte Karotten und Elsässer Weißbrot, mit dem man bei guten Fleischportionen auf die Kartoffelbeilage verzichten kann.
Zur selben Zeit, als wir mit unseren Elsässer Freunden die Stummente zelebrierten, feierte man in Paris unter den hohen Politikern die zehnjährige »Franco-Allemaniade«. Wir feierten das Zehnjährige auf unsere Art, und die Stummente war symbolisch: Bei uns wurden weit weniger Worte gewechselt als in Paris. Zur Vorspeise, zu den unnachahmlichen Schnecken von Madame Jeanne, diesmal im Winter von den selbst eingedosten, gab's einen 1963er Riesling, der mit soviel Säure in die Flasche gekommen war, daß er noch frisch wirkte und sein ganz bescheidenes Bukett erst jetzt zaghaft zum Vorschein kam. Danach zur Ente tranken wir einen 1973er Chambertin Clos de Bèze.
Der Chambertin Clos de Bèze übrigens war der Lieblingswein Napoleons. Das läßt vermuten, daß der diktatorische Militarist in seinem Wesen auch Bereiche der Zugänglichkeit besaß: Denn wer gutes Essen und gute Weine schätzt, läßt jedenfalls zeitweise mit sich reden.

Die Gerichte der Stummente interessiert jedoch hier mehr, denn sie ist bei uns im Badischen fast unbekannt. Der Überlieferung nach soll die Zucht dieses lautlosen Wesens einem leidgeprüften elsässischen Bauern gelungen sein, der in seinem mit Frauen reich gesegneten Haushalt mehrere Großmütter, Schwiegermütter, Tanten, unverheiratete Schwestern und Töchter beherbergte. Mit der häuslichen Ruhe war es deshalb sicher schlecht bestellt; und wenn er die Ruhe auf seinem Hof suchte, überfiel ihn das Gequake und Gerätsche eines mehrere hundert Flügel zählenden Entenvolkes. So wurde die Idee zur Zucht einer lautlosen Ente geboren. Die angenehme, auch wirtschaftliche Nebenwirkung war die Tatsache, daß die Stummente etwas mehr Fleisch ansetzt als ihre lauten Artgenossen, womit zumindest bei oberflächlicher Betrachtung die Vermutung entsteht, daß man mit viel Getratsche auch Pfunde abtrainieren könnte. Nicht auszudenken ist, was passiert wäre, wenn jener erfolgreiche Geflügelzüchter seine biologischen Kenntnisse auch bei seinen tratschenden Hausgenossinnen versucht hätte.

Der Beckenofen

Elsässisch, aber ursprünglich auch in Baden bekannt ist der »Beckenofen«. Seinen Namen hat er deshalb, weil er früher beim Brotbacken eine willkommene Erleichterung für die besonders im Sommer geplagte Hausfrau war. Obwohl es besser in die Wintermonate paßt, wurde das Gericht hauptsächlich im Sommer, während der Ernte und im Herbst zubereitet. Heute gibt es diese herrliche Erfindung bäuerlicher Küche auch in städtischen Haushalten oder in der Gastronomie in vielen Variationen. Es ist erfreulich zu beobachten, wie die Elsässer ihre alten ländlichen Gerichte fördern und populär machen. Ein gastronomischer Club, der »Club Prosper Montagné«, veranstaltet jährlich einen Wettbewerb für Hausfrauen, bei dem das beste Rezept eines ausgeschriebenen, typisch ländlichen, vor allem aber regionalen Gerichts prämiert wird. Die Folge ist, daß die alten ländlichen Speisen auch im städtischen Haushalt erhalten bleiben und wieder vermehrt bekannt werden. Mit der heutigen Kücheneinrichtung ist das relativ leicht zu erreichen.

Die Bauersfrauen mußten früher, selbst wenn sie auf den reichen Höfen die Grundnahrungsmittel reichlich bereit hatten, mit den Zutaten doch sehr improvisieren. So entstanden viele Gerichte. Beim Beckenofen war es die Zeit, die eingespart werden konnte. Er wurde ohne Aufsicht gar. Er ist, was seine Entstehung selbst anbetrifft, sehr unempfindlich. Er schmeckt auf alle Arten, bis zum Verkochen. Und das war der allergrößte Vorteil. Wenn die Bauersfrau mitten in der Ernte Brot backen mußte, um anschließend schnellstens wieder auf das Feld zu kommen, so wurde der Beckenofen bereitet: Er wurde dann in den Backofen geschoben, wenn das Brot fertig war. Die restliche Hitze der großen gemauerten Backöfen reichte aus, um ihn gar zu machen. Im eigenen Saft wurden Fleisch und Zutaten gegart, weil der irdene oder gußeiserne Topf hermetisch mit Brotteig abgeschlossen war.
Der Beckenofen kann deshalb nur die Erfindung einer pfiffigen Bäuerin gewesen sein. Ich vermute, daß man damals sehr sparsam mit frischem Fleisch umging. Gesalzenes und Geräuchertes waren wohl die Hauptbestandteile. Er hat aus folgenden Zutaten bestanden: In einen der Personenzahl entsprechenden Topf gab man auf den Boden etwas Schweineschmalz, darüber schichtweise rohe Kartoffeln in Scheiben, Karotten, etwas Zwiebeln und Lauch, an Gewürzen Salz und Pfeffer. Dazwischen legte man geräucherte Fleischstücke verschiedener Art, vom Schwein Ripple, Hals, Schulter und anderes. Große Bauernfamilien konnten sich auch im Sommer eine Schlachtung für den sofortigen Verbrauch leisten; so hatte man vermutlich auch die wichtigste Sache, nämlich frische oder gesalzene Schweinsfüßle. Sie wurden aufgespalten und zwischen die Gemüseschichten gelegt. Die oberste Schicht bildeten immer Kartoffelscheiben. Abgedeckt wurde mit einem Rest Brotteig, den man vom Backen zurückbehielt. Entweder mit oder auch ohne Deckel wurde die Form dann in den noch heißen Ofen gegeben. Ob man dann pünktlich zur Mittagszeit oder später von der Erntearbeit kam: Der Beckenofen war immer eßbar.
Die heutigen Rezepte sind natürlich weniger sparsam. Aber, um typisch zu bleiben, sind hier Grenzen gesetzt. Die Schweinsfüßle gehören unbedingt dazu. Sie bringen den deftigen Geschmack, damals wie heute. Außerdem: Schweinehals und -schulter, Hammelschulter und Rinderbeinschei-

ben, ein bis zwei Tage in einem kräftigen Weißwein eingelegt mit Lorbeerblättern, Karotten und sehr wenig Wacholder. Und wie schon erklärt, wird alles in Schichten, abwechselnd mit Karotten, Lauch, auch Kraut und Sellerie, eingelegt, wozu das Fleisch entweder in Würfel oder Scheiben, je nach Beschaffenheit des jeweiligen Stückes, zurechtgeschnitten wird. Pro Person muß man, wenn man die Knochenanteile berücksichtigt, mindestens 300–400 Gramm Fleisch einlegen. Auf das Abdecken mit Brotteig kann man verzichten, wenn man einen gut schließenden Topf verwendet. Je größer die Menge, desto schmackhafter wird die Sache. Für fünf bis sechs Personen sollte das Gericht mindestens ausreichen. Im übrigen schmeckt es auch noch aufgewärmt. Zum Garwerden braucht es zwei bis drei Stunden.
Mit recht wenig technischem Aufwand kann man so auch ein Party-Essen bereiten, das sicher viel Spaß macht. Es muß nicht immer gebraten oder gegrillt werden. Ein schmackhaftes Bauernbrot und ein kräftiger, herber Weißherbst passen besonders gut dazu. Wenn aber wenig oder kein Geräuchertes verwendet wird, dann ist ein durchgegorener Ruländer vonnöten, weniger ein Silvaner, Gutedel oder ein anderer leichter Wein. An einen Müller-Thurgau ist bei solcher Gelegenheit überhaupt nicht zu denken. Es sei denn, man trinkt ihn hinterher weiter.

Der Bierewecke

Der »Bierewecke« (das Birnenbrot) ist so, wie er im Alemannischen bereitet wird, einmalig. Jede gute Hausfrau hatte ihr besonderes Rezept. Alle waren jedoch durch Sparsamkeit und Einfachheit bestimmt. Natürlich werden viele Arten von Früchtebroten ähnlicher Beschaffenheit von Konditoren und Bäckern hergestellt. Aber der Drang zum Besonderen, zum Besseren verleitet dazu, viele gute Zutaten zu nehmen, wodurch das Endprodukt dann oft zu schwer wird. Außerdem fehlen dann meistens jene Zutaten, die das Brot saftig machen. Am besten war immer jener Bierewecke, der viele Birnenschnitze, nicht zu viele Nüsse, dafür aber etwas mehr Kirschwasser bekam.

Sogar die Art der Birnen ist von ausschlaggebender Bedeutung. Die Pastorenbirnen wurden, wenn sie den ersten Gelbton der Reife erreicht hatten, längs in vier Teile geschnitten; nachdem man das Kernhaus entfernt hatte, wurden sie im Backofen oder im Herd angetrocknet. Anschließend dörrte man sie, wenn möglich an der Sonne oder eben in warmen Räumen. Mindestens einen Jahresvorrat hielt man sich so in porösen Säcken, an den Sparren auf dem Speicher aufgehängt. Nicht nur für den Bierewecke wurden die getrockneten Schnitze verwendet. So zwischendurch gab es auch mal abgeschmälzte Grießpflutten mit gekochten Birnenschnitzen. Selbst zu hausgemachten Nudeln oder Knepfli waren sie eine gute, kostensparende Beilage. – Der Bierewecke wurde eigentlich nie speziell gebacken. Er wurde, wie der Zwiebelkuchen, an das Brotbacken angehängt. Man bereitete eben etwas mehr Teig. Natürlich kann man den guten Bierewecken auch im heutigen Haushalt backen. Doch sollte man ihn einfach zubereiten, nach einem echten bäuerlichen Rezept, das so aussieht:
Man nehme drei Kilo Mehl, halb weißes, halb Roggenmehl, genausoviel getrocknete Birnenschnitze, 150 Gramm Hefe, Zimt, Nelken, 30 Gramm Salz, etwas Anis, ein Viertel Kirschwasser oder Birnenschnaps und 750 Gramm gemahlene Nüsse oder Haselnüsse. Die Schnitze werden gut angebrüht oder leicht gekocht. Die Kochbrühe nimmt man zur Herstellung des Teiges. Der Teig muß zweimal gehen. Nach dem ersten Mal gibt man die Zutaten bei und bringt alles in Kastenformen oder – noch besser – in Strohbackkörbe. Hier geht er dann ein zweitesmal und wird bei mittlerer Hitze gebacken. Die Backzeit beträgt zwei Stunden.
Die Haltbarkeit dieser bäuerlichen Backspezialität ist erstaunlich. Normalerweise wird er um den Nikolaustag gebacken, damit er an Weihnachten nach einer gewissen Zeit des Lagerns besonders gut schmeckt. Ihn bis Lichtmeß im häuslichen Vorrat zu haben, ist eigentlich immer selbstverständlich gewesen, weil er bei allen Gelegenheiten eine Zierde des Tisches war. Ob zu einem Glas Wein, zum Kaffee nach dem Essen oder auch zum nachmittäglichen Kaffeeklatsch, er paßt zu allem, weil er nur eine leichte Fruchtsüße von den Birnen hat.

Eine fast neunzigjährige, noch tätige bäuerliche Wirtin von der »Löffelschmiede« bei Lenzkirch im Schwarzwald freute sich über eine Bierewecken-Diskussion mit Fridolin so sehr, daß sie – es war schon Anfang März – den letzten Rest ihres Selbstgebackenen holte, der noch ausgezeichnet war und zum Viertele vorzüglich schmeckte. Bei dieser Gelegenheit verriet mir Frau Helmle ihr spezielles Rezept für Schwarzwälder Honiglebkuchen:
Erforderlich sind ein Kilo Mehl und ein halbes Kilo Honig – hier ist der beste, nämlich grüner Tannenhonig, besonders vorteilhaft –, eine Tasse starker Kaffee, 500 Gramm Zucker, ein großer Suppenlöffel Butter oder Backfett, zwei bis vier Eier und ein Päckchen Backpulver. Man kann fertig gemischtes Lebkuchengewürz nach Gutdünken verwenden oder aber eigene Zusammenstellungen machen. Die Masse wird auf ein gebuttertes Blech gestrichen und nach dem Backen mit einem normalen Zuckerguß versehen. Nach dem Erkalten schneidet man beliebig große Stücke.

Die Rohgebackenen – oder Raigebrägelte

Im Frühling, wenn in den Vogesen der Schnee vergeht, werden die über den Winter verschlafenen Fermen wieder belebt: Die Hirtenfamilien ziehen ein. Sie eröffnen die interessantesten Pensionen des alemannischen Raums. Pensionen mit einfachem Komfort. Pensionen – nicht für Touristen. Kein Reisebüro hat je die Chance, hier Buchungen vorzunehmen. Die Deibachs, Schneiders, Heimeldinger und wie sie alle mit ihren »urfranzösischen Namen« heißen, eröffnen ihre Pensionen für Kühe, die aus den Tälern kommen und den Sommer über in der Sommerfrische bleiben. Der Pensionspreis besteht nur aus der Milch, die diese Kühe geben. Aus dieser Milch wird der beste Münsterkäse gemacht. Es ist der Münsterkäse der Fermiers aus den Hochgebirgslandwirtschaften an der Route des Crêtes zwischen der Schlucht und dem Elsässer Belchen. So ganz nebenbei haben diese Fermiers noch etwas gastronomische Ambitionen: Sie versorgen ihre alten Kunden auch mit anderen Spezialitäten. Wacholdergeräucherte Schäufele oder Schinken, auf dem Brett serviert, sind ihre Spezialitäten. Eine dieser Fermen hat es mir

angetan. Es ist die Ferme der Familie Deibach, »Breithouse« genannt. Oder genauer gesagt: Es sind deren »Rohgebackene«, die Raigebrägelte.
Sie müssen einige Tage im voraus bestellt werden, weil man mit der Zubereitung für ein abendfüllendes Essen bereits mittags beginnt. Ein Feuer von mindestens einem halben Ster Scheiterholz wird an einem riesigen Kamin aufgeschichtet und entzündet. Darüber wird ein uralter gußeiserner dreibeiniger Topf gehängt, der mit rohen Kartoffelwürfeln prall gefüllt wird. Eine bedeutende Menge Butter, weniger Zwiebeln und entsprechend Salz werden beigegeben. Ist der Scheiterhaufen abgebrannt, so wird dieser alte gußeiserne Topf in die Glut gestellt und mit ihr vollkommen umgeben. So bleibt er bis zur Abendessenszeit. Das Resultat ist verblüffend. Die Kartoffeln haben sich mit der Butter zu einer besonderen Harmonie verbunden. Wer einmal den Ankengeschmack genossen hat, der vom Schaum zerlassener Butter ausgeht, hat eine Vorstellung dieser Verbindung. Die Kruste, die durch die Glut am Rande und unter dem Deckel des gußeisernen Topfes entsteht, tut ein übriges. Es sind die besten Kartoffeln, die ich je gegessen habe.
Aber Zeit muß man mitbringen, wenn man diese Spezialität der alten Vogesenhirten genießen will. Wer auf die Uhr schaut, gilt nichts mehr. Dafür gibt es zuvor den wacholdergeräucherten Schinken oder auch gekochtes Schäufele mit Roggenbrot. Verführerisch ist die hausgemachte Butter. Dazu trinkt man richtigerweise einen Pinot noir: kernig, gerbstoffreich und mit einem zarten Rauchton, der zu der Annahme verleiten könnte, daß er durch Wacholderrauch entstanden ist.
Wenn dann die Rohgebackenen fertig sind, kommen sie im »Gußeisernen« auf den Tisch. So sind dann einmal die guten alten »Herdepfel« der Mittelpunkt, der Hauptbestandteil des Essens. Das Fleisch, am besten ein Kalbskotelett oder irgendein anderes Stück Kalbs- oder Schweinefleisch vom Knochen, ist tatsächlich nur Beilage. Vom Salat ganz abgesehen, der nur als Pflichtübung und zur eigenen Beruhigung gegessen wird. Zum Trinken gibt es dann einen möglichst kräftigen Weißburgunder oder einen Riesling.
Sehr skeptisch war ich bei dem empfohlenen Dessert: weißer Münsterkäse vom selben Tag, mit Kirschwasser flambiert. –

Aber es schmeckte ausgezeichnet. Während der Spätsommerzeit gibt es als zweiten Gang des Desserts noch einen Heidelbeerkuchen.
Im Hinausgehen sozusagen nimmt man dann den Münsterkäse nach dem eigenen Geschmack mit. Im Reiferaum liegen die Käse in den verschiedenen Etagen, entsprechend ihrem Reifegrad. Ganz unten die ein- oder mehrtägigen, ganz oben jene, die man zu verkaufen vergaß: jene, die nicht mehr transportfähig sind, die wie Eiszapfen von den Rändern der Bretter tropfen. Man ißt sie am Ort mit Geschwellten als Nachtessen. Ganz sicher keine Diätkost. Aber wer dort oben arbeitet und lebt, kann laufenden Münsterkäse mit Geschwellten vertragen.

Rheinischer Sauerbraten

Ein kleiner Seitensprung über den alemannischen Raum hinaus läßt mich den rheinischen Sauerbraten beschreiben. Jenen Sauerbraten, der in allen Gegenden früher von guten Hausfrauen in ausgezeichneten Qualitäten auf den Tisch gebracht wurde. Er ist ein uraltes, aber auch bekömmliches Gericht. Es gibt wohl nur wenige Gegenden Deutschlands, in denen er nicht in einer speziellen Art bekannt ist. Manchmal erscheint er auch schrecklich verändert und nur noch dem Namen nach »sauer«. Die Grundzüge der Rezepte sind im wesentlichen gleich; nur die Zutaten sind unterschiedlich. Aber das Wichtigste ist doch die Qualität des Fleisches. Dabei ist der Kennerblick der Hausfrau von ausschlaggebender Bedeutung. Nur er verhindert, daß man dann und wann eine zweite Qualität Fleisch eingepackt bekommt. Natürlich erfordern das Einlegen und die Zubereitung für einen Sauerbraten etwas mehr Zeit als das Braten eines Schnitzels. Aber gerade die ewige Schnitzel- und Beefsteakbraterei muß doch selbst der bequemsten Fee einmal auf die Nerven gehen und langweilig werden.
Das waren meine Gedanken, als ich einmal nach einer Weinprobe im Kloster Eberbach durch den Rheingau fuhr. Große, alte Rieslinge hatte ich probiert und noch größere Auslesen und Beerenauslesen adeliger Herkunft. Aber meine Freunde wissen, daß ein guter, rassiger Durchschnittswein,

der von guter Hand gekeltert, reintönig und bescheiden in seiner Präsenz ist, für mich ein Fest sein kann, während ich die großen »Adeligen« zwar gern probiere, aber nicht trinke. Und so hatte ich Lust auf einen geschmacklichen Ausgleich: einen rheinischen Sauerbraten, der mir persönlich an und für sich immer etwas zu lieblich war. Ich bekam ihn in Aßmannshausen in der »Krone«. Dabei stellte ich mir die Frage, warum die Rheinländer wohl Rosinen in ihre Sauerbratensoße geben. Ob das wohl daran liegt, daß die Rheingauer Weine schon immer wesentlich süffiger, um nicht zu sagen lieblicher waren als unsere ursprünglichen badischen? – Und in der Tat, zum rheinischen Sauerbraten läßt sich ein süffiger Riesling trinken. Ich meine das aus Gründen der Toleranz. Hell begeistert bin ich davon nicht. Für meinen persönlichen Geschmack hätte ich da eine andere Idee.
In Abwandlung des folgenden Rezepts, das mir der Küchenchef der »Krone«, Meister Pucher, freundlicherweise aufschrieb, würde ich statt des Wassers für die Marinade zwei Liter kräftigen Rotwein nehmen, Rosinen und Weinbeeren vergessen und zum fertigen Sauerbraten dann einen herben Aßmannshauser Höllenberg trinken. So wie ich ihn kürzlich vom Präsidenten der »Weingrünen« anläßlich eines ostpreußischen Entenessens kredenzt bekam: Jahrgang 1966, mit angenehm herbem Fundament, darüber eine deutliche Reife. Tief rubinrot mit einem leichten Kupferrand im Glas: für das Auge also wesentlich reifer als für den Gaumen. Das Spiel der Gerb- und Farbstoffe auf der Zunge aber war der Höhepunkt des Genusses, vor allem deshalb, weil er korrekterweise bei 18 Grad Celsius serviert wurde.
Es hört sich zwar vermessen an, Rotwein von so hoher Qualität zu einem Sauerbraten vorzuschlagen. Aber wenn man bei dem folgenden Rezept statt des Wassers oder des Weißweins tatsächlich einen guten Roten verwendet, bleibt nur noch die akustische Dissonanz mit dem Essig. Dessen säuernde Wirkung wird aber während der etwas langwierigen Zubereitung von Braten und Soße ohnehin so stark reduziert, daß sie nicht mehr stört. Hier nun das Rezept des rheinischen Sauerbratens:
Zwei Liter Wasser und ein halber Liter Essig mit grob geschnittenen Karotten, Zwiebeln, Lauch, Sellerie, Lorbeer, Nelken, Wacholder, Knoblauch und Pfefferkörnern werden

zusammen gekocht. In die erkaltete Marinade oder Beize wird das Bratenfleisch – am besten ein Hüftstück – fünf bis sechs Tage eingelegt. Dann wird das Fleisch gut getrocknet, gesalzen, gepfeffert und rundum angebraten. Das Gemüsebukett aus der Beize gibt man dann mit etwas Brühe bei und läßt einen hellbraunen Fond ziehen. Dann bestäubt man mit Mehl, gibt zwei Eßlöffel Tomatenmark bei – während der Saison sind frische Tomaten in großer Menge natürlich vorzuziehen – sowie etwas Johannisbeergelee und etwa 50 Gramm Schwarzbrot. Nun fügt man den Rest der Beize hinzu und läßt alles, je nach Art und Beschaffenheit des Fleisches, zwei bis drei Stunden schmoren. 50 Gramm Rosinen oder entkernte, gut reife Weinbeeren werden zum Schluß der durchpassierten Soße beigegeben. Als Beilage serviert man Kartoffelklöße und Apfelmus.

Badischer Sauerbraten

Man kann tatsächlich von badischem Sauerbraten sprechen. Denn bei uns gibt es ihn noch sauer. So sauer, daß er von vielen Leuten als zu sauer bezeichnet wird, wir wollen uns darüber nicht aufhalten. Baden ist ein Reiseland geworden. Ein Reiseland, das von vielen besucht wird. Warum sollten wir uns mit diesen Leuten anlegen, da wir doch wissen, daß einige aus Gegenden kommen, wo wir zwar auch hingingen, zum Essen aber schnell wieder heimfahren würden.

Viel interessanter ist es, die verschiedenen Methoden des Einlegens zu betrachten. Am Rezept des Küchenchefs der »Krone« in Aßmannshausen gefiel mir besonders die Zubereitung der Beize. Ich kannte sie nur mit rohen Zutaten. Das Aufkochen hat aber bestimmt viele Vorteile. Die Geschmacksstoffe des Buketts werden dadurch frei und dürften mit Sicherheit intensiver wirken. Ein weiterer Vorteil dieser Zubereitungsart geht auf den kräftigen, etwas säuerlichen Weißwein zurück, der mit einem Schuß Essig und mit Wasser verlängert wird. Die Zutaten sind dieselben wie beim rheinischen Sauerbraten; dann aber wird das Fleisch in die rohe Beize eingelegt. Fünf bis sechs Tage dauert es, bis es durchgezogen hat. Es muß auch nicht unbedingt die Rinderhüfte sein. Das Schulterblatt des Rindes hat ebenfalls ausge-

Titelseite eines deutschen Kochbuches aus dem 18. Jahrhundert

zeichnete Stücke. Vor allem aber sollte das Fleisch nicht seines natürlichen Fettes entblößt werden. Beim späteren Anbraten gibt ein kleiner Fettdeckel den typischen Rindfleischgeschmack, den Fachleute mit der peinlichen Entfernung der letzten Fettfaser (Parieren) verbannen. Dieser Fettdeckel gibt dem fertigen Braten den von Feinschmeckern als ordinär bezeichneten Geschmack, den ich eher deftig nennen möchte. Im übrigen sollten wir die Bezeichnung »ordinär« im Zusammenhang mit Essen etwas anders verstehen, als sie sonst im deutschen Sprachgebrauch verwendet wird; mit ordinär meint man eher typisch. Man sagt in Frankreich etwa »extraordinaire« und meint damit besonders typisch.
Im Grunde bringt man bei den heutigen zu jungen Rindfleischqualitäten nur noch durch solche kleinen Tricks etwas typischen Geschmack alter Prägung an diese Gerichte. Der Ärger, den wir früher mit zu altem Rindfleisch hatten, ist vergessen.
Jeder Evastochter steht es gut an, ein so typisches heimatliches Bratenrezept zu beherrschen. Und wenn es dann außerdem auch noch praktisch ist wie unser badischer Sauerbraten, so sind die Vorteile für die häusliche Atmosphäre deutlich erkennbar. Praktisch ist er besonders hinsichtlich der Vorratshaltung. Im Kühlschrank läßt sich das Fleisch in der Marinade wochenlang halten. Es wird dabei sogar zarter. Wichtig ist allerdings, daß der Anteil des Weines ausreicht.
Die Beilagen? Natürlich hatte man früher zum Sauerbraten Knepfli oder Spätzle vom Brett gemacht. Wer aber keine Zeit hat, verläßt sich auf eine gute Sorte Nudeln, die zusammen mit Salzkartoffeln eine ausgezeichnete Kombination ergeben; erst recht in aufgewärmtem oder besser aufgebratenem Zustand. Dazu paßt nur Salat. Weil Sauerbraten ein Ganzjahresgericht ist, nimmt man den jeweils vorhandenen grünen Salat. Dabei muß man beachten, daß der Braten, beziehungsweise der Säuregrad seiner Soße, die geschmackliche Art des Salats bestimmen. Ist die Soße mild, so darf der Salat etwas mehr Essig haben oder umgekehrt.
Obwohl es sich beim Sauerbraten um rotes Fleisch handelt, ist ausnahmsweise kein Rotwein zu empfehlen. Die Verwendung von Weißwein, besonders aber des Essigs beim Marinieren, bedingt einen Weißwein oder einen kräftigen, keinesfalls aber milden Weißherbst. Säure muß in jedem Falle mit

im Spiele sein, sonst fällt der Wein ab, wenn der Sauerbraten richtig deftig zubereitet ist.

Sauerkraut alemannisch

Ich habe unser Sauerkraut zwar bereits im Zusammenhang mit der Metzgersuppe gestreift, doch meine ich, daß den verschiedenen alemannischen Möglichkeiten, Sauerkraut zu essen, etwas mehr Platz eingeräumt werden sollte. Allein die elsässische Art der Sauerkrautplatte verdient die Diskussion. Hier sind wir sicher, daß es sich nicht um ein französisches oder französisch beeinflußtes Gericht handelt. Das ist altdeutsches Kulturgut, das zur elsässischen Touristenattraktion geworden ist. Verdientermaßen, denn die Elsässer haben das Sauerkraut zu einer wirklichen Spezialität entwikkelt. Sie haben erkannt, daß die früher einzigen Touristen, ihre französischen Landsleute, für solche regionalen Spezialitäten zu haben sind. So hat man diese Chance genutzt und Erfolg gefunden.
Ich bin sicher, daß heute in den elsässischen Restaurants in Paris, z. B. im »Aux Armes de Colmar«, bei Boffinger oder im »Alsace aux Halles«, mehr Sauerkraut gegessen wird als in Berlin. Das kommt daher, daß man beim elsässischen Sauerkraut noch feststellen kann, daß es ein Saisongericht ist – oder anders ausgedrückt: Jeder elsässische Sauerkrautproduzent liefert vom September bis Weihnachten dieses Produkt als eine Art Halbkonserve in Gebinden zwischen zehn und fünfundzwanzig Kilogramm, zum sofortigen Gebrauch bestimmt, während bei uns aus dieser guten, alten deutschen Spezialität überwiegend eine Vollkonserve wurde, die nur noch in Blech geliefert wird. Die Folge ist, daß es bei uns ganzjährig ohne Unterschied schmeckt. Im Elsaß dagegen wird schon ein Fest daraus, wenn das erste noch halbgesäuerte Sauerkraut auf den Tisch kommt. Da werden die »Schweinereien« drumherum tatsächlich nur zur Garnitur, da man sich am knackig frischen, mild gesäuerten Kraut gütlich tun kann. Eine mehlige Kartoffel oder ein luftiges Kartoffelpüree macht den deftigen Genuß vollständig. Äpfel oder ähnliches Beiwerk kennt man dort nicht. Der Grundsatz »Kraut muß nach Kraut schmecken« ist absolut richtig.

Ein Löffel Gänseschmalz, ein kräftiger Schuß herber Wein, Salz nur sehr vorsichtig gegeben und dann »auf den Punkt gekocht«, das macht ein gutes Sauerkraut aus.
Daß ich nicht alles vorbehaltlos akzeptiere, was meine Freunde im Elsaß für gut halten, weiß man auch dort. Spätestens dann, wenn die kurze Zeit des halbgesäuerten Sauerkrauts vorbei ist, entsteht das Problem: »Was trinkt man zum Sauerkraut« oder genauer, zur Sauerkrautplatte? Solange zu Beginn der Saison im September das halbgesäuerte, milde Sauerkraut auf den Tisch kommt, schmeckt dieses auch tatsächlich mit einem frischen Riesling oder einem ähnlich schmeckenden Weißwein, wenn auch die Diskrepanz mit gesalzenen Schäufele, Bauchspeck, Schinken und Schweineschnürrle nicht zu übersehen ist. Später dann, bei vollgesäuertem Kraut und fast nur gesalzenen, manchmal wie bei uns übersalzenen »Schweinereien«, gibt es keine geschmackliche Brücke mehr zum Wein. Natürlich bestehen die Elsässer auf dieser Kombination. Die Krautbauern und die Weinbauern sind hier eine achtbare landsmannschaftliche Interessengemeinschaft eingegangen. Und siehe da, die Franzosen folgen ihren Empfehlungen. Aber nicht alle. Die anspruchsvollen Feinschmecker trinken, wenn sie dem Sauerkraut und dem Gesalzenen frönen, ein gutes Bier. Deshalb, so meine ich, war das Sauerkraut mit seinen gesalzenen Beilagen früher die große Spezialität der Bierlokale in Straßburg, Colmar oder überhaupt im ganzen Elsaß. Ein Getränk ohne Säure paßt zu Gesäuertem und Gesalzenem wesentlich besser und ist deshalb bekömmlicher.
Hier finden wir eine Parallele zum Preiselbeer-Effekt bei den alemannischen, aus Österreich kommenden Wildgerichten, die mit Preiselbeer-Konfitüre verbrämt werden. Die Preiselbeeren, die in einer Art halbreifem Zustand zu Konfitüre verarbeitet werden müssen – in rohem Zustand sind sie zumeist nicht sonderlich genießbar –, haben so viel Säure, daß sie nur mit Zucker kompensiert werden kann. Deshalb ist die Konfitüre auch ein dankbares Geschäft für die Konservenindustrie, und als Folge dieser Interessen wird diese Konfitüre, die nicht zur Feinschmeckerei gehört, weil sie nicht bekömmlich ist, bei allen halbwegs passenden Gelegenheiten empfohlen. Die starke Fruchtsäure und der enorme Zuckergehalt bilden zwei Pole, die sich nicht vereini-

gen lassen und im Magen bei sehr vielen durchaus gesunden Leuten zur unangenehmen Übersäuerung des Magens führen. Deshalb trinke ich, um eine ähnliche Wirkung bei Sauerkraut, gesalzenem Schweinefleisch und Wein zu vermeiden, ein gutes Bier. Die elsässischen Winzer werden mir diesen Standpunkt nachsehen. Der Konsum ihrer Weine wird hierdurch bestimmt nicht spürbar vermindert werden.
Im Elsaß wird für die Landesprodukte auf ganz andere Art geworben als bei uns. Anzeigenwerbung und ähnliches wird sehr wenig angewandt. Von den Franzosen hat man gelernt und deshalb erkannt, daß die Gastronomie das Aushängeschild des Landes, der Region ist. Diese wiederum motiviert man durch die Aktivitäten gastronomischer Vereinigungen wie zum Beispiel der Weinbruderschaften, der Clubs der Käsefreunde, vor allem aber durch die regionalen Ableger der nationalen gastronomischen Clubs, die im Elsaß besonders gut funktionieren. Bei den saisonalen Veranstaltungen dieser Clubs werden die Landesprodukte herausgestellt. Alles, was schreiben und berichten kann, wird zu diesen Veranstaltungen eingeladen. Zeitungen, Rundfunk und Fernsehen berichten über Qualität und Organisation dieser organisierten Feinschmeckerei. Da von der Vorspeise bis zum Dessert und vom Aperitif bis zum Digestif, außer dem Kaffee, alles Gebotene aus der Region kommt, kann es nicht ausbleiben, daß man Produkte kombiniert, die eigentlich nicht zusammenpassen. Die Aspekte gewaltsamer Werbung für überproduzierte Landesprodukte verdrängen dann auch bei den elsässischen Alemannen die Gesetze der Feinschmeckerei.
Das Neueste auf diesem Gebiet ist die »Hochzeit« zwischen Münsterkäse und Gewürztraminer. Der rustikale Münster ist nicht nur in Frankreich beliebt und bekannt, also dient er als Vorspann für den Verkauf von Gewürztraminer, weil dieser, seit er in Paris nicht mehr der beliebteste Aperitif ist, zeitweise einige Mühe hatte, »unter die Leute zu kommen«. Zeitungen, Rundfunk und Fernsehen berichten und diskutieren. Pro und Contra dringt aus Türen und Fensterritzen der Haushalte. Die Sache ist »populaire«. Allerdings nicht unter Feinschmeckern. Sie lehnen diese absolut schwer verdauliche Sache ab. Das einzige, was ein reifer Münsterkäse und ein voller Gewürztraminer gemeinsam haben, ist der starke Geruch. Deshalb trinke ich viel lieber einen Pinot noir zum

Münsterkäse, weil dieser, wenn er korrekt gekeltert ist, mit seinem Gerbstoff den mächtigen Münster bezwingt. Im übrigen bin ich so gut wie sicher, daß meine Freunde, die Winzer und Weinhändler, die Wirte und die großen Restauranteure sich nur für Fotografen und Fernsehkameras und für die Journalisten mit dem Gewürztraminer zuprosten, wenn sie Münsterkäse essen. Zu Hause trinken sie wie ich Pinot noir oder Bordeaux dazu.

Bei allem Verständnis für bäuerlich-landsmannschaftliche Interessen, die eigenen Produkte herauszustellen, um sie populär zu machen und um sie damit schließlich besser zu verkaufen, gestatte man mir, daran zu erinnern, daß derlei akrobatische Kombinationen dem Naturgesetz der Geschmacksphysiologie zuwiderlaufen und deshalb auf lange Sicht nicht zum Erfolg führen können. Wenn auf der anderen Rheinseite bei uns in Deutschland solche »Erfindungen« vorgeführt werden, so kommentiert man sie mit dem Lächeln des Kenners. Deshalb erlaube man mir, auf die Grundsätze und Thesen des Brillat-Savarin hinzuweisen: »Durch eine Steigerung des Anbaus von Pinot noir und die entsprechende Reduzierung der Gewürztraminer-Anbaufläche wäre das Problem im Sinne der Feinschmeckerei und damit der Bekömmlichkeit gelöst.«

Kalbsbrust im Zwiebelbett

Im kleinbäuerlichen Haushalt spielte das Kalbfleisch seit eh und je eine unbedeutende Rolle. In diesen Mischbetrieben, die immer nur einen geringen Viehbestand führten, wurden die wenigen Kälber entweder zum Verkauf an den Metzger gemästet oder auch dann und wann zur Nachzucht und Auffrischung des bescheidenen Großviehbestandes benutzt. Eine Notschlachtung im Krankheitsfall brachte meistens Probleme der Verwertung. Kalbfleisch zu konservieren ist nicht einfach. So wurde es meistens an die weitverzweigte Familie verteilt. Kalbfleisch erschien auf dem bäuerlichen Tisch höchstens, wenn einem zahnlosen Großmütterchen an Festtagen eine besondere Freude gemacht werden sollte. Auf den größeren Höfen der Viehzuchtgebiete war das anders.

Dort wurde neben den Schweine-Hausschlachtungen auch mal ein Kalb geschlachtet.
Kalbfleisch war zu normalen Zeiten immer ein Saisonartikel. Im Frühling, meistens um Ostern, wenn es den ersten Kopfsalat gab, war Kalbfleisch immer begehrt und entsprechend teuer. Die sparsamen Hausfrauen mit etwas Phantasie und den notwendigen Kochkenntnissen kauften dann die billigeren Teile: die Bruststücke oder die dünneren Schulterstücke. Ein eingemachtes Kalbfleisch in weißer Soße, die etwas mehr nach Lorbeerblatt als nach anderen Gewürzen duften darf, zusammen mit Nudeln und Kopfsalat, ist zu dieser Zeit schmackhafter und außerdem wesentlich billiger als ein Wiener Schnitzel, das – nebenbei bemerkt – in der Gastronomie unbedingt aus Kalbfleisch sein muß, wenn es so bezeichnet wird. »Schnitzel nach Wiener Art«, das aus Schweinefleisch besteht, ist eine Erfindung pfiffiger Wirte, die immer noch umstritten ist. Wenn, dann sollte man ehrlicherweise eben »Schweineschnitzel nach Wiener Art« schreiben. So gibt es keine Enttäuschungen.
Ende August und im September ist die zweite Hochsaison für das Kalbfleisch. Die Landwirtschaft erzielt dann für die lebenden Tiere höchste Preise. Die jährlich wiederkehrende starke Nachfage nach Kalbfleisch scheint ihre Ursache in einer gewissen Sättigung der Konsumenten mit Schweinefleisch zu haben; denn dieser Markt hatte während der vorausgegangenen zwei Monate Hochsaison. Die ersten grünen Bohnen in den Sommermonaten machten – früher jedenfalls – die Mast von Schweinen für diesen Zeitpunkt interessant. Im alemannischen Sprachraum kennt man die alte Bauernweisheit: »Wenn d'Zwätschge blaje, hän d'Kelber goldini Klaje.« Das gilt auch heute noch. Nur die Qualität früherer Zeiten gibt es nicht mehr. Kälber, die nach der ältesten Ernährungsart, die es gibt, am Euter gesäugt und deshalb nur mit Milch gemästet wurden, brachten das beste Fleisch. Und wer ein besonders gutes Mastkalb verkaufen wollte, der drückte dem Kalb nach dem Vollsäugen noch ein rohes Ei in den Rachen: dreimal am Tag. Dann war es nach sechs Wochen erstklassiges Kalbfleisch nach deutscher Art. Denn nur im deutschsprachigen Raum Europas gab es gutes Kalbfleisch. In Belgien wurden die Kälber immer nach wenigen Tagen geschlachtet. Es gab sogar Gegenden, wo sie sofort

nach der Geburt geschlachtet und als besondere Spezialität angeboten wurden. In Frankreich, von Italien ganz zu schweigen, sah man immer nur sehr rötlich scheinendes Kalbfleisch in den Schaufenstern. Bei uns dagegen war es hellrosa, kernig und appetitlich. Leider ist das Vergangenheit. Es präsentiert sich zwar heute noch, genau wie früher, hellrosa und kernig. Das aber liegt an den modernen Fütterungsmethoden, die optisch schönes Fleisch bringen, aber im Vergleich zu früher fast eine Art Betrug darstellen. Im Ofen und in der Pfanne stellt man dann spätestens fest, daß es nicht mehr dasselbe ist. Eine Kalbshaxe von einem Milchmastkalb geht im Ofen auf und vergrößert ihr Volumen. Sie ist hellbeige im Anschnitt. Die Kalbshaxen von heute schrumpfen und sind im Anschnitt grau wie das Fell eines alten Esels. So geht eine schöne Sache nach der anderen zum Teufel: Opfer des sogenannten höheren Lebensstandards. Nur wer das Glück hat, von einem Metzger auf dem Lande, der dann und wann bei einem der sogenannten rückständigen Bauern, die noch nach der alten Methode mästen, einkauft, ein Stück eines Milchmastkalbs zu bekommen, der sollte zugreifen und auch den höheren Preis akzeptieren. Mäster und Metzger haben ihn verdient. Aber Vertrauenssache ist das schon, weil man den Unterschied optisch kaum feststellen kann. Und es muß dann auch nicht das Schnitzelfleisch sein. Es gibt da ein herrliches Rezept für die Zubereitung von Kalbsbrust:
Kalbsbrust wird ohne die Rippen in Stücke von sechs bis acht Zentimetern im Quadrat geschnitten. Die kleinen weißen Knorpeln bleiben drin. Leicht gesalzen und gepfeffert werden diese Stücke in Öl oder gutem Fett rundum angebraten. Gleichzeitig wird in einer zweiten Kasserolle ein Bett von Zwiebelringen oder – noch feiner – von Schalotten von mindestens fünf Zentimeter Höhe offen gedämpft. Einige Lorbeerblätter, wenige Wacholderbeeren und eine zerdrückte Knoblauchzehe sowie Salz und wenige Pfefferkörner sind die weiteren Zutaten. Als Varianten kann man auch etwas Karotten oder Wirsing, geschnitten, hinzufügen.
Wenn das Zwiebelbett halbgar ist, gibt man die angebratenen Bruststücke dazu und läßt sie zugedeckt durchkochen. Sowohl für das Zwiebelbett als auch für das Braten des Fleisches eignet sich das von mir besonders geliebte Distelöl,

weil es den höchsten Gehalt an ungehärteten Fettsäuren hat und somit besonders gesund ist. Speisen, die daraus zubereitet werden, sind besonders leicht verdaulich.
Mit einem Schaumlöffel nimmt man dann das Zwiebelbett heraus, läßt Fett und Eigensaft der Zwiebeln etwas abtropfen, wobei man auch die Wacholderbeeren und die Lorbeerblätter aussortieren kann. Wer das Zwiebelbett nicht mag, serviert Salzkartoffeln oder Bouillonkartoffeln zu den so zubereiteten Kalbsbrustwürfeln. Wer die Zwiebeln aber liebt, dem sei empfohlen, dieses Gericht nicht vor dem Theaterabend zu essen. Und beim Anrichten sieht man dann, ob man bestes Kalbfleisch bekommen hat, denn dann ist es doppelt so hoch wie im rohen Zustand.
Mit diesem Gericht hat Fridolin schon französische Feinschmecker begeistert. Franzosen, die sonst bei Kalbfleisch die Nase rümpfen. Aus verständlichen Gründen. Denn das erwähnte zu junge Kalbfleisch hat weder Kraft noch Saft, noch Eigengeschmack von Bedeutung.
Aber die Innereien des Kalbes lieben sie drüben alle. Mit frischer Kalbsleber, die übrigens vom Milchmastkalb auch viel besser ist als von dem standardisierten Kalb, kann man sie begeistern. Die zentimeterdicken Scheiben dürfen höchstens Sekunden in der Pfanne sein. Einige Sekunden für jede Seite, dann sollten sie mit bereits vorher gebräunten Schalotten schnell als Zwischengericht ohne jede Beilage serviert werden. Wenn man die Leberscheiben vorher noch einige Zeit in Milch legt, werden oder bleiben sie zart.
Das Kalbsbries ist der quantitativ kleinste, aber vielbegehrte Teil vom Kalb: eine Drüse an der Speiseröhre. Hier bei uns kennt man es in Würfeln geschnitten und sauer zubereitet, ähnlich dem sauren Leberle; oder in Scheiben geschnitten und natur oder paniert gebraten. In Frankreich dagegen ist Kalbsbries, sonst Milcher und in Frankreich Ris de veau genannt, eine so begehrte Spezialität, daß sie speziell aus anderen Ländern eingeführt wird. Weit verbreitet ist die Pâté ris de veau, Kalbsbries-Pastete, die dann meistens aus reichlich Schweinefleisch und vielen anderen Fleischarten bestehen kann; das Kalbsbries selbst muß man nicht selten mit der Lupe suchen. Fast so wie mit der berühmten Wachtelpastete aus Marseille verhält es sich mit den Terrinen vom Kalbsbries:

In Marseille wurde ein Traiteur – das ist ein Koch, Metzger oder Wurster, der kalte Buffets macht, auch warme Speisen ins Haus liefert oder Konserven herstellt – binnen kurzem mit seiner Spezialität, einer Wachtelpastete, Millionär. Ein Freund fragte ihn nach der Ursache dieses Phänomens und meinte, es gäbe doch noch nicht so viele Wachteln, daß man davon Millionär werden könnte? Der Traiteur meinte, bei seinem Verhältnis der Verarbeitung von eins zu eins, nämlich eine Wachtel auf ein Pferd, sei das wohl möglich.

Kalbskopf variabel

Ein altes Gericht ist dagegen der Kalbskopf, der bei uns früher auch beliebt war. Selbst bei großen Feinschmeckeressen wird Kalbskopf in Frankreich seiner Bekömmlichkeit wegen serviert. Es gibt für ihn eigentlich nur drei Arten der Zubereitung. Für alle drei wird er vorher gekocht. Und beim Kochen fällt die Entscheidung, ob er gut wird oder als eine Art Matsch auf den Tisch kommt. Für jede der nachfolgend beschriebenen Zubereitungsarten darf er nur blanchiert werden, so daß er nicht »durch« ist. Das gilt auch für den Kalbskopf en tortue: in Würfel geschnitten und in Bratensoße serviert.
Wenn saure Gurken oder Paprikastreifen aus dem Glas als kalte Garnitur für ein warmes Gericht (!) verwendet werden, denke ich wütend an jenen Schwachsinnigen, der diese Kombination unter die Menschheit gebracht hat. Das einzige, was man noch zugestehen kann, sind die üblichen Scheiben von gekochtem Ei. Aber selbst das Ei ist deplaziert. Es hat nichts, aber auch gar nichts mit dem Geschmack des Kalbskopfes zu tun. Es ergänzt ihn nicht und reizt nicht zum geschmacklichen Vergleich. Ein Kalbskopf en tortue ist kein Modell für ein farbenprächtiges Stilleben. Das heißt, daß mancher Liebhaber dieser einfachen, aber feinen Sache auf dieses Beiwerk gern verzichtet; wenn der Kalbskopf auf den Punkt gekocht ist, ist der Kenner glücklich. Natürlich passen zu dieser Zubereitung sowohl Salzkartoffeln als auch Teigwaren. Aber ich verzichte gerne darauf, wenn ich ein Stück Fleisch mehr bekomme.

Nur auf den Punkt gekocht und mit einer Vinaigrette-Soße serviert – auf gut alemannisch: mit einer Salatbrühe –, schmeckt er großartig. Ideenreiche Köche und Hausfrauen finden in jeder Jahreszeit für diese Salatbrühe etwas Neues. Die ersten weißen Sommerzwiebeln und deren grüne Rohre sind zu ihrer Zeit besser als die Schalotten, die der Feinschmecker den ganzen Winter über bekommen kann. Ein andermal hat man frischen Kerbel oder einen Hauch Rosmarin; selbst frischer Thymian verändert von Zeit zu Zeit auf angenehme Weise die Vinaigrette, die in der Basis immer aus Essig und Öl besteht. Die Behauptung, daß immer Senf daruntergezogen werden müßte, ist genauso aus der Luft gegriffen wie die Gegenbehauptung, daß Senf nicht dazugehört. Die Vinaigrette ist etwas, woran sich findige Leute beweisen können. Nur: Gott möge verhüten, daß ein Mensch geboren wird, der eines Tages aus Berufung meint, geraspelte Ananas dazugeben zu müssen.
Die dritte und letzte Art, die ich ebenso liebe, ist der leicht panierte Kalbskopf. Halbdurchgekocht, blanchiert also, werden die Stücke paniert und in schwimmendem Fett gebakken. Ein herrliches Gericht, vorausgesetzt, das Fett stimmt. Hier passen dann eine Remouladensoße dazu und Salzkartoffeln oder auch Geschwelltes. Zur Vinaigrette aber schmeckt ein knuspriges Brötchen besser als alles andere. Den Kalbskopf in Bierteig zu backen kann auch ganz reizvoll sein, wobei dann die Remoulade mit einem Kartoffelsalat geschmacklich abzurunden ist. Metzger und Köche aber muß man sehr darum bitten, die wenige Stücke des mageren Fleisches am Kalbskopf mitzuliefern. Denn die für unsere Innenorgane so bekömmliche Haut schmeckt zwar auch allein sehr gut, aber noch besser schmeckt sie, wenn das magere Fleisch mit dran ist. Wenn ich nur Hautstücke bekomme, ist der Koch entweder ein Schlamper, oder er hatte tags zuvor Ausgang, wofür ich aber auch nicht büßen möchte.

Kartoffelsalat

Soeben fiel das Stichwort Kartoffelsalat. Ein heikles Thema, dieser einfache Magenfüller, der so gut sein kann, daß man

weit fährt, um ihn wieder zu bekommen, der aber auch so schlecht sein kann, daß einem übel wird. Früher hatten wir Landbewohner Mühe, die richtigen Kartoffeln dafür zu beschaffen, weil man für die Geschwellten eben solche, die mehlig sind und aufspringen, bevorzugte. Wir hatten keine verschiedenen Kartoffelsorten im Anbau wie die Franzosen. Oder zumindest nur recht selten. Es gab eine mehlige Sorte Speisekartoffeln und eine weniger mehlige Sorte Futterkartoffeln. Die pfiffigen Landfrauen wußten, daß die festeren Futterkartoffeln für Salat vorzuziehen waren. Aber Herzklopfen hatten sie doch, wenn sie damit Salat machten. Ganz einfach, weil man es unter der Würde des Hausherrn empfand, bei Hochzeiten, Taufen, Beerdigungen und anderen Gelegenheiten Kartoffelsalat zu essen und dabei den Viechern im Stall ihre Kartoffeln wegzunehmen. Aber mit dem mehligen hatte man tatsächlich einige Mühe. Es war schon Glücksache, sie so zu kochen, daß sie nachher in der Salatschüssel noch hielten, daß sie nicht zu einer Art Brei wurden, was damals nicht selten vorkam.
Inzwischen hat die Landwirtschaft leider keine mehligen Kartoffeln mehr. Mit Rücksicht auf die Pommes-frites-Industrie hat man feste Sorten gezüchtet, die sowohl im gekochten als auch im gefritteten Zustand fest bleiben. Sie eignen sich auch gut für Kartoffelsalat. Aber was macht man daraus? Meistens nichts. Denn man bezieht den Kartoffelsalat oft selbst in feinen Häusern der Gastronomie und manchmal auch im privaten Bereich aus den Fabriken, aus den großen Eimern, die aus den Kühlhäusern kommen. Lieblos halbkonserviert: Kartoffelscheiben, deren Innenleben rücksichtslos mit Mayonnaise isoliert wird. Dann kommt er meistens auch noch kalt auf den von mir so geliebten bunten Salatteller, umspült von der Brühe der Leidensgenossen aus anderen Büchsen und Gläsern. In Kantinen, in der Mensa und anderen Schnellfütterungsstellen lasse ich mir diese Dinge gefallen und bedauere die Leute, die es essen müssen. Aber dort, wo man sich zur Gastronomie zählt, sollte man Besseres auf die Salatteller bringen oder sie kleiner machen. Aufs Volumen kommt's nicht an, meine Freunde, die Güte zählt!
Großmutters Kartoffelsalat war der beste. Er wurde lauwarm angerichtet. Je nach Gelegenheit schmeckte er verschieden. Mit Zwiebeln, Essig und Öl im richtigen Verhält-

nis angemacht, wurde er oft mit einem Schuß Schinkenbrühe verbessert. Etwas Fleischbrühe war aber immer vorhanden, wenn Kartoffelsalat für irgendeine Gelegenheit gebraucht wurde. Und er stand auf dem Herd oder ganz in seiner Nähe. Zu den roh beigegebenen Zwiebeln gesellten sich dann noch in Nußöl gebräunte, feingehackte Zwiebeln, die als Garnitur darübergegeben wurden. Eine weitere Zutat war feingehackte Petersilie aus dem eigenen Garten.

Während ich das schreibe, fällt mir ein, daß ich Großmutters Kartoffelsalat neulich bei meinem Freund Paul Lacombe in Lyon bekam. Der Nußölgeschmack war eindeutig, aber nicht zu streng. Nußöl verdünnt man dort mit einem feinen, kaltgeschlagenen Olivenöl. Das andere Olivenöl, das oft als berühmte Marken angepriesen wird, kann nur halb so gut sein, weil es warm fabriziert wird. Für einen Salat nimmt Paul Lacombe die kleinen, schlanken Kartoffeln, die man im Elsaß Nüßli nennt. Sie sind dort in jedem guten Gemüsegeschäft zu bekommen. Die milden, weißen Frühjahrszwiebeln und ihre grünen Rohre waren fein gehackt dazugegeben.

Aber noch etwas anderes hat mich bei dem Essen fasziniert: Die Lyoner Wurst, die man zu diesem Kartoffelsalat servierte, kann auch wurstgesättigte Deutsche begeistern. Sie wird von den Lyoner Metzgern im Naturdarm und ungekocht geliefert. Der Wirt kocht sie dann selbst für die Mittagszeit und für die Zeit des Abendessens. Es ist also Wurst, die frisch aus dem Kessel kommt, nicht solche, die zwei- oder dreimal aufgewärmt wird. Ihr Inneres besteht nur aus grobgehackten Schweineschultern und etwas magerem Rindfleisch. Es ist also im Grunde ein Schäufele in anderer Form. So wie wir dieses saftigste Stück vom Schwein zubereiten, kennt man es dort nicht.

Außerdem begeisterte mich bei Paul Lacombe die Speisekarte, die mit einer ganzen Reihe Speisen der »cuisine ménagère«, also der Hausfrauenküche, gespickt ist. Ein Rezept hat mich gereizt. Ich habe es mitgenommen, mitgenommen für Sie. Es ist der Hühnerleber-Auflauf:

Für zwei Personen verwendet man 200 Gramm Hühnerleber, die besonders vorsichtig von der Galle befreit werden muß. Das ganze Gericht würde verdorben, bliebe von dem scheußlich schmeckenden Gallensaft etwas an der Leber hängen. Eine große oder zwei kleine Schalotten, eine Knoblauchzehe, ein gehäufter Kaffeelöffel gehackter Petersilie, ein Viertel Milch, zehn Gramm Salz, Pfeffer, Muskat und drei Eier braucht man außerdem. Die Leber wird ganz fein gehackt und mit den ebenfalls feingehackten Schalotten, der Knoblauchzehe und Petersilie vermengt. Die Milch wird aufgekocht und gewürzt, darangegeben wird noch ein Kaffeelöffel frischer Butter. Danach nimmt man sie vom Feuer und läßt sie etwas abkühlen. Die Eier werden gut schaumig geschlagen und mit der Leber vermischt. Anschließend gibt man die gewürzte Milch dazu und verarbeitet das Ganze mit dem Schneebesen zu einer glatten Masse. Sodann kommt es in eine gebutterte Form. Im zugedeckten Wasserbad wird es nun 25 bis 30 Minuten etwas unter dem Siedepunkt gekocht und dann gestürzt. Bratensaft wird mit etwas dicker Sahne gebunden und über das Gericht gegeben. Als Beilagen empfehlen sich Reis und grüner Salat.

Schäfebohnen

Bevor wir uns den an und für sich in unserer Region nicht sehr zahlreichen Spezialitäten der Frühlingszeit zuwenden, möchte ich noch einige Ideen für das Wintergemüse aufschreiben: in memoriam zunächst von einem herrlichen Wintergericht berichten, das es nicht mehr gibt und nicht mehr geben kann. Es ist ein Bohnengericht, das man am Kaiserstuhl in einigen wenigen Gemeinden die Schäfebohnen nannte. Sie hatten nichts mit dem Schäfer zu tun. Schäfe steht hier für Schote, für die Bohnenschote. Es war eine alte Sorte Stangenbohnen, die in den kleinen Äckern des inneren Kaiserstuhls meistens in der Mittelfurche eines Hackfrüchteackers an jeweils vier zusammengebundenen Bohnenstangen gezogen wurde. Diese Sorte eignete sich kaum zum Grünkochen. Sie wurde gleich am Stock, an der Stange getrocknet und erst in recht dürrem Zustand abgemacht. In einem porösen Sack wurde sie, an einer Dachsparre hängend, für den Winter aufbewahrt. Es gab sogar einen Feiertag, den man, weil so gut wie in jedem Haus Schäfebohnen gekocht wurden, den »Schäfebohnen-Sunntig« nannte.
Es war in getrocknetem Zustand eine recht zähe Bohne. Sie mußte schon einen Tag vor dem Kochen abgebrüht und un-

ter langsam erkaltendem Wasser eingeweicht werden. Mindestens zweieinhalb bis drei Stunden mußten die Bohnen kochen, bis sie weich waren. In gekochtem Zustand waren die Schoten dann braun, etwas heller die mittelgroßen Bohnen selbst, die sich vor und während des Kochens selbständig machten. Natürlich wurde darin Geräuchertes, etwa das Kinnbäckle, gekocht. Ich habe den eigenartig deftigen Bohnengeschmack heute noch auf der Zunge, obwohl ich seit fast zehn Jahren keine Schäfebohnen mehr bekommen habe. –

Ein anderes Gemüse war immer ein Stiefkind der bäuerlichen Küche: die Sellerieknolle. Als Geschmacksbukett beim Ochsenfleisch mitgekocht, das war eigentlich die einzige Ehre, die man ihr antat. Gekocht aß man sie auch zum kalten Vesper. Dabei hätte diese an Vitaminen und vor allem an feinem Aroma reiche Knolle es verdient, daß man etwas mehr Phantasie für sie entwickelt. Natürlich wurde sie als Gemüse auch verwendet. Die Franzosen haben nun entdeckt, daß sich erst die feinen Geschmacksstoffe durch Pürieren aufschließen, so wie bei einigen anderen Gemüsen auch. Ein Selleriepüree macht man folgendermaßen: Man schält zwei bis drei große Sellerieknollen und schneidet sie in Würfel, in der Größe von Kastanien. Pro Sellerieknolle nimmt man eine kleinere bis mittlere Kartoffel und würfelt sie ebenfalls. Hat man frische Eßkastanien, so nimmt man zwei bis drei Stück pro Knolle. Sie müssen aber noch weiß sein. Mit ihnen kann eine angenehme Verfeinerung erzielt werden. Alles zusammen wird nun mit etwas Salz, weißem Pfeffer und einer Prise Zucker gewürzt. Mit Milch aufgefüllt, läßt man es zugedeckt weichkochen. Danach wird die ganze Masse im Mixer zu einem Püree verarbeitet. Je nach Geschmack kann man etwas Butter zugeben, in jedem Fall wird jedoch mit etwas frischer Sahne gebunden. Zu allen Arten von Fleischgerichten, besonders aber zu saftigem Braten, ganz gleich ob Rinder-, Schweine- oder Kalbsbraten, paßt dieses Püree als einzige Beilage. Wir haben die Kartoffeln ja schon dabei. Während der Braten schmort, läßt sich das Gemüse für die Hausfrau ohne großen Aufwand zubereiten.

Spinat, einmal nicht püriert

Spinat ist heute, nachdem man so winterfeste Saaten gezüchtet hat, eine willkommene Bereicherung des Küchenzettels. Da man bei uns leider keinen Grünkohl hat – den haben uns die Westfalen voraus –, ist er das einzige wirklich grüne Wintergemüse. Seit eh und je kenne ich ihn nur püriert oder in rohem Zustand als Salat, nur mit etwas Essig, feingehackten Zwiebeln, etwas Salz und sehr wenig Pfeffer angemacht. Das Öl wird mit magerem Speck zusammen erhitzt: Der Speck sollte gut krustig sein, das Ganze muß etwas abkühlen und darf nicht im sehr heißen Zustand über die möglichst gut entrippten, grob geschnittenen Spinatblätter gegeben werden. Zu Rinderbraten, Frikadellen und vielen anderen Fleischspeisen aus rotem Fleisch, auch Hammel, ist der Spinat so eine willkommene Abwechslung, zumal er in milderen Wintern durchaus preiswert zu bekommen ist. Billiger jedenfalls als die ausländischen Salate.
Wie viele andere Gemüsearten behält er, wenn er richtig zubereitet wird, auch in gekochtem Zustand seine natürliche Farbe. Das wirkt besonders appetitlich. Mißtrauische Leute meinen dann, er sei mit chemischen Zusätzen versetzt. So mißtrauisch sind wir also schon geworden. Wenn ich's genau überlege, zu Recht.
Spinat als Blattgemüse macht allerdings etwas Arbeit. Für die Zubereitung von Blattspinat muß man alle Stengel und möglichst auch alle Rippen entfernen. Der Rest ist einfach. Die Spinatblätter werden langsam in kochendes Wasser gegeben, das gut bis sehr stark gesalzen ist. Durch das Kochen des Wassers schließen sich die Poren, das Salz kann nicht eindringen. Das Salz wirkt nur äußerlich. Man spürt es nicht. Ein bis zwei Minuten reichen: Die Blätter dürfen nicht weich sein. Dann nimmt man sie heraus und läßt sie nur so lange abkühlen, bis man sie mit der Hand gut ausdrücken kann. So lassen sie sich im Kühlschrank oder auch sonstwie aufbewahren. In einer Pfanne macht man dann Butter leicht braun und gibt den Spinat dazu. Natürlich darf er da nicht anbraten. Er muß ununterbrochen bewegt werden, bis er zum Servieren heiß genug ist. Abgeschmeckt wird er mit etwas Pfeffer und, wenn notwendig, auch noch mit etwas Salz.

Sie werden sehen, der Spinat hat so seine natürliche Farbe behalten.
Ohne Hilfe von Menschenhand gibt es im Frühling auch ein Wildgemüse, das uns immer eine willkommene Abwechslung war. Es ist der Hasenkohl. Hasenkohl mußte immer dann einspringen, wenn die Frühjahrssaaten im Garten erfroren waren. Hasenkohl – am Kaiserstuhl Hasenkehl genannt – ist deshalb besonders frostsicher, weil er zwischen dem isolierenden Rasen an den Rainen der Rebberge wächst. Ihm können nur Fröste von über zwanzig Grad schaden. Alles andere übersteht er schadlos. Mit oder gleich nach den ersten Veilchen kommen die zarten Triebe, die den spitzen Blättern von Nelken ähnlich sind, zwischen den noch zögernden Gräsern hervor. Während der ersten Frühjahrsarbeiten in den Reben bekamen wir Kinder den Auftrag, Hasenkehl zu suchen. Beim jungen Hasenkohl wurden nur die dicken Stengel entfernt. Der Rest wurde genau wie Spinatpüree zubereitet. Um ehrlich zu sein, als Kind, als ich ihn essen mußte, hat er mir jedenfalls besser als Spinat geschmeckt. Das andere Püreegemüse aus den heimischen Gärten, der Mangold, wurde meines Wissens nie anders zubereitet als der Spinat. Mich hat er aber immer sowohl in rohem als auch in gekochtem Zustand mehr an Runkelrübenblätter erinnert, weshalb ich ihn nicht gut leiden mochte.
Die Mediziner behaupten wohl zu Recht, daß die Degeneration der Zähne nicht zuletzt auf die moderne Nahrung zurückzuführen ist, die diese Eßwerkzeuge teilweise ignoriert. Pürierte Nahrung ist vorgekaute Nahrung. Ich muß zugeben, daß das einleuchtend klingt. Und deshalb bin ich mit jenen einig, die der derzeitigen Pürierwelle, die aus Frankreich kommt, ein schnelles Ende prophezeien. Auch wenn sie von so großen Köchen wie Michel Guérard und Paul Bocuse gefördert wird. Viele Arten von Gemüse lassen sich pürieren, werden geschmacklich besser oder überhaupt erst eßbar. Aber wenn dann einmal Püree von feinen jungen Prinzeßböhnchen auf den Speisekarten erscheint, dann kann man mit Fug und Recht von Snobismus sprechen.

Spargelzeit – Feinschmeckerzeit

Ein weltweit bekanntes Edelgemüse, ich meine das edelste überhaupt, ist der Spargel. Vielleicht glaubt einer, er würde nicht in diesen Rahmen, in diesen Kreis der alemannischen Küche passen. Weit gefehlt. Der oberrheinische Raum ist sogar ein Zentrum der Spargelkultur. Die leichten Sandböden, die den Rhein teilweise links und rechts säumen, lassen den Spargel hervorragend gedeihen. Und trotzdem ist er erst seit einigen Jahrzehnten auch populär geworden. Lange gab es Spargel nur in hochherrschaftlichen Häusern, auf dem Tisch der Oberschicht. In Opfingen, in Munzingen, um den Tuniberg herum, wo sich die Bauern vom Weinbau abgewandt hatten, wurde er angebaut. Inzwischen haben sie den Wein wiederentdeckt und nur noch wenige haben Freude am Spargelanbau. Aber Spargel wird deshalb trotzdem in großen Mengen am Tuniberg gegessen, zusammen mit Schinken und der schrecklich auszusprechenden Kratzede in nicht geringen Mengen. Denn obwohl Spargel selbst zum Sattessen reizt, gibt man als Beilage einen Füller, eben diese in der Pfanne zubereiteten Mehlpfannkuchen, die dann im fertigen Zustand zerrissen, zerkratzt werden.
Tuniberg und Kaiserstuhl sind die einzigen Gegenden, wo man schon immer diese Beilage kennt. Ein saftig gehaltenes Kalbsschnitzel paßt sehr gut zum Spargel, guter Kochschinken oder auch roher Schwarzwälder Schinken sind die weitverbreiteten und beliebten Beilagen. Dagegen kennt man dann im nördlichen Baden nur die Salzkartoffeln oder den Eierpfannkuchen; zur geschmacklichen Verfeinerung wird wohl die gebräunte Butter oder manchmal eine zu sehr gebräunte Nußbutter gegeben. In jüngster Zeit breitet sich die Sauce hollandaise aus, die in der Tat, ihrer Bekömmlichkeit wegen, vorzuziehen ist, auch wenn sie nicht aus der heimischen Küche kommt.
Auf der anderen Seite des Rheins gibt es drei Spargelzentren. Erstens Horbourg, der Vorort von Colmar. Dort behauptet man, den besten Spargel der ganzen Region zu haben. Neudorf, fast an der Schweizer Grenze gelegen, ist das zweite Zentrum, dessen Gaststätten während der Spargelsaison fest in Schweizer Hand sind. Die leichten Sandböden um Hoerdt im Unterelsaß bringen drittens einen Spargel mit

ausgezeichnetem Geschmack. Ich bin nach vielen angenehmen Versuchen – denn Spargelessen ist doch eine angenehme Sache – der Meinung, daß die Horbourger Spargelbauern recht haben. Das liegt nicht nur am Boden, wie man dort behauptet.
Die Sorte, die heute noch in Horbourg und Umgebung bis an die Rhein-Auewälder hinaus angebaut wird, ist jene, die schon während Kaiser Wilhelms Zeiten dort bekannt war. Es ist die alte deutsche Spargelsorte, die vor dem Ersten Weltkrieg von deutschen Landwirtschaftsbehörden gefördert wurde. Und genau dieselbe Art wurde auch am Tuniberg angebaut. Sie wird heute noch teilweise kultiviert, obwohl sie inzwischen von der neuen deutschen Massensorte namens Schneekuppe verdrängt wurde. Sie hat den leicht violetten Farbton unter dem Kopf, der sich bei längerem Anstehen über dem Boden grün färbt. Deshalb, und nur deshalb wurde sie verdrängt. An den kräftigen Geschmack hat niemand gedacht. Nur die Optik zählte und vielleicht ein etwas größerer Ertrag. Dabei gibt es außer jenem wilden oder halbwilden, ganz grünen Spargel aus dem unteren Rhonetal, der Provence oder der Camargue keinen anderen, der feiner und kräftiger im Geschmack ist.
Diesen Spargel mit den violetten Köpfen, die übrigens beim Kochen weiß werden – nur die grünen bleiben grün –, brauchen für ihren Sud etwas Zucker, Salz, etwas Zitronensaft und pro Portion vielleicht 15 bis 20 Gramm Butter. Sie müssen etwa fünf bis zehn Minuten länger als die weiße »Schneekuppe« im Topf bleiben. Der gute alte Kaiser-Wilhelm-Spargel ist dann immer noch fest in seiner Konsistenz, während mit dem anderen sehr vorsichtig umgegangen werden muß, wenn er nicht müde und platt, wie aufgewärmt auf den Tellern liegen soll. So kommt er dann auch nicht selten in den Gaststätten auf den Tisch.
Die jährlichen Spargelessen sind Feste. Und an traditionellen Spargelplätzen drängen sich die Liebhaber, um schnell eine möglichst große Portion dieses feinen Gemüses zu bekommen, um eine Riesenportion Schinken zu ergattern und um oft mehrmals die geleerte Kratzede-Schüssel auffüllen zu lassen. Das ist zum Volksfest und zu einem netten Brauch geworden. Zum Brauch sollte aber nicht die Unsitte werden, daß gutgenährte Leute Schinken und Kratzede in Plastik-

säckchen verschwinden lassen. Gewiß, der Gewinn ist nahrhafter als der gute Ruf. Aber schön sieht's nicht aus, wenn Ausländer uns armen Deutschen zusehen, wie wir auf diese Weise für die nächste billige Mahlzeit sorgen.
Vorzuziehen ist da doch, diesem edelsten Gemüse mit guten Tischsitten eine Reverenz zu erweisen. Eine Reverenz, indem wir den Spargel nicht mit der Gabel zerdrücken oder mit dem Messer schneiden. Spargel ißt man tatsächlich mit den Fingern, auch wenn man Beilagen hat, zu denen man Messer und Gabel braucht. Ich habe schon erwähnt, daß Pfannkuchen, und wenn sie noch so gut sind, besonders aber Salzkartoffeln in diesem Fall nur als Füller gelten können. Es liegt mir fern, das alemannische oder speziell das badische Spargelessen reformieren zu wollen. Ich halte es lieber mit den Feinschmeckern.
Ich esse den Spargel mit wechselnden Soßen mit den Fingern, und nur mit diesen Soßen als Beilage. Das Kalbsschnitzel hinterher, zusammen mit der Kratzede, womöglich auch mit einem schönen, frischen Freiland-Kopfsalat, ergibt ein Feinschmeckergericht, ohne daß die ganze Sache teurer wird.
Die Soßen aber, die zum Spargel gereicht werden, dürfen nicht zu kräftig sein, es sei denn, man nimmt sie in ganz geringen Mengen. Eine gute Mayonnaise ist in Frankreich beispielsweise die klassische Beilage. In Tournus, bei Jean Ducloux, esse ich, wenn die Tage schon warm sind, in der ausgehenden Saison dann den wilden Spargel, der oben schon kleine Blättlein hat. Er wird serviert mit einer doppelten, leicht gesäuerten Sahne, der man außerdem noch etwas Zitronensaft untergezogen hat. Andere wiederum nehmen halb Mayonnaise und halb saure Sahne und fügen einen kräftigen Rotwein dazu. Alle diese Spielereien sind erlaubt, solange es sich um geringe Mengen handelt. Ansonsten verhält es sich mit den Soßen wie mit den vielen Zubereitungsarten, die dem Spargel nichts, aber auch gar nichts geben. Und zwar deshalb, weil sie seinen feinen Eigengeschmack überdecken. Für Spargel gibt es nur eine einzige Zubereitungsart: Das ist das Kochen in einem guten Sud. Und so wie sie aus dem Sud kommen, müssen sie serviert werden. Spargel ganz ohne Soßen schmecken besonders gut mit einem Hauch frischgemahlener Muskatnuß. Wer Spargel überbäckt, grati-

niert, in Teig packt oder sonst so zubereitet, daß man den Eigengeschmack erfolglos suchen muß, hat ihn entweder frisch nicht verkaufen können oder er versteht nichts von feinem, aber gleichzeitig natürlichem Essen.
Bei den zweit- und drittklassigen kleineren Spargeln kann man selbstverständlich andere Maßstäbe anlegen. Hier gibt es verschiedene Zubereitungsarten, wobei aber auch die Grundsätze der Erhaltung des Eigengeschmacks berücksichtigt werden müssen. Ein Spargelsalat schließlich liegt auf der Linie der Spargel »vinaigrette« und ist deshalb, wenn Essig nicht alles überdeckt, durchaus akzeptabel.
Als Konserve hat Spargel nur dekorativen Wert. Trotzdem will man nicht darauf verzichten. Es ist, als gelten Spargelspitzen als Statussymbol des Gastgebers, obwohl sie geschmacklich niemals den frischen gleich sind. Als Frostgemüse sind sie wegen des hohen Wassergehalts unbrauchbar. Bleibt nur, sich während der Saison ausgiebig daran zu halten, um sich anschließend auf die nächste Saison zu freuen.

Schnecken à la Madame Jeanne

Schnecken à la Madame Jeanne: Das klingt französisch, ist es aber nicht. Denn die Elsässer haben ihr ureigenes Schneckenrezept. Nichts, außer einigen Gewürzen, ist dabei, was nicht aus dem Elsaß, pardon, aus dem Alemannischen kommt. Denn nicht selten stammen die Schnecken vom Kaiserstuhl oder aus dem Donautal. Der stark reduzierte Bestand im Elsaß reicht längst nicht mehr für den Bedarf im Ländle. Bei uns am Kaiserstuhl wurden die Schulkinder noch zu meiner Zeit bedauernd bestaunt, wenn sie von Schneckensalat und ähnlichen Gerichten berichteten. Sie wurden die Ärmsten der Armen genannt, weil sie Schnecken essen mußten.
Inzwischen sind sie auch im Badischen zum Leckerbissen geworden. Die Zubereitung ist zeitraubend und arbeitsintensiv, weshalb viele auf die industrielle Vorfertigung zurückgreifen. Die Konservierung der fertig zubereiteten Schnekken ist für den Hersteller mit der heutigen Frosttechnik nicht einfach. Sie werden ofenfertig gefrostet und so vertrieben. Ich muß zugeben, daß sie nur an einigen kleinen Nachteilen

erkennbar sind. Wenn sie länger gefrostet sind, kommt etwa das Salz stärker durch. Auch die industriellen Gewürzmischungen fallen gegenüber der individuellen Herstellung im Haushalt nicht besonders angenehm auf. Und ich bevorzuge, selbst wenn die Zusammenstellung einmal nicht ganz stimmt, diese individuelle Art.

Wer gerne Schnecken ißt, sollte auch wissen, zu welcher Zeit sie besonders gut sind. Dazu muß man ihre Lebensweise wenigstens oberflächlich kennen. Obwohl man sie Weinbergschnecken nennt, kriechen sie nur selten in den Weinbergen, viel eher in den feuchten Auen, an Wassergräben, im hohen Gras und in der Nähe von Reben. Wo Reben gedeihen, ist kalkhaltiger Boden. Damit ist eine der wichtigsten Lebensbedingungen der Schnecken erfüllt. Die Schnecke verbringt den Winterschlaf einige Zentimeter unter der Erdoberfläche, wo sie bei großer Kälte oft zu Schaden kommt. Nach dem Winterschlaf – man sieht sie oft schon Anfang April – sollte sie einige Wochen frisches Grün bekommen. Nach dieser Grünfuttermast schmecken sie am besten. Zu keiner Jahreszeit sind sie so gut. Aber das nur wenige Wochen, weil anschließend Kalk in den Drüsen für den Erweiterungsbau des Hauses und für den Winterschlafdeckel gespeichert wird. Dadurch werden sie sandig. Dieser Kalk knirscht zwischen den Zähnen. Sandig sind sehr viele, die aus den Zuchten des Balkans verarbeitet werden. Das Fleisch der Balkanzuchtschnecken ist heller als das der Schnecken aus unserer Gegend, das etwas anthrazitfarben erscheint.

Meine Freundin Jeanne, eine hervorragende Köchin im Elsaß, betreibt schon fast einen Kult. Ich habe erwähnt, daß die Schnecken drüben von so vielen Leuten gesucht werden, daß sie fast ausgerottet sind, obwohl man inzwischen eine Reglementierung vornahm, die bei uns schon seit Jahren ganz gut funktioniert. Madame Jeanne wußte sich zu helfen. Sie becircte einen Förster, der eine riesige, eingefriedete Baumzucht betreut. Hier ist das Dorado ihrer Schnecken. Große, ausgewachsene Tiere gibt es dort, weil die Sammler keinen Zutritt haben. Und die werden dann genau zur richtigen Zeit, nachdem sie einige Wochen Grünes hatten, eingesammelt. Eine mühevolle Arbeit folgt, bevor sie für die Zubereitung im Häuschen fertig sind.

Nach Elsässer Art wird viel Wein für eine Kochbrühe verwendet, die dann, in fertigem Zustand abgeschmeckt, in die Häuschen gefüllt wird. Lorbeer, Schalotten, Nelken, Pfeffer und Salz, Karotten und Grünzeug kommen in diesen Fond. Dann wird die gekochte und zuvor gründlich gereinigte Schnecke wieder in das Häuschen hineingesetzt. Der Rest des Häuschens wird mit einer Kräuterbutter fest aufgefüllt. Diese Kräuterbutter besteht aus zerdrücktem Knoblauch, feinstgeschnittenen Schalotten, Pfeffer, einem Hauch Muskat und sehr viel feingehackter Petersilie. Madame Jeanne nimmt noch einen Schuß Pernod dazu. So hat jeder seinen eigenen Schlenker. Diese elsässische Zubereitung ist jener nach Burgunder Art unbedingt vorzuziehen. Der große Anteil des Weins und die geringere Menge Butter sind die Ursachen für die Bekömmlichkeit.
Dagegen wird die Schnecke aus Burgund, wo man im Dreißigjährigen Krieg der Überlieferung nach die ersten Schnekken aus Not gegessen hat, mit schierer Butter, natürlich unter Verwendung ähnlicher Gewürze, zubereitet. Wer dort alle Butter mitißt, muß eine gut funktionierende Inneneinrichtung haben. Die Häuschen werden mit Kräuterbutter vollgefüllt, einen Sud für eine flüssige Füllung gibt es nicht. Faule Köche ziehen deshalb die Schnecken nach Burgunder Art mit Sicherheit vor. Aber nicht in Burgund, sondern in China wurden nach zuverlässigen Aufzeichnungen die ersten Schnecken gegessen, und zwar schon vor einigen tausend Jahren. In Fruchtäther soll man sie dort gelagert haben, um sie nach einer Zeit des Mürbens auf verschiedene Arten zuzubereiten. Doch ich möchte nicht abschweifen. Bleiben wir bei den Alemannen oder wenigstens bei ihrer weiteren Umgebung, denn es gibt noch vieles von ihnen und ihren teilweise vergessenen Essensgewohnheiten zu berichten.

Die echten Schwarzwaldforellen

Erinnern möchte ich an eine alte Spezialität aus dem Schwarzwald, die nur wenige noch kennen: die echten wilden Schwarzwaldforellen, die mit den netten kleinen roten Punkten, die man nur noch an ganz wenigen Plätzen des Schwarzwaldes bekommt. Im Frühsommer sind sie freigege-

ben. Dann ißt man nach badischer Art nur Forellen. Freundliche Wirtinnen servieren sie nacheinander, damit sie immer frisch aus dem Sud kommen. Diese Bachforellen haben so viel feinen Eigengeschmack, daß jede Art von gewürzter Soße eine Sünde wäre. Helle oder höchstens ganz leicht bräunliche Butter oder aber eine gute, geschmackvolle Bauernbutter, kalt in Flöckchen darübergegeben, und nur wenig Salzkartoffeln erübrigen ein nachfolgendes Fleischgericht. Nur mit dem Wein hapert es meistens etwas. Der noch so junge, inzwischen aber beliebt gewordene Müller-Thurgau ist nicht das Richtige dazu. Das Bukett dieses Weines ist bei vielen Weintrinkern zu Recht beliebt. Aber man sollte zu einem feinen Fischgericht einen geschmacklich neutralen Wein trinken. Silvaner ist schon besser, trockene Weißburgunder bieten sich an, ja selbst ein nicht zu fruchtiger Ruländer und natürlich ein Gutedel, der zu jeder Unterordnung bereit ist.
Fast auf jeder Speisekarte des badischen Raumes findet man einen als Schwarzwaldforelle bezeichneten Fisch. Natürlich sind unsere Bäche heute verseucht – Gott sei's geklagt! Deshalb werden die Forellen gezüchtet und gemästet. Wenn sie langsam gemästet werden, wenn sie nicht mit Schnellmastmitteln in kurzer Zeit groß gefüttert werden, ist das Fleisch weiß oder fast weiß. Dann kann man auch die Zuchtforelle mit Freude und Appetit essen. Die Bachforelle war übrigens schon zu Zeiten, als es in den deutschen Gewässern noch Lachse gab, die teuerste Fischspeise. Alte Speisekarten berühmter Restaurants aus der Zeit vor dem Ersten Weltkrieg führten Bachforellen, ja sogar Regenbogenforellen aus der Zucht, zu Preisen zwischen zwei und drei Goldmark, während ein Filetsteak damals für einen Preis unter einer Mark angeboten wurde.
Was sich aber noch schneller verbreitete als die blaue Forelle, ist ihr Filet. Hausgeräuchert findet man es auf unzähligen Karten. Und wenn es tatsächlich hausgeräuchert und frisch ist, ist nichts dagegen einzuwenden. Nur wenn es als »hausgeräuchert« angeboten wird, in Wahrheit aber aus einer Zellophanhülle aus Dänemark kommt, darf man wütend werden. Inzwischen sollte man sich wieder etwas anderes einfallen lassen. Denn es wird tatsächlich langweilig, wenn dieses ominöse Filet jedes kalte Buffet und jede Speisekarte

ziert. Noch ein Tip: Die Zubereitungsarten der Forelle lassen sich mit einem Hauch weißen Pfeffers, am besten aus der Mühle, etwas interessanter machen.
Im »Adler« in Häusern habe ich vor einiger Zeit eine interessante Variante kennengelernt: ein Forellenfilet in Mandelbutter gebraten. Gewiß, diese Zubereitungsart ist nicht neu. Aber allein die Tatsache, sie einmal für ein Forellenfilet zu verwenden, ist den Köchen im »Adler« hoch anzurechnen. Die Filets waren so weiß, als wären sie Bachforellen entnommen. Sie kamen also von einem aufrechten Forellenzüchter, der seinen Fischen noch genügend Zeit gibt, ihr notwendiges Gewicht zu machen. Vor allem aber waren sie nachahmenswert zubereitet. Sie ließen mich sogar eine frischgeländete Hamburger Seezunge vergessen, was etwas heißen will. Die Mandelscheibchen waren leicht gebräunt – nicht verbräunt. Und zu einem solchen Fischgericht gehört nun einmal – auch für den Feinschmecker – eine gute Kartoffel, die leicht zerfällt und nicht im Wasser schwimmt. Das alles stimmte so harmonisch, daß es fast unglaublich klingt. Auch der Wein war gut gekühlt und durchgegoren.
Fisch und Weißwein ist für uns eine selbstverständliche Sache. Unmöglich, daran zu denken, daß man zu Fisch auch Rotwein trinken kann. Aber das gibt es: In Bordeaux war's, als ich vor vielen Jahren ein solches herrliches Fischgericht vorgesetzt bekam. Einen Seefisch, in einem kräftigen, farbstarken Bordeaux-Wein zubereitet. »Lambroie bordelaise« nennt man ihn dort. Es ist ein Fisch von ähnlicher Beschaffenheit wie eine Schleie. Man serviert ihn als Zwischengericht – und serviert natürlich Rotwein dazu.
Und nun kam mir, von Feinschmeckerfreunden zum Studium überreicht, ein altes deutsches Kochbuch in die Hand, das 1825 in Stuttgart entstanden war, mit »Königlich Württembergischen und Großherzoglich Badischen Privilegien«: also ein frühes südwestdeutsches Produkt. Ein F. L. Löfflerin schrieb es schon 1804. Darin entdeckte ich eine »Forelle mit rothem Wein«, die ich meinen Freunden nicht vorenthalten möchte:
»Die Forellen werden geschuppt, ausgenommen, die großen in Stücke geschnitten, die kleinen gekrümmt oder gerade gelassen, dann mit Salz überstreut, und nach einer Weile wieder abgetrocknet. Hierauf legt man die Forellen in eine Kas-

serolle oder irdenes Geschirr, thut zwei in Scheiben geschnittene Zwiebeln, eine in Scheiben geschnittene Zitrone nebst vier Loth frischer Butter und zwei bis drei Loth Zucker darein, gießt soviel rothen Wein darüber, bis die Forellen bedeckt sind, setzt sie auf starke Kohlen oder Feuer, läßt die Sauce kurz einkochen, und gießt solche beym Anrichten durch einen Seiher.«

Da haben wir's: Forellen in Rotwein. Ich werde sie recht bald probieren. Nur, ein beachtlicher Fehler ist dem Autor unterlaufen. Forellen hatten auch zu Beginn des 19. Jahrhunderts keine Schuppen mehr. Die hatten sie längst abgelegt.

Karpfen in Burgunderwein

Das uralte Büchlein von Löfflerin ist eine Fundgrube und ein Beweis dafür, daß man in unserem Raum schon früher eine Art großer Küche gekannt hat. Deshalb noch ein Vorschlag daraus:

»Ein ausgenommener Karpfen wird mit Rotwein ausgewaschen und dann in Stücke geschnitten; diese legt man in eine Kasserolle oder Kachel, streut Salz, Pfeffer, Muskatnuß darüber, nimmt etliche Schalotten oder Zwiebeln, ein wenig Knoblauch, Basilicum, Thymian und eine in halbe Rädlein geschnittene Zitrone, hackt das alles zusammen fein, streut es über den Fisch, röstet eine Handvoll geriebenes schwarzes Brot in Butter schön braun, thut es auch an den Fisch, nimmt Burgunderwein, womit der Fisch ausgewaschen wurde, einen Schöpflöffel voll gute Fleischbrühe und noch einen Schoppen Burgunder dazu, und läßt dieses Alles sehr schnell einkochen, legt den Fisch sodann in ein anderes Geschirr, läßt die Sauce durch einen Seiher darüber laufen und erhält ihn bis zum Anrichten heiss auf Kohlen. Man kann auch etliche zuvor geschälte Kartoffeln mit dem Fisch kochen, solche, wenn der Fisch aufgetragen wird, in Schnitze oder Stücke schneiden, dieselben zwischen den Fisch legen und damit auftragen.«

Es ist ein absolutes Feinschmeckergericht, wenn man einige Dinge abändert. Allein die Zusammenstellung der Kräuter und Gewürze ist hervorragend auf den geschmacklich recht faden Karpfen abgestimmt. Der Fond aus Rotwein wird den an und für sich recht fetten Fisch verdaulicher machen. Die Tatsache, daß Kartoffeln im selben Fond mitgekocht werden, ist interessant. Schnell läßt sich der Karpfen nicht kochen. Leicht köcheln oder gut ziehen wird bestimmt besser sein als »alles schnell einkochen«; zumindest bis auch die Kartoffeln gar sind. Das aber kann nicht schnell geschehen. Mit Schalotten, Zitronen und hier, mit Rücksicht auf den Rotwein, auch mit Salz kann man nach unserem heutigen Geschmacksempfinden großzügig umgehen. Mit Basilikum und Pfeffer sollte man etwas gefühlvoller hantieren, ebenso mit Knoblauch und Thymian. Sonst weiß man beim Essen nicht, ob man ein überwürztes Fleisch- oder ein Fischgericht verspeist.

Wir glauben heute oft, das Grillen von Fisch und Fleisch als erste entdeckt zu haben. Weit gefehlt! Ein Rezept für gegrillten Karpfen, das man auch für andere Fische, selbst für Seefische, anwenden kann, beweist, daß schon unsere Vorfahren Grillgerichte kannten:

»Der Rogen oder Milcher eines Karpfens wird beim Ausnehmen gewaschen und zur Seite gelegt. Der Karpfen selbst wird auf dem Rücken ausgeschnitten und mit Fleischbrühe oder in einem anderen Sud ein wenig abgesotten (leicht angekocht) und alsdann trocken gelegt. Nun schneidet man Schalotten oder Zwiebeln, Petersilie, Basilikum und Thymian fein, vermengt es mit Salz und Pfeffer, reibt den Karpfen von innen und außen recht damit ein, nimmt ihn auf eine Platte, legt den Rogen oder Milcher wieder in den Bauch, schneidet etliche große Zwiebeln nebst einer halben Zitrone zu Rädlein, legt dieses nebst zwei Lorbeerblättern auf den Karpfen, gießt ein halbes Glas Provenceroehl (Olivenöl) nebst ein wenig Essig darüber und läßt es ein paar Stunden lang stehen. Ist es bald Zeit zum Servieren, so macht man den Rost auf Kohlen heiß, legt den Karpfen mit den Zwiebeln darauf, grilliert ihn auf beiden Seiten schön, belegt ihn mit Zwiebeln und Zitronenrädchen und begießt, sooft er umgewendet wird, mit Oehl und etwas Essig. Ist er fertig, so legt man ihn auf eine Platte, dämpft zwei Eßlöffel voll fein gehackte Kappern in einem Stückchen Butter, läßt den zurückgebliebenen Essig von dem Fisch durch ein Sieb laufen, thut ihn an die gedämpften Kappern, ein wenig Zitronensaft in die Sauce, gießt diese über den Fisch, und gibt ihn warm auf die Tafel.«

Ein ausgezeichnetes Aschermittwochs- oder Neujahrsgericht: ein Katergericht also. Nur mit dem Essig, den Kapern und den Zwiebeln sollte man etwas sparsamer umgehen. Unter Berücksichtigung dieser Einschränkungen läuft mir schon beim Schreiben einiges Wasser im Mund zusammen.

Zum Grillen selbst ist zu sagen: Es ist nicht so einfach, wie man sich das im allgemeinen vorstellt. Der herrliche Duft, den Grillgerichte verbreiten können, schlägt in Sekundenschnelle in Verbrennungsgeruch um. Wer sich nicht die Zeit und die Konzentration leisten kann, sollte deshalb lieber Eintopfgerichte köcheln lassen. Ein Grillgericht aber mit Geruch nach verbranntem Fleisch, Fisch oder angebrannten Grillkartoffeln ist nicht nur für Magen, Leber und Galle schädlich, sondern auch geschmacklich unmöglich; selbst wenn manche Zeitgenossen diese Gerüche als deftig oder rustikal bezeichnen.

Nur dort, wo ich selbst zusehen und – wenn notwendig – eingreifen kann, bestelle ich mir ein Steak oder einen Fisch vom Grill. Im übrigen ist die Grillwelle vorbei. Die Enttäuschungen waren zu groß. Zuviel hatte man sich hinsichtlich der Bekömmlichkeit versprochen. Und viel zuwenig Sorgfalt hat man auf das Grillen in der Gastronomie verwendet. Wo gut gekocht wird, liegen die Elektro-Grillplatten nun auf den Speichern. Nur die Holzkohlengrills existieren noch. Sie werden aber so selten korrekt bedient, daß ich ein Steak in gutem Fett, in der Pfanne gebraten, jederzeit vorziehe. Nur eine Art des Grillens kann man immer akzeptieren, weil sie fast narrensicher ist: den Drehspieß vor einem Kamin. Dort berühren keine Flammen Fleisch oder Fisch, dort kommt die notwendige Hitze abgeschwächt von der Seite. Flammen und direkte Hitze steigen nach oben, in den Kamin.

Der Lachs

Während unsere Vorfahren im Frühsommer in jedem Bächlein des Schwarzwaldes Forellen fangen konnten, war auch die hohe Zeit der Petrijünger im Rheintal. Lachse wurden in Massen aus dem Rhein und seinen Nebenflüssen geholt. Sie

Mittelalterliche Küche aus dem 16. Jahrhundert

sollen so billig gewesen sein, daß das Gesinde in Freiburgs Herrenhäusern manchmal rebellierte, wenn zu oft Lachs auf den Tisch kam. Trotzdem kann ich mich immer noch nicht dazu durchringen, dieser Mär zu glauben. Zu viele ähnliche Geschichten gibt es aus anderen Gegenden. In Ost- und Westpreußen waren es die Flußkrebse, die solche Streiks ausgelöst haben sollen.

»Die Lachse springen«, das war jedenfalls das Signal für die Petrijünger. Die Lachse sprangen über die Wehre und Flußschnellen in die Oberläufe der Bäche und Flüsse zum Laichen. Heute müssen wir diese Delikatesse von weit her holen. Wenn sie frisch sein soll, muß sie eingeflogen werden. Das macht sie nicht billig. Aber wenn ich schon Lachs essen möchte, dann bevorzuge ich frischen. Gefrorene Lachse aus Kanada lassen sich höchstens zum Beizen verwenden, weil bei diesem Verfahren das restliche Fischfett reaktiviert wird und die durch Frost geplagten Zellen und Fleischfasern wieder versöhnt werden. Ansonsten sind mir ein frisches Goldbarschfilet, ein Seelachsfilet oder – noch besser – ein wirklich frischer Schellfisch wesentlich lieber. Ein einziges Mal noch konnte ich den Fang eines Lachses in unserer Gegend erleben. Mein Freund Richard Arbet aus Emmendingen hatte ihn mit der Angel aus der Elz geholt. Inzwischen warten diese Fische an den Rheinmündungen auf bessere Zeiten, auf Zeiten mit klarem Wasser, das hinsichtlich der Sauberkeit den Ansprüchen des Königs der Flußfische entspricht. Sie werden aber leider alt und eisgrau werden, so wie wir, bis der Rhein wieder sauber ist.

Für Feinschmecker holt man heute die norwegischen Fjord-Lachse. Die eignen sich zum Räuchern und Beizen von allen Provenienzen am besten. Sie bleiben fest in der Konsistenz und sind auf der Zunge trotzdem zart. Ihr Fleisch zergeht, während das der gefrorenen Fische leicht gummiähnliche Eigenschaften aufweist. Zum Kochen und zum Braten gibt es keine besseren als die Lachse aus Schottland. Mit dem Daumen drückt man eine Delle in den Rücken, und wenn sie nach wenigen Sekunden nicht mehr sichtbar ist, so hat man einen Lachs von besonderer Qualität vor sich.

Einfache Zubereitungsarten für die Rheinlachse kannte man vor wenigen Jahrzehnten noch in den Fischerdörfern. Die alte Generation hat sie noch in Erinnerung. So berichtet mir

die Witwe eines längst verstorbenen Fischers, daß sie den Lachs für eine spezielle Zubereitung nicht aufgeschnitten hat. Er wurde quer in dicke Scheiben geschnitten, erst dann wurden die Eingeweide herausgenommen. In eine Messingpfanne oder Kasserolle gab man Wasser mit Salz und etwas Essig und Zwiebelscheiben. Einige Lorbeerblätter nebst ganzem Pfeffer und Nelken vervollständigten das für heute immer noch geltende ausgezeichnete Rezept für einen guten Fischsud. Eine Viertelstunde wurde er dann gekocht. Ich meine: Drei Minuten kochen und fünfzehn Minuten ziehen lassen ist bekömmlicher. Dann nimmt man ihn heraus, gibt gehackte Petersilie dazu und serviert ihn mit Essig und Öl. Hier halte ich etwas zerlassene, aber nicht gebräunte oder aber ganz frische Butter für besser.
Dieselbe Fischerin vom Rhein erzählte mir auch, wie man den Lachs beizte und räucherte. In der Mitte wurde er, wie auch heute noch, längs durchgeschnitten, gesäubert und entgrätet. Unter eine Handvoll Salz gab man eine Messerspitze Salpeter. Damit wurden die Seiten gut eingerieben. In einem zugedeckten Ton- oder Holzgeschirr ließ man sie dann einige Tage durchziehen, um sie anschließend in dünnes Papier einzuwickeln oder – noch besser – in eine getrocknete Schweinsblase zu stecken. So wurden dann die Seiten in den kalten Rauch gehängt. Je nach ihrem Durchmesser blieben die Lachshälften hoch oben im Kamin, wo der Rauch schon kalt ankommt, zwischen acht und vierzehn Tagen hängen. In diesem Zustand wurden sie schließlich in leicht gesalzenem Wasser gekocht und mit Kartoffeln oder anderen Beilagen serviert. Außerdem konnte man sie in einem Sud mit allen erreichbaren Küchenkräutern und Zwiebelscheiben kochen. Aber nur so lange, wie man Eier hart kocht, das heißt etwa acht Minuten. Danach kann der Lachs sowohl kalt als auch warm gegessen werden. Doch was nützen uns diese schönen Rezepte? Sie gelten leider nur in memoriam. Uns fehlt der rheinwasserständige Lachs. Aber es ist interessant festzustellen, daß unsere Vorfahren mit den Dingen, die ihnen der Herrgott gab, etwas anzufangen wußten.
Nun sind wir so weit, daß höchstens noch in Vollmondnächten da und dort einige Aale in den Reusen bleiben. Der Aal und einige Schleien überlebten die Ölzeit im Rhein, weil sie sich ganz unten in den Gründen aufhalten und nur recht sel-

ten nach oben kommen. Sie gründeln, man kann auch moo-reln sagen; aber beide Fischarten können leben und reinigen sich nach kurzer Zeit im frischen, fließenden Wasser. Das ist ihr Vorteil. Und deshalb gibt es auf der elsässischen Seite des Rheins zwar schon recht selten, aber immerhin doch noch da und dort eine Matelote.

»Matelote« heißt zu deutsch Matrosengericht. Es wird nach französischem Rezept hergestellt. Doch war die Matelote im Elsaß so weit verbreitet, daß fast jede Hausfrau sie zuberei-ten konnte. Aal, Zander, Hecht und auch ordinäre Rheinfi-sche wurden benötigt. Der Aal gab geschmacklich den Ton an: ohne Aal keine typische Matelote. Forellen sind auch immer Gast in dieser Fischsuppe, in der die Fische in ganzen Stücken mit ihren Gräten serviert werden. Natürlich ist es keine Suppe nach unseren Vorstellungen. Es handelt sich eher um eine Soße, einen stark reduzierten Fischfond (Brühe von Fisch und Gräten, Kräutern und Gewürzen), der mit Rahm gebunden und – wenn möglich – mit frischen Pilzen, meistens Champignons, und der Kochbrühe verfeinert wurde. Hausfrauen und einfallslose Köche verwenden auch oft zuviel Mehl zum Binden der Soße, was ihr nicht gut be-kommt. Sie ist von Haus zu Haus unterschiedlich. Es konnte deshalb nicht ausbleiben, daß ich Paul Haeberlins Matelote als die allerbeste fand und sie mir deshalb bei jeder Gelegen-heit zu Gemüte führte. Natürlich ist die Soße bei Haeberlin längst nicht mehr ländlich oder landesüblich. Sie ist der gro-ßen französischen Küche entlehnt. Und Haeberlin bekam dies zu hören. Seine Mutter, zu ihrer Zeit eine bekannte Kö-chin im Elsaß, war zuständig dafür. Matelote und Fritüre waren die weitgerühmten Spezialitäten in der »Auberge de l'Ill«. Und deshalb kritisierte sie ihren inzwischen weltbe-rühmten Sohn, daß er die Matelote verändert hat. Natürlich wird man ihr zustimmen müssen. Leider hatte ich nie das Glück, ihre Matelote zu probieren. Und die ihres Sohnes ist so gut, daß es sich bei der vorgeworfenen Veränderung mei-nes Erachtens nur um eine Verfeinerung handeln kann.

Die Haeberlinsche Fritüre aber – das sind die kleinen, in engmaschigen Netzen gefangenen Fische des Rheins und der alten Ill, die in schwimmendem Fett (deshalb Fritüre) leicht gemehlt gebacken und mit Mayonnaise oder Zitrone oder mit beidem gegessen wurden. Diese Fritüren gab es nicht nur linksrheinisch. Die Kappeler, Ruster, Weisweiler und Sasbacher Fischer lieferten sie an die privaten Haushalte und an die Wirte. Backfische nannte man sie bei uns. Und ich habe sie auch im alten Breisach noch gesehen und gegessen. Im »Anker«, am alten Rheinübergang, habe ich vor dem letzten Krieg als Zehnjähriger Backfische und einmal eine gebackene Schleie gegessen. Alles vorbei – und schon vergessen. Nur eine Schleie oder seltener einen Aal gibt's in Weisweil, in Sasbach, vielleicht auch in Breisach.

Alemannisch muß man die Basler Fischrezepte nennen, die noch aus der guten alten Fischzeit des Rheins stammen. Dazu gehört der Salm nach Basler Art, wie ihn gelegentlich Henri Dietliker zubereitet. Von ihm sind die beiden folgenden Lachsrezepte, die bei Gelegenheit von der Hausfrau durchaus realisierbar sind: Lachs in Scheiben (quergeschnitten) wird leicht gemehlt, gebraten und warm gehalten, um in der Pfanne feingehackte Zwiebeln goldbraun zu machen und über die gebratenen Lachsscheiben zu geben. Eine andere Variante ist zwar auch gebraten, wenn auch weniger knusprig. Zu gleicher Zeit werden Zwiebelringe in Weißwein gedämpft und unter Beigabe eines Fischfonds abgeschmeckt. Das Ganze wird dann über den Lachs gegeben. Dazu passen Salzkartoffeln.

Alle Zubereitungsarten für den Lachs, die man hierzulande kennt und kannte, gehen davon aus, daß er immer quer in Scheiben geschnitten wird. Dabei vergaß man völlig, daß dadurch die Austrocknung sowohl beim Kochen als auch beim Braten erleichtert wird, weil die Fasern angeschnitten werden. Diese negative Wirkung tritt dann nicht ein, wenn der Lachs filiert wird und die einzelnen Portionen seitlich angebraten werden. Im übrigen verhält sich der Lachs, oder besser dessen Meat oder Fleisch, wie fast alle anderen Fische und auch die verschiedenen Fleischarten. Je kleiner die Portion ist, die gekocht oder gebraten wird, desto nachteiliger verhält sie sich. Das Ochsenfleisch etwa bleibt nur saftig, wenn es in großen Stücken gekocht oder gebraten wird. Am besten bleibt der Lachs, wenn er als Ganzes gekocht wird oder die Stücke eben möglichst groß sind.

Nach der Weisheit der Feinschmecker ist das Mittelstück beim Fisch in der Regel das beste. Nur beim Lachs ist es der vorderste Teil des Schwanzes, eben jener, der beim Ausnehmen nicht aufgeschnitten wird.

Erfreuliche Aussichten für den Feinschmecker

In den wenigen Jahren zwischen dem Erscheinen der ersten Auflage und dieser überarbeiteten und erweiterten Ausgabe hat sich am Rhein einiges zum Guten gewandelt. Die aktive Reinheitspolitik unserer regionalen und nationalen Behörden mit massivem Druck auf unsere schweizerischen und französischen Nachbarn hat zu ersten deutlich sichtbaren Erfolgen geführt. Der Rhein führt jetzt so viel gereinigtes Wasser, daß wieder ordinäre Fischarten wie zum Beispiel die grätenreichen Weißfische in größeren Mengen zu sehen sind. Andere Fischarten, wie zum Beispiel Schleie und Aal, die in größeren Tiefen leben, sind auch wieder da. Wenn unsere elsässischen Freunde ihr überschüssiges Kalisalz eines Tages nicht mehr in den Rhein schütten, wenn unsere Schweizer Freunde alle geplanten und im Bau befindlichen Klärwerke in Betrieb haben, wird es mit Sicherheit bald auch wieder die edleren Rheinfische wie Zander, Hecht und vielleicht auch in ferner Zukunft wieder die Lachsforelle geben. Ob der alte König der Rheinfische, der Lachs, wieder den Weg durch den immer noch schmutzigen Niederrhein zu den Laichplätzen in den Gebirgsbächen findet, wage ich nicht zu vermuten. Aber Optimismus ist berechtigt.
Ich fand die Erfolge am Bodensee augenscheinlich. Wo gab es vor fünf Jahren im Bodensee eine Stcllc mit klarem Wasser, an der man bis zu sechs Meter Tiefe jeden Stein erkennen konnte? Wohl nirgends. In Überlingen konnte ich mich jetzt davon überzeugen. Der »See« führt wieder glasklares Wasser – und großartige Fische. Man kann sie da und dort kosten, zum Beispiel im »Hecht« in Überlingen bei den Surdmanns oder in Moos bei Radolfzell im Gästehaus Gottfried. Man freut sich, daß die Pessimisten nicht recht behielten. Daß es immer öfter wieder Fische aus Flüssen und Bächen gibt. Und sicher werden Köche und Wirte, welche wieder frische Fische bieten, wieder zahlreicher. Und es ist tröstlich, daß unsere für ein wasserreiches Land wie Baden schon inflationären Wasserkosten wenigstens für einen gu-

ten Zweck angelegt sind. Für diese erfolgreiche, anfangs noch unpopuläre Politik sollte man den Behörden sagen: »Der Dank, zumindest der der Feinschmecker, ist euch gewiß.«
Für die ersten Zander oder Hechte aus dem Rhein sei hier ein altes Rezept erwähnt, welches früher als fein bis deftig bekannt war. Die weiße Buttersoße; sie wurde allerdings fast immer mit Mehl gebunden, was für den Feinschmecker natürlich unmöglich ist. An der Loire ist die »Beurre Blanc«, wie man sie dort nennt, zur größten regionalen Soßenspezialität geworden, weil sie zu fast allen Fischen, zu allen Meeresfrüchten, die gekocht serviert werden, paßt. Vor allem aber, weil sie bekömmlich ist und bei richtiger Zubereitung sehr fein ist. Lassen wir also Mehl und andere Bindemittel weg. (Rezept siehe Seite 74.)

Suppen

Beinahe hätte ich etwas Wichtiges vergessen: die Suppen. Was für die Schwaben die Flädlesuppe, ist für uns Badener die Nudelsuppe. Natürlich waren es früher nicht die feinen und hauchdünnen Suppennudeln von heute. Sie wurden von den zwar hauchdünn ausgewallten Nudelkuchen so schmal geschnitten, wie es eben manuell möglich ist. Wenn unsere Mütter an Regentagen oder während der ruhigen Zeit am Nudelnmachen waren, dann wurden sowohl breite Gemüsenudeln als auch Suppennudeln in möglichst großen Mengen hergestellt. Die Qualität der notwendigen Fleischbrühe wechselte je nach dem Ertrag der Obsternte: Die Kirschen brachten das erste Geld. Wenn sie ausfielen, war das an Größe des sonntäglichen Suppenfleisches und damit an der Qualität der Fleischbrühe schon spürbar.
Dennoch, ganz so sparsam wie die Schwarzwälder auf diesem Gebiet war man in der Oberrheinebene und am Kaiserstuhl nicht. Specksuppe, mit penetrantem, übertriebenem Rauchgeschmack untrennbar verbunden, kannte man bei uns nicht. Und trotzdem habe ich auch einmal auf einem ganz abgelegenen Bauernhof im Schwarzwald eine ausgezeichnete Specksuppe bekommen. Die Bäuerin verriet mir ihr Geheimnis, nachdem ich ihr ein Kompliment gemacht

hatte. Eine Seite Speck wurde bei ihr seit Jahr und Tag nur ganz leicht angeräuchert, um in der frischfleischlosen Zeit als Suppenbasis zu dienen. Außerdem machte sie sich die Mühe, ein großes Bukett mitzukochen: Karotten und Kartoffeln milderten den an und für sich schon weniger penetranten Rauchspeckgeschmack.
Eigentlich als Armeleutesuppe ist die Sauerampfersuppe im Badischen bekannt. Sie gab es in vielen Variationen. Im späten Frühjahr und im Frühsommer suchten die Kinder an den Wassergräben und in feuchten Auen die Blätter des Sauerampfers. Sauerampfer war das erste Grün, das ich ohne jede Zutat mit meinen kleinen Kameraden frisch vom Stengel aß. Es ist sehr erfrischend. Die Basis für die Sauerampfersuppe bildete die Kartoffelsuppe. Der Sauerampfer wurde möglichst klein geschnitten oder, wie es damals möglich war, durch die kleinste Scheibe eines Fleischwolfes gedreht. So wurde der Eigengeschmack des Sauerampfers aufgeschlossen und mit der beschwichtigenden Wirkung der Kartoffel zu einer feinen Sache.
Eine hochherrschaftliche Sauerampfersuppe wird mit gebakkenem Kalbshirn zubereitet und kann der Hauptbestandteil eines Essens sein. Für vier Personen enthäutet man zwei Kalbshirne, gibt sie in einen Liter Wasser mit einem Schuß Essig, geschnittenen Zwiebeln, Pfefferkörnern, zwei Lorbeerblättern, vier Gewürznelken und einigen Zitronenschalen. Mit den Kalbshirnen läßt man alles zusammen einige Male aufkochen und dann erkalten. Die Hirne nimmt man dann heraus, paniert sie mit feinem Weckmehl und brät sie rundherum gut an.
In der Zwischenzeit hat man vier große Hände voll Sauerampfer- und Kopfsalatblätter gewaschen. Mit Salz und etwas Wasser werden sie gedämpft und über einem Sieb abgegossen oder ausgedrückt. Mit zwei Löffeln Butter röstet man zwei Löffel Mehl nur hellbraun. Hierein werden die inzwischen durchgetriebenen, heute im Mixer ganz fein gemachten Sauerampfer- und Kopfsalatblätter gegeben, um sie mit einem Liter klarer Fleischbrühe aufzufüllen und zehn Minuten kochen zu lassen. Drei bis vier Eigelb werden mit zwei bis drei Löffeln saurem Rahm verrührt und kochend abgezogen, mit etwas Salz und Muskatnuß abgeschmeckt und auf

die inzwischen halbierten und auf vier Tellern angerichteten Kalbshirne verteilt. Eine sättigende Mahlzeit also.
Ganz arm und bescheiden dagegen nimmt sich eine Mehlsuppe aus, die nicht nur von Kindern gehaßt wurde. Mein Großvater blieb nicht selten bei seiner Rebarbeit, wenn ihm gewisse Anzeichen verrieten, daß für mittags eine geröstete Mehlsuppe vorbereitet wurde. Aber diese Mehlsuppe war tatsächlich weit verbreitet. Und sie war außerdem eine Art bäuerliche Medizin. Wo Feinschmecker heute bei Schwierigkeiten mit Durchfall kräftige Bordeaux-Weine trinken, half im bäuerlichen Bereich eine ganz magere Mehlsuppe. Fett war so wenig darin, daß der Anteil für den einzelnen bestimmt unter zehn Gramm lag. In ganz schlimmen Fällen roch sie penetrant nach verbranntem Mehl. Mit ganz wenig Fett wurde soviel Mehl wie nur irgend möglich in der Kasserolle unter dauerndem Bewegen gebräunt, mit noch mehr Mehl vermischt und im Ofen weiter geröstet. Die Suppe wurde dann mit Wasser angerührt. Natürlich hat man in reicheren Haushalten weitgehend mit Brühe abgelöscht und aufgefüllt, aber die Verwendung von bloßem Wasser war weit verbreitet.
So arm und grausam braun wurde sie auch während einer ganz schlimmen Zeit kurz nach dem Ersten Weltkrieg am Kaiserstuhl serviert, wo in verschiedenen Orten die Ruhr umging. Ein Müller namens König war der einzige seiner großen Familie, der nicht erkrankte. Seine Familie mußte er als Krankenwärter, Koch und Mädchen für alles betreuen. Morgens, mittags und abends gab es eingebrannte Mehlsuppe: Sie war, außer den spärlichen Medikamenten, die einzige wirksame Hilfe gegen die schreckliche Krankheit. Es gab sonst nichts aus der Küche. Deshalb streikten natürlich auch die Haustiere, die Katzen und Hunde. Gebrannte Mehlsuppe schmeckte den Tieren nicht. Aber am achten Tag, so berichtete der alte König nach vielen Jahren, hätten auch die Katzen kapituliert und eingebrannte Mehlsuppe gefressen.
Die Kartoffelsuppe ist wohl über die ganze Welt verbreitet. Überall, wo es Kartoffeln gibt, gibt es auch Kartoffelsuppe. Sie schmeckt besonders nach Tagen des Genießens großer Küche. Und so ging es auch mir, als ich mit meinem Freund Léon, dem Bürgermeister von Eguisheim, im Kreis von ga-

stronomischen Journalisten volle drei Tage in Paris von Tafel zu Tafel gezogen wurde. Am dritten Abend wollte ich streiken. Auf der Karte fand ich einen »Potage parisien«: Sie war der Rettungsanker; statt der hochgestochenen Vorspeisen und Zwischengerichte mußte ich eine Suppe haben. Und das in einem Luxus-Restaurant auf den Champs-Élysées. Aber sie stand auf der Karte, und ich aß sie unter dem Gelächter von Henri Courtine und Henri Clos Chuve, den großen Meistern ihres Fachs. Der Bann war gebrochen. Was meint der Leser wohl, was danach geschah? Alle haben zwischendurch noch schnell diese herrlich arme Kartoffelsuppe gekostet. Jawohl, ein vernünftiger Koch hat hier ganz richtig überlegt: Wenn bei uns jemand eine Kartoffelsuppe ißt, dann ist er der großen Spezialitäten überdrüssig.
Diese Geschichte war eine Lehre für mich. Immer wenn ich, ob aus Freude am Essen, ob aus Leidenschaft oder auch auf Grund von Verpflichtungen, gut essen muß und einen ähnlichen Punkt erreiche, suche ich nach einfachen Dingen. Die Berliner Kartoffelsuppe beispielsweise erlebte ich auf ähnliche Weise. Ein Oberkellner, der mich kannte, fiel fast in Ohnmacht, als ich ihn um eine auf der Karte empfohlene »Berliner Kartoffelsuppe« bat. Er war schon auf dem Weg in die Küche, um den Chef zu veranlassen, noch einen Löffel Sahne extra hinzuzufügen. Ich erkannte seine Absicht und verbat sie mir. Ich wollte die einfache Kartoffelsuppe: Und so kam sie dann auch, mit feinen Berliner Würstchen und wenig Rahm.
Und wenig Rahm nimmt man auch bei uns. Restkartoffeln, Salzkartoffeln oder Geschwellte werden gerieben oder durchgedrückt. Der Mixer ist hier nicht angebracht, sonst können die Kartoffeln zu einer gummiartigen Masse werden. In heißem Fett dämpft man eine feingehackte Zwiebel und feingehackte Petersilie fünf bis sechs Minuten und löscht dann mit Fleischbrühe ab, schmeckt mit Salz und ganz wenig weißem Pfeffer ab und gibt etwas saueren Rahm dazu. Es geht aber auch ohne Rahm. Außerdem ist eine andere Variation möglich, bei der man die Zwiebeln erst am Schluß in die Suppe gibt.
Eine Rahm- oder Milchsuppe war früher auch nicht gerade so heißgeliebt, daß der Heimweg von der Schule beschleunigt wurde. Aber heute wünsche ich mir manchmal so eine

Milchsuppe: Wasser, Salz und Milch werden eine Viertelstunde gekocht. Etwas feingeschnittenes Brot, das mitgekocht wurde, wird dann zerdrückt oder durch ein Haarsieb gegeben, um so die Milch leicht zu binden. Sie muß aber sehr dünn bleiben. Notfalls kann man noch einmal mit Milch verlängern. Etwas Rahm schadet nichts. Als Einlage gibt es getrocknetes Weißbrot. Schwarzbrot oder Mischbrot schmecken nicht.

Zum Schluß nun eine Schneckensuppe, die alemannisch ist. Sie war früher vor allem im Elsaß gebräuchlich: Sie wurde von der gebundenen Schneckensuppe abgelöst, die heute üblich ist, aber keinen besonders typischen Geschmack mehr aufweist. Für eine echte Schneckensuppe braucht man eine große Menge von Schnecken. Wenn ein Wirt die nachfolgende Suppe zubereitet oder zubereiten läßt und sie korrekt kalkuliert, dann werden ihm die nicht oder nur schlecht informierten Gäste vorwerfen, er sei zu teuer. Aber im privaten Bereich spielt das eine weniger wichtige Rolle, dort ist es oft mehr der Zeitaufwand, der zu Fertiggerichten oder zu schnell zubereiteten Speisen greifen läßt.

Für sechs Personen nimmt man fünf Dutzend Schnecken. Ich gehe davon aus, daß man sie aus der Dose holt, wo sie recht gut halten und nicht allzuviel einbüßen. Falls man aber frische Schnecken verfügbar hat, so setzt man sie nach der gründlichen Reinigung in Fleischbrühe mit einem Schuß kräftigem Weißwein an und kocht sie etwa eineinhalb Stunden lang. (Weißburgunder und Ruländer, die durchgegoren sind, eignen sich hierfür besser als leichtere Weißweine.) Das gleiche tut man auch mit Schnecken aus der Dose unter Hinzunahme ihres Eigensaftes. Natürlich dürfen sie dann nicht mehr lange gekocht werden. Einmal aufkochen und zehn Minuten ziehen lassen reicht völlig. Fünfzehn Schnekken hackt man anschließend ganz fein und dämpft sie in Butter. Die restlichen Schnecken werden grob geschnitten und auf geröstete Weißbrotscheiben in den Suppenteller gelegt. Darüber gibt man die in der Pfanne gedämpften Schnecken und füllt den Teller mit Brühe auf. Der Brühe kann man beim Aufkochen etwas Sellerie, Karotten oder etwas Lauch sowie Lorbeerblätter beigeben. Doch dürfen diese Zutaten nicht vorschmecken. Muskatblüte paßt außerdem sehr gut dazu. Bevor die Brühe in die Teller über die

Brotscheiben mit den Schnecken gegeben wird, wird sie mit einigem Eigelb legiert. Wenig feingehackte Petersilie kann, nachdem die Brühe zuvor noch mit Salz und Pfeffer abgeschmeckt wurde, hinzugefügt werden.

Obstgarten Baden

Obstgarten Baden, dieser Werbeslogan, den man sich hierzulande zulegte, erscheint bestimmt nicht als übertrieben. Trotzdem ist in unserer Zeit mit ihrem Wohlstandsdenken so vieles geopfert worden, was wert ist, nicht ganz vergessen zu werden. Vieles, was sonst nur in weit südlicheren Zonen wächst, gibt oder gäbe es bei uns, würde nicht der aus gemeinwirtschaftlichen Gründen notwendige Strukturwandel in der Landwirtschaft vieles verschwinden lassen.
So muß man heute mit Wehmut an die herrlichen Pfirsiche vom Kaiserstuhl, vom Tuniberg und auch aus dem Markgräflerland denken. Jene Pfirsiche, die sich in den Auslagen der Geschäfte bei weitem nicht so farbenprächtig präsentieren wie die italienischen, spanischen oder die südfranzösischen. Sie sind dafür aber geschmacklich herzhafter, weil sie nicht vorzeitig für den Export gepflückt wurden und in den Kisten reifen mußten. An die wilden oder halbwilden Weinbergpfirsiche, die auf dem Markt überhaupt keine Chance hatten, dafür aber um so besser schmeckten, kann ich mich nur mit Trauer erinnern. Sie sind alle der Wirtschaftlichkeit der Weinberge zum Opfer gefallen.
Eine Gesellschaft, die immer mehr Freizeit fordert, sollte doch eigentlich einen Teil dieser Freizeit dazu verwenden, die Geschenke der Natur anzunehmen, sie einzusammeln. Aber genau das Gegenteil geschieht. Immer seltener steht auf den Frühstückstischen eine Marmelade aus wilden Brombeeren, Kirschen, aus Himbeeren oder den vielen anderen heimischen Früchten. Immer seltener sieht man auf den Speisekarten frische Pilze aus der heimischen Landschaft. Champignons aus Formosa sind billiger und vor allem bequemer. Dabei haben wir hier besonders bei hoher Luftfeuchtigkeit eine ganze Reihe hervorragender Pilzarten. Natürlich muß man berücksichtigen, daß eine gewisse Unsicherheit viele davon abhält, diese Pilze zu sammeln und zu

kochen. Aber Pfifferlinge, Ziegenbart und Wiesenchampignon sind so eindeutig und leicht erkennbar, daß hier keine Gefahr besteht. Mit den anderen Sorten wird's dann kritisch. Die Witzbolde unter den Pilzkennern behaupten zwar, daß man alle Pilzarten essen könne. Allerdings, so schränken sie ein, einige Arten würde man nur einmal essen.
Die Pfifferlinge waren neben den Steinpilzen im Schwarzwald und in den Laubwäldern des Kaiserstuhls verbreitet. Sie sind es noch, wenn auch nicht mehr in gleichem Maße. Während früher die armen Bauern am und im Kaiserstuhl das Getreidestroh für die harte Winterzeit zum Strecken der spärlichen Heuernte benutzen mußten, holte man zum Einstreuen für das Großvieh in den Laubwäldern das abgefallene trockene Laub. Es war eine harte Arbeit. Sie hatte auch eine Nebenwirkung: Die dicke Laubschicht, die an feuchtwarmen Stellen der Wälder das Durchschlüpfen der kleinen Pilze verhinderte, wurde so immer wieder verringert. Die Pilzkulturen in den Kaiserstühler Wäldern bestanden überwiegend aus Pfifferlingen. Sie waren das »Kalbfleisch« der armen Leute. Nur Stunden nach einem warmen Regen, mit Sicherheit aber am nächsten Tag, waren die Pilzsammler unterwegs, um schnell abzuernten. Auf die einfachste Art, mit etwas Zwiebeln und Petersilie gedämpft, wurden die Pilze zu Nudeln oder Kartoffeln gegessen. Wenn's gut ging, gab's auch mal ein Buttersößle.
Hier gibt es aber nicht nur Traditionelles zu berichten. Nach der ersten Auflage dieses Buches gab es in Baden eine Sensation. Eine ganze Serie von Zufällen führte zur Entdeckung weißer Trüffeln im Schwarzwald. Eine Spaziergängerin fand nach einem schweren Gewitter in einer vom Wasser frisch gerissenen Rinne an einem Waldrand kartoffelähnliche Knollen. Sie ahnte, weil sie auch Pilzkennerin war und zufällig auch schon von den weißen Trüffeln aus dem Piemont wußte, daß es sich um solche handeln könnte. Und da ich einige Tage vorher über eine Anzeige in der Badischen Zeitung neue Pilzsammler gesucht hatte, rief sie mich an. Das erste, was ich tat, war, ihr klarzumachen, daß es durchaus keine Blamage wäre, wenn ihre Knollen nun keine weißen Trüffeln seien. Daß es dann doch welche waren, war die freudigste Überraschung meines alemannischen Feinschmeckerlebens. Vieles habe ich von meiner Heimat erwar-

tet, weil es hier praktisch alles gibt, wenn die Menschen etwas mithelfen, aber daß wir auch weiße Trüffeln finden können, das war für mich ein Geschenk Lukulls. Unter Feinschmeckern hat diese Nachricht schnell die Runde gemacht, und da es unter den Presseleuten auch einige Feinschmecker gibt, wurde hierüber in der Presse berichtet. Das Resultat war sehr überraschend. Eine ganze Reihe von Pilzsammlern meldeten ähnliche Funde, so daß ich annehme, daß es die weißen Diamanten der Feinschmeckerei hier schon immer gab – nur hatte man sie nicht erkannt.
Die schönste Geschichte zu diesem Thema lieferte ein Bauer aus der Nähe Freiburgs. Er rief mich an und sagte mir, daß er diese Knollen längst kenne. Er suche sie jedes Jahr um dieselbe Zeit, um sie in seine Bratkartoffeln zu schnippeln. Als er dann hörte, daß man für das Kilo je nach Qualität bis zu vierhundert Mark bekommt, meinte er trocken – echt alemannisch –, daß er wohl nie mehr in seinem Leben so teure Bratkartoffeln essen werde.
Bei wilden Beeren ist die Gefahr der Verwechslung zwar geringer, aber auch nicht ganz auszuschließen. Die Walderdbeeren können jedenfalls nicht verwechselt werden. Sicher ist das Suchen eine mühsame Sache. Dafür gehören sie aber zu den feinsten Früchten. Warum werden sie denn in Frankreich wochenlang angeboten? Wochenlang deshalb, weil sie zunächst in den Wäldern der Ebenen und dann in immer höheren Lagen gesammelt werden. Rentner und viele Naturfreunde lassen sich diese Arbeit gut bezahlen. Man akzeptiert die Geschenke der Natur. Man ignoriert sie nicht wie bei uns. Dabei muß das nicht unbedingt für Leute getan werden, die wenig Zeit und viel Geld haben. Genausogut kann man diese herrlichen Früchte für die eigene Küche sammeln. Eine Schüssel Walderdbeeren, mit frischem Rahm und etwas Zucker vermengt, ist ein herrliches Dessert, das die sportlichen Strapazen des Sammelns mehrfach lohnt.

Freiburger Weinstuben

Ich trauere den alten Freiburger Weinstuben nach, nicht nur der Atmosphäre wegen. So wie heute noch in Straßburg die Wikächeli oder Winstubb von morgens bis abends besetzt

sind, so war es, leider muß man sagen, im alten Freiburg vor dem letzten großen Krieg. In Straßburg gibt es heute noch im »Heilig Grab« oder bei »Ivone« von früh am Morgen bis spät in die Nacht Schnecken nach Elsässer Art, Ochsenmülsalätli, Kässalätli und eine ganze Reihe anderer echt elsässischer Spezialitäten. Bewußt macht man dort keine Verbeugung vor der französischen Küche, geschweige denn vor der internationalen. Und wenn französische Touristen elsässische Schoppenweine probieren wollen, so werden sie vom Duft dieser kleinen, schnellen Tellergerichte verführt.
Wo aber sind die Weinbeizen geblieben, die im alten Freiburg vom Gymnasiasten bis zum Hochschulprofessor, vom Bächliputzer bis zum Oberbürgermeister frequentiert wurden? Wo die Stammtische, die am frühen Morgen von Marktfrauen und Gemüsebauern, später von Handwerkern, Beamten und Angestellten und von den Rentnern permanent besetzt waren.
Gewiß, der Fliegerangriff von 1944 hat sie fast alle zerstört. Aber warum hat man die meisten nur im Stil von Brauereiarchitekten wieder aufgebaut? Sie haben alles neu gemacht. Von Restaurierung, die hier angebracht gewesen wäre, ist weit und breit nichts zu sehen. Sicher, man kann keine Patina künstlich schaffen, aber Patina wächst schnell, wenn man ihr die Basis gibt. Das aber hat man vergessen. International will man sein. Und international will man partout auch mit der Küche sein. Da findet man Exotisches und Pseudoexotisches auf fast allen Karten. Die alten, einfachen, aber guten Spezialitäten sind so selten geworden wie die urwüchsigen Freiburger Wirte. Wo sind die Rosers, die Gottlob Meier, wo die Nachfolger für den Federl Hans und den Federl Schorsch? Letztere waren keine echten Freiburger, sie sind es erst geworden, weil sie alemannische Spezialitäten auf den Tisch brachten. Wer bringt heute in Freiburg die größten Bratwürste zustande, die einst Gottlob Meier machte? Es waren Freiburger Originale, diese Weinbeizenwirte.
Und selbst die Bierwirtschaften waren für Freiburg typisch: die Meyerhöfe und die Ganter- und Feierlingwirtschaften der zwanziger und dreißiger Jahre. Die Weinstuben wie »Feißt«, »Priems« oder die »Linde« in Unterlinden hatten nur wenige Spezialitäten: in den Wintermonaten die Teller-

gallert, das Ochsenfleisch oder die Nudelsuppe mit Ochsenfleisch. Die saueren und die gerösteten Leberli oder die Sulz gab es ganzjährig. Sie machten sich alle Konkurrenz untereinander. Der eine dieser Wirte hatte den besten Kaiserstühler, der andere war bekannt für die besten Oberländer Viertele. Der eine machte größere Portionen, so der Gottlob, dessen Bratwürste links und rechts über den Teller hingen, beim anderen gab's tatsächlich sauere Kalbsleber, wie es die kleine Standkarte am Tisch versprach. Jawohl, die Speisekarten standen in bescheidenen Metallständern auf den Tischen. Man brauchte damals noch keine bücherähnlichen Gebilde, um ein angesehener gastronomischer Betrieb zu sein.

Selbst die Bierwirte hatten die Keller voller Weinfässer. Nicht wenige dieser Bierbeizen verkauften zum Leidwesen der Brauerei-Direktoren oft mehr Wein als Bier. Natürlich waren die Weine nicht selten fehlerhaft. Wenn einer mit einem Luftgeschmack aus den Kellern ins Glas kam, so war die übliche Bemerkung des Wirtes, daß er eben einen speziellen Erdgeschmack habe. Aber die Kellerwirtschaft war damals im allgemeinen noch nicht so weit entwickelt wie heute.

Ich erinnere mich, daß für die heranwachsende Jugend vom Land der höchstens einmal im Jahr stattfindende Stadtbesuch und die damit verbundene Einkehr absolute Höhepunkte waren. Ein saueres Leberle mit dem besten Brot der Welt, einem frischen, ganz knusprigen Brötchen, war in unseren Augen das Festessen überhaupt. So schrecklich unkultivierte und unverdauliche Mixgetränke gab es damals nicht. Man bekam einen Schluck Wein ins Glas, der mit Wasser verdünnt wurde. Das war geschmacklich besser und auch bekömmlicher als die unappetitlich aussehenden »Spezies« von heute.

Heute bleibt uns nur die Hoffnung, daß jemand mal auf die Idee kommt, statt Pariser Bistros oder italienische Pizza-Häuser zu kopieren, wieder eine typisch Freiburger Weinbeize einzurichten und anständige Weine zu führen, statt weinähnliche Getränke mit Konzessionen an den sogenannten Massengeschmack. Er sollte sich die Anschaffungskosten eines Mikrowellenherdes schenken, dafür aber jemanden in die Küche stellen, der mit etwas Liebe zu guten Din-

gen nur wenige Spezialitäten macht: alemannische Spezialitäten. Er muß auch den Hawai-Toast dort belassen, wo er hingehört: im Land, wo der Pfeffer wächst. Und einen Flambierwagen braucht er auch nicht.
Was er braucht, ist Rinder- oder Kalbsleber. In kleine Streifen oder Scheiben geschnitten, wird sie in heißes Fett gegeben, in dem schon die Zwiebeln oder noch besser die Schalotten, je nach Geschmack, glasig bis hellbraun vorbereitet sind. Und dann kommt es auf den richtigen Augenblick an. In Frankreich würde man sie noch rosa servieren. Bei uns kann man das nicht. Aber sie darf nur genau auf den Punkt gebraten sein, damit sie saftig bleibt. Man salzt erst, kurz bevor sie gar ist. Und wenn die Pfanne richtig heiß ist, dann kann die Leber ganz schnell geröstet herauskommen. Das ist das geröstete Leberli. Natürlich wird's von Kalbsleber noch feiner, dabei muß aber noch genauer auf den richtigen Augenblick geachtet werden. Wenn es ein saures Leberle sein soll, wird mit Wein abgelöscht und mit Bratensaft, die Köche nennen das demi glace, aufgefüllt.
Beide Zubereitungsarten können für das Sülzle angewendet werden. Aber auch hier kommt es sehr darauf an, ob die Sulz – korrekt Pansen oder Blättermagen genannt – von einem jungen Tier stammt. Auch Sulz sollte nicht zu sehr in der Pfanne traktiert werden. Doch ist sie weit weniger empfindlich als die Leber. Leicht gebräunt und auch nur im eigenen Saft und mit dem Bratenfett etwas knusprig serviert – so liebten viele das geröstete Sülzle. Als sauere Sulz sollte sie mehr gedämpft als gebraten sein, aber nur gedämpft, wie man sie verschiedentlich bekommt, hat sie weniger Geschmack.
Mit Wein, mit gutem Wein wohlgemerkt, gibt es bessere Sößle als mit den vermaledeiten Kochweinen. Welcher Hornochse hat denn bei uns die Bezeichnung Kochwein verbreitet? Es gibt keinen Kochwein. Es gibt nur Wein. Natürlich in allen Variationen und geschmacklichen Schattierungen. Und natürlich ist ein Müller-Thurgau kein Wein, um die Speisen zu verfeinern. Er hat zuviel Bukett. Ein Silvaner oder ein kleiner Ruländer vor allem sind ergiebige Weine für eine gute Küche. Und selbstverständlich braucht man keine Kabinettweine zu nehmen, um Sülzle zu machen. Aber die als Kochweine angebotenen Weine sollte man dem belassen,

der sie anbietet. Was nicht gut genug zum Trinken ist, ist erst recht nichts zum Kochen.
Es gibt tatsächlich weder bei den Franzosen noch in anderen klassischen Weinbauländern die Bezeichnung Kochwein. Man nimmt eben dort überall einen guten Schoppenwein zum Kochen. Es sei denn, man kocht etwas Spezielles. Ein Gockel in Riesling ist, soll er typisch sein, für einen guten Riesling dankbar. Und daß ein Coq au Chambertin in Frankreich mit einem Wein aus der Gemeinde Gevrey-Chambertin zubereitet sein muß, ist sogar gesetzlich verankert. Für solche Gerichte, wie auch für den bereits erwähnten Bœuf Bourguigonne, oder alle anderen Speisen, die mit Wein zubereitet werden, wird außer dem Wein sogar noch Weinhefe zum Binden der Soßen verwendet. Junge Rotweinhefe bringt, wenn sie wohldosiert gebraucht wird, einen angenehm deftigen Geschmack und außerdem eine mehlsparende Wirkung. Ich kenne Köche, die diese Hefen, wenn sie jung und frisch sind, einwecken, um sie ganzjährig verfügbar zu haben.
Eine nette Geschichte mit Auswirkungen habe ich vor einigen Jahren mit Schmunzeln verfolgen können, indem ich den aufgehenden Stern unter den elsässischen Köchen, Meister Jung vom »Crocodile« in Straßburg, einem befreundeten Hotelier in Frankfurt für acht Tage vermittelte, damit er dort seine französischen und elsässischen Spezialitäten für die Gäste des »Parkhotels« kochte. Emile Jung ließ sich die Weinkarte kommen und suchte sich Pinot Noir, den elsässischen Weißherbst, aus. Dreißig Flaschen bat er sich aus, um Fond und Soße einer seiner Spezialitäten, des »Contrefilet« in Pinot Noir, machen zu können. Küchenchef und Patron fielen fast in Ohnmacht. Die nächsten Tage hielten sie sich tapfer an die aufwendigen Anweisungen und Forderungen des Maître Jung aus Straßburg. Die gastronomische Woche wurde zu einem großen Erfolg. Ich möchte nicht sagen, daß die Lektionen des Straßburgers allein ausschlaggebend gewesen sind, aber sie waren, davon bin ich überzeugt, eine der Ursachen, daß zwei Jahre später ein Stern im Guide Michelin das Frankfurter »Parkhotel« zierte.
Doch wieder zu unserem geliebten, alten Freiburg, dem ich wünsche, daß ein Wunder geschehen möge und wieder echte Freiburger Wirte-Originale mit Sinn für das Ländliche, mit

Sinn für das, was vor der Haustür zu bekommen ist, heranwachsen.
Eine einzige Weinstube hat sich die angenehme Freiburger Weinbeizen-Atmosphäre bis in die heutige Zeit bewahrt: »Oberkirchs Weinstube« am Münsterplatz. Dabei war sie nach ihrem Umbau in den dreißiger Jahren als zu vornehm für eine Münsterplatz-Weinstube bezeichnet worden. Bei ihr kommen noch im eigenen Keller ausgebaute Weine im Viertele auf den Tisch.
Typische Weine für eine typische Weinbeize zu finden, wird für einen Freiburger keine Probleme bringen. Und wenn dann die Sülzle und Leberle, eine Tellergallert, Münsterkäse und Schnecken und meinetwegen auch ein Wurstsalätle bereit sind und das Ochsenfleisch von guter Qualität und richtig gekocht ist, wenn die Meerrettichsoße scharf und nicht zu dick ist und ein ohne fremdländisches Dressing angemachter Salat dazu serviert wird, den es in der March oder in Eichstetten gibt –, dann könnten wir zufrieden sein, dann hätte Freiburg wieder eine Attraktion, die es eigentlich schon aufgrund seiner weinadeligen Herkunft verdient hat.

Festtage und Feinschmeckerei

Sündenfall

Nichts ist schwerer zu ertragen als eine Reihe von schönen Tagen. Dieses Sprichwort unterstellt, daß schöne Tage immer mit zuviel Essen und Trinken verbunden sein müssen. Daß dem nicht so ist, beweisen viele Feinschmecker und Gastronomen, die aus beruflichen Gründen oft ein Leben lang an diesen Beschwernissen tragen.
Wer beim Essen nicht nur Messer und Gabel, Mund und Nase, sondern gelegentlich auch ein wenig den Verstand benutzt, wer nicht nur dem Verlangen des fordernden Magens nachgibt, sondern auch ein wenig darüber nachdenkt, welche Organe mit zu schwerem Essen oder konzentriertem Alkohol allzusehr strapaziert werden, der hat schon die ersten Punkte auf dem Weg zum Feinschmecker gesammelt. Wer sich dann auch noch in der sachlichen Beurteilung von Speisen und Getränken hinsichtlich ihrer Bekömmlichkeit übt, hat beste Aussichten, eines Tages die »Kunst des Essens« zu beherrschen.
Das ist ein erstrebenswertes Ziel. Die alten Griechen überließen uns schon einige bedeutende Erkenntnisse guter Lebensart. Der Kenner dieser Überlieferungen kann nur mit Verwunderung darüber seinen Kopf schütteln, wie heute ein großer Teil der Menschheit ißt. Für mich galt schon zu Zeiten, als ich die Weisheit der Griechen noch nicht kannte, die Devise, daß zumindest teilweise die Höflichkeit nach dem Bemühen um Bekömmlichkeit kommt. Ein Dummkopf ist jener, der aus Höflichkeit unbekömmliche Speisen, Soßen oder Getränke verzehrt. Den Zwang, den Teller leer zu essen, der uns noch aus Kindheitstagen in Erinnerung ist, soll-

ten wir vergessen. Selbst gute oder gar allerfeinste Soßen muß man eben einmal auf dem Teller lassen können, wenn man weiß, daß die Kondition der Organe nicht ausreicht, um alles schadlos zu verdauen. Eine Kostprobe muß dem Feinschmecker unter diesen Umständen dann genügen.

Was ich damit sagen will: Auch eine Reihe von Feiertagen kann man schadlos überstehen, und zwar selbst dann, wenn man vielleicht im Kreis der Verwandten von Festtafel zu Festtafel eilen muß.

Bei diesen festlichen Tafeln sind meistens nicht die Hauptgerichte das Gefährlichste. Der Sündenfall geschieht erst hinterher. So wie ein Freund von mir in die Sündenschlinge lief, als er ein Feinschmeckeressen bei Paul Bocuse mit bewundernswerter Frische überstand, dann aber den Fehler beging, immer wieder in den Pralinenkorb zu langen. Er behauptete, es seien die besten Pralinen der Welt. Die Strafe folgte auf dem Fuß. Bei zwei weiteren großen Essen durfte er nur noch zuschauen. Das aber wünsche ich keinem meiner Freunde, ganz gleich, ob er einen österlichen Hammelspießbraten auf Rhodos, eine Bouillabaisse in Marseille oder einen bretonischen Hummer an der Atlantikküste essen möchte. Ja, diese Möglichkeiten werden heute von reiselustigen Feinschmeckern teilweise schon als selbstverständlich empfunden. Darüber hat man viele frühere Eßfreuden vergessen.

Eine Freude war es zum Beispiel, wenn wir zu Ostern den ersten Kopfsalat bekamen. Der heutigen Jugend erscheint es kaum verständlich, daß ich mich schon lange vor Ostern auf den ersten Kopfsalat freute. War Ostern früh, so konnte er nur aus den Beeten der Gärtnerei kommen. Dieser erste Kastensalat war so zart, daß man keinen Abfall hatte. Auch der erste Freilandsalat hat gegenüber den manchmal zähen oder harten Importen diesen Vorteil. Deshalb bevorzuge ich im Winter einen heimischen Endiviensalat, der durchaus abwechslungsreich zubereitet werden kann. Gerupft, breit oder schmal geschnitten, mit oder ohne Knoblauch – ein Endivien kann den Knoblauch am besten vertragen – oder auch nach einem Rezept, das ich für den Löwenzahnsalat beschrieb: mit heißem Öl und Speck und einer heißen, möglichst mehligen Kartoffel vermengt. Mit Eiern oder einer

leichten Fleischspeise gibt er so eine volle Mahlzeit, eine rustikale Mahlzeit.
Wenn Ostern sehr spät war, hatte man dann schon den eigenen Kopfsalat. Der Name war allerdings eine Übertreibung. Denn es waren längst noch keine Köpfe, sondern nur zarte Blätter ohne jeden Abfall. Ein Oster- oder besser gesagt Karfreitagsgemüse war auch der bereits beschriebene Hasenkohl oder Hasenkehl. Spiegeleier, Hasenkehl und Salzkartoffeln waren das Karfreitagsessen, wobei recht oft auch die ersten frischen Eier dazu verwendet wurden. Die Hühner hatten damals noch eine winterliche Legepause, die sich oft ins Frühjahr verlängerte. So waren Eier nur aus dem Wasserglas vorhanden. Sie waren zum Backen und Kochen recht, als Spiegeleier dagegen weniger gut. Fisch gab es am Karfreitag recht selten. Und wenn es ihn gab, so war es frisches Kabeljaufilet.
Die große Osterdelikatesse aber war von jeher das Milchzikkel: fünf bis acht Wochen alte Zicklein. In den Ställen der kleinen landwirtschaftlichen Mischbetriebe standen fast überall ein oder zwei Ziegen, die zwar soviel Heu verdarben, daß man durchaus noch eine Kuh hätte zusätzlich füttern können. Es war aber üblich, die Meckerziegen im Stall zu haben: Die Milch verfütterte man den Schweinen, weil der hohe Eiweißgehalt besonders gute Specklieferanten brachte. Kleinviehhändler hatten sich darauf spezialisiert, die frischgeschlachteten Zickel auf den Wochenmärkten der Städte anzubieten, wo sie regen Absatz fanden. Viele Frauen behielten aber eines dieser kleinen Viecher für die eigene Küche zurück. Das anderorts übliche Milchlamm kannte man höchstens vom Hörensagen oder in der oberen Schicht der Gastronomie, wo internationale Küche üblich war.
Milchlämmer gibt es auch heute noch – oder wieder genügend. Die Schafwirtschaft hat sich durch die steigende Beliebtheit des Hammelfleisches etwas ausgebreitet. Das Milchzickel aber ist eine Seltenheit geworden. Die kleinen Mischbetriebe sind verschwunden, die Landwirtschaft hat sich spezialisiert. Die Bahnwärterhäuschen sind nicht mehr bewohnt womit auch die Bahnwartskuh, wie die Bauern die Ziege spöttischerweise nannten, fast ausgestorben ist. Man muß sich die Zickel aus dem Zentralmassiv, den Pyrenäen oder der Bretagne kommen lassen, um zu Ostern eine »hie-

sige« Spezialität zu haben. Und von dort kann man sich dann auch gleich den Ziegenkäse bestellen. Die große Nachfrage nach den vielen Arten des Ziegenkäses ist auch der Grund, daß sich dort die Ziegenzucht noch rentiert.
Das Zickel läßt man sich in Keule, Schulter, Rücken und Rippen teilen, die dann einfach im Ofen gebraten werden. Dabei darf man nicht vergessen, das Fleisch fleißig zu übergießen. Die großen Stücke zuerst und in Abständen bis zum Schluß die kleinen und dünnen Rippenstücke gibt man in das heiße Fett, nachdem man nur mit Pfeffer und Salz sowie einem Hauch Muskatnuß gewürzt hat. Hasenkehl oder Spinatpüree passen hervorragend dazu; Rahmkartoffeln und außerdem noch junger Kopfsalat lassen die Sache zu einem üppigen Mahl werden.

Osterlammkeule

Noch nie hat sich eine Zubereitungsart so schnell über einen ganzen Kontinent verbreitet wie die der provenzalischen Küche. Fast überall, wo Hammel- oder Lammgerichte, Froschschenkel oder sogar Meeresfrüchte auf dem Programm stehen, findet man den Zusatz »provençale«. Dabei steht in Frankreich die provenzalische Küche in der Gunst der Feinschmecker an letzter Stelle. Ich gehe mit meinem französischen Freund hier einig: So fein ein Hauch von Thymian, so deftig ein mit Knoblauch zubereitetes Fleischgericht sein kann, die provenzalische Küche verwendet diese Zutaten in der Regel viel zu großzügig. Außerdem meinen viele Jünger und Halbkönner der Kochkunst, die großzügige Verwendung dieser Zutaten beweise allein schon ihre Kenntnisse in dieser Regionalküche. Ich wage, durch verschiedene Reinfälle skeptisch geworden, die Bestellung solcher Gerichte nur noch, wenn ich den Wirt oder seinen Koch als Feinschmecker kenne. Doch ich möchte nicht die provenzalische Küche vorstellen, sondern die Zubereitungsart einer Lammkeule, die genau aus der entgegengesetzten Richtung kommt: aus Ostpreußen. Die deftige, kräftige, dem Klima entsprechende Küche Ostpreußens kennt viele Gerichte, die es wert sind, nicht vergessen zu werden.

Eines davon ist die Lammkeule in Buttermilch. Das hört sich zunächst gar nicht gut an. Aber es täuscht. Ich habe schon vor vielen Jahren einmal eine so zubereitete Lammkeule vorgesetzt bekommen. Es war nicht leicht, die Herkunft zu entschlüsseln. Ähnlich erging es einem französischen Politiker, den ich einige Zeit später zu einer solche Lammkeule in Buttermilch einlud. Er tippte auf Lamm in Curry: von der Optik her verständlich, geschmacklich jedoch nicht. Trotzdem blieb er dabei. Ich hatte ihn überschätzt, was mir bei Politikern immer wieder passiert.
Die Zubereitung dieser Keule ist einfach, wie die Lebensart der Ostpreußen. Eine bratfertige Lammkeule wird leicht mit Pfeffer bestreut und in Buttermilch drei bis vier Tage eingelegt. Der Buttermilch gibt man einige Lorbeerblätter und einige zerdrückte Wacholderbeeren bei. Außerdem wird die Keule vor dem Einlegen leicht mit Mehl bestäubt. Die Keule wird dann mit den üblichen Zutaten gebraten und mit Buttermilch-Marinade abgelöscht. Sie muß auf den Punkt gebraten werden: sie soll noch saftig, aber nicht mehr blutig sein. Den Bratenfond passiert man zum Schluß ab und bindet ihn mit Sahne, was bei uns sicher mit geringeren Mengen geschehen kann als früher in Ostpreußen, wo man den Schmand in bedeutenden Quantitäten verbrauchte.
Natürlich wird die Keule vor dem Braten leicht gesalzen und noch etwas gepfeffert, weil die erste Pfeffergabe von der Marinade teilweise verbraucht wird. Als Beilage gab es in Ostpreußen Kartoffeln, hier aber würde ich, mit Rücksicht auf die mit Sahne gebundene, leicht säuerliche Buttermilchsoße Knepfli empfehlen, die man überall im badischen Ländle Spätzle nennt.
Grüner Salat ist das einzige, was man als Gemüse empfehlen kann – eben wiederum wegen der Soße. Angemacht werden muß dieser Salat nach badischer Art, ohne Zucker; auch nicht nach der inzwischen verbreiteten Unsitte mit Rahm oder gar Kaffeesahne. Alle diese Zubereitungsarten passen zum grünen Salat wie die Faust aufs Auge. Nehmt ganz einfach wie Eure Mütter Essig und Öl, dann braucht man nur noch etwas Pfeffer und Salz, Schnittlauch oder Petersilie, feingehackte Schalotten oder Zwiebeln. Auch den Unfug mit den Kopfsalatherzen kann man bleiben lassen. Sie haben am wenigsten Eigengeschmack. Sie sind im allgemeinen bei gut

ausgewachsenen Köpfen, ganz gleich, wo sie herkommen, etwas milchig im Geschmack und haben die wenigsten Vitamine. Grüner Salat heißt schließlich der Gute. Ein Weißherbst dazu wäre das Beste, weil er sowohl den Salat als auch den leicht säuerlichen Buttermilchton überspielen kann. Ansonsten ein robuster, nicht zu feiner Rotwein.
Ein herrlicher Osterbraten kann auch aus einem Stallkaninchen bestehen, aus dem Stallhasen. In schweren Zeiten als dankbarer Nothelfer gefüttert, wird er in Frankreich als Delikatesse angesehen. In Tausenden von Exemplaren werden die auf Fleisch gezüchteten Arten in der Bretagne und der Normandie gemästet, geschlachtet und auf alle Märkte Frankreichs gesandt. Kopf und Pfoten bleiben dran, damit der Käufer die Sicherheit hat, keinen Dachhasen zu erstehen.
Für die Zubereitung des Stallhasen hatte früher fast jede Hausfrau so ihren eigenen Schlenker. Aber besonders interessant sind zwei Grundrezepte: Im Elsaß drüben wird – das habe ich bei anderer Gelegenheit immer wieder hervorgehoben – beim Kochen mit dem Wein sehr großzügig umgegangen. Weißes Fleisch – und ein Stallhase gehört zu den weißfleischigen Tieren – wird dort für viele Gerichte in Weißwein mariniert. Die Marinade besteht aus reinem, kräftigem Weißwein, dem man Karottenscheiben, Lorbeerblätter, wenige Pfefferkörner, noch weniger Wacholder und ein Bukett ähnlich dem Suppenbukett zugibt.
Ein anatomisch korrekt zerlegter Hase wird nur ein bis zwei Tage eingelegt, dann gut getrocknet und nach leichtem Salzen in heißem Fett leicht angebraten, um anschließend mit der abpassierten Weinmarinade langsam abgelöscht zu werden. Für die leichte Bindung der Soße verwendet man natürlich auch im Elsaß Kochmehl, indem man die angebratenen Stücke vor dem Ablöschen mehlt und rundum brät. Der Feinschmecker aber wird zum Binden der Soße eher etwas doppelte Sahne verwenden, die man in Frankreich überall leicht gesäuert bekommt. Bis zu uns ist diese Sahneart leider noch nicht durchgedrungen. Unsere Sahnen aus Päckchen und Dosen haben eher die Konsistenz einer besonders dikken Milch.
Das anatomisch korrekte Zerlegen eines Kaninchens erfolgt, indem man die Keulen herausschneidet und sie höchstens

ein- oder zweimal quer zum Knochen durchschneidet, weil das ganze Stück zu groß wäre. Dann trennt man die Vorderläufe vom Körper, indem man sie am unteren Teil anhebt. Die Vorderläufe läßt man, wie sie gewachsen sind. Vom Kopf sind höchstens die Bäckle verwertbar. Der Hals wird in größere Stücke quer zum Halswirbel geteilt. Die Seitenwände werden bis dorthin abgeschnitten, wo das dickere Fleisch des Rückenstücks sitzt. Diese Wände dürfen beim Braten erst später zugegeben oder aber müssen früher herausgenommen werden. Der Rücken schließlich wird ebenfalls quer zum Wirbel in mehr oder weniger große Stücke geschnitten.

Das badische Rezept kenne ich ohne das Marinieren. Angebraten aber wird mit Zwiebel- oder Schalottenscheiben. Auch hier wird mit Wein abgelöscht. Danach wird mit Bratensaft eine braune Soße zubereitet. Was die Beilagen betrifft, so ist man sich links und rechts des Rheins einig: breite Nudeln, Knepfli oder sonst irgendwelche Teigwaren mit grünem Salat. Dazu kommt ein kräftiger Weißwein auf den Tisch.

Zu einem vorösterlichen Stallhasenbraten war ich einmal in Freiburg eingeladen. Es gab unpolierten Reis dazu, der so gut war, daß die Körner wie bei den Chinesen übereinanderfielen, und Broccoli aus Italien. Alles zusammen schmeckte so großartig, daß ich, die halbwegs erlernten guten Sitten fast vergessend, ums Haar ein drittes Mal zugegriffen hätte. Was mich sonst nicht begeistert, erfreute mich hier: ein schöner, frischer Müller-Thurgau von der Heilig-Geist-Spital-Stiftung hatte ein so dezentes Bukett, daß man ihn sogar zum Essen trinken konnte.

Als Ostergemüse läßt sich natürlich auch die Schwarzwurzel empfehlen. Das frischeste, was die Franzosen jedoch an erschwinglichen Gemüsen zu dieser Zeit haben, sind die Navets, jene kleinen, weißen Rüben in Zwiebelform, die man die kultivierten Rüben nennen könnte. Sie sind fein im Geschmack, ohne zu zahm zu sein. Sie haben eine rassige, spitze Säure, verlieren sie dann aber weitgehend bei entsprechender Zubereitung. Die Navets lassen sich für die Feiertage leicht im voraus präparieren, indem sie geschält, tourniert und in Salzwasser gargekocht werden. Bei Bedarf wer-

den sie dann einfach in der Pfanne in heißer Butter geschwenkt und zur Bräunung leicht mit Zucker bestreut.
Zu einem kalten Braten für die Osterabende gibt es auch den letzten Lauch, den man in südlichen Zonen gern kalt serviert. Dazu kocht man die Lauchstangen, längs durchgeschnitten und zusammengebunden, in Salzwasser oder noch besser in Fleischbrühe und schneidet sie, erkaltet, in zwei bis drei Zentimeter lange Stücke. Eine dezente Vinaigrette gibt man darüber. – Der Vollständigkeit halber erinnere ich in diesem Zusammenhang natürlich auch an den Spargel, den ich schon in diesem Buch beschrieben habe.

Mistkratzerle

An Pfingsten gibt's dann die ersten Hähnchen, die ersten Mistkratzerle. Mistkratzerle ist die alemannische Bezeichnung für ein Hähnchen, das sein kurzes Leben auf einem Bauernhof verbrachte. Hier wurde es mit normalem Körnerfutter bei freiem Auslauf gemästet. Mit seinen zu diesem Zweck entwickelten Ständern und deren Klauen suchte es, auf dem Misthaufen des Bauernhofes kratzend, nach der Ergänzung der vorgesetzten Mastkost. Die Bezeichnung Mistkratzerle hat heute unbeabsichtigt eine große Bedeutung erhalten. Wer Mistkratzerle auf die Speisekarte schreibt, muß sich auch um Hähnchen bemühen, die freien Auslauf hatten. Grünfutter, das heißt frisches Gras, gehört als Ergänzung zur Körnerfrucht unbedingt zur Ernährung dieser zahmen Delikateßvögel.
Die Amerikaner und Holländer waren die Wegbereiter des Niedergangs der Geflügelqualität. Sie hatten besondere Einfälle, um die Geflügelmast für die Unternehmer interessant zu machen. Die Wechsel auf die Zukunft, die sie damit ausstellten, mußten sie aber teuer bezahlen. Durch die Verwendung von Hormonen, ja sogar Antibiotika, gab es im Eiltempo aufgedunsene Hähnchen und Hühner, die bei öfterem Konsum sogar gesundheitsschädlich waren. Die Franzosen waren die ersten, die diesen Unfug anprangerten und sofort behördlich verboten. Trotzdem hat auch in Frankreich der Geflügelkonsum sehr stark nachgelassen.

Nur eine Gegend, die Bresse, hat ihren Ruf für erstklassiges Geflügel bewahrt. Die Bresse liegt zwischen Burgund und dem Lyonais. Strenge Bedingungen sind dort an das Markenzeichen »Volaille de Bresse« geknüpft: Ein kleines Hähnchen muß von der vierten Woche an für mindestens zwei Monate freien Auslauf haben. Außerdem hat man einen Kontrolldienst eingerichtet, mit regelmäßigen Stichproben. Das Poulet de Bresse muß mindestens sechs Wochen alt sein; die gleichen Bedingungen gelten für die Hähnchen. Eine Gütemarke aus Metall ist so konstruiert, daß sie nur einmal an einem Huhn angebracht werden kann. Ein dreifaches Hoch für diese konsequenten Methoden zur Erhaltung der Qualität. Das Resultat: Volaille de Bresse ist das teuerste Geflügel der Welt und wird heute sogar dorthin exportiert, wo man begann, den Feinschmeckern die Freude an gebratenen Hähnchen zu nehmen: nach Amerika.
Inzwischen gibt es nun auch im Elsaß wieder besonnene Geflügelbauern. Zu erwähnen sind vor allem die feinen Poussins de la Wantzenau, für die die Gegend bei Straßburg seit Generationen berühmt ist. Natürlich haben auch wir unsere Hamburger Stubenküken. Sie sind etwas jünger als die Poussins aus dem Elsaß. Deshalb ziehe ich die Elsässer vor: Ihr Fleisch hat mehr Eigengeschmack und mehr Biß. Auf die einfachste Art zubereitet, im Ofen oder in der Kasserolle gebraten, wobei man natürlich das Übergießen nicht vergessen darf, schmecken sie vorzüglich. Besonders gut sind sie, wenn man das Ausnehmen nicht vergißt und statt der Eingeweide ein kleines Bukett von Petersilie, Zwiebelringen und ein Reislein Thymian beigibt, das jedoch nicht vorschmecken darf.
»Alles schon vorgekommen«, ist zwar eine alberne, aber durchaus berechtigte Redewendung. Ein vom Geiz geplagter Freund von mir, der seinen Bekannten eine Einladung schuldig war, kaufte zu Beginn der Hähnchenwelle bei einem Geflügelgroßhändler eine Kiste Kühlhaushähnchen, um sie bei einer Wirtin in einem abgelegenen Ort braten und servieren zu lassen. So konnte er sich äußerst billig seiner Verpflichtung entledigen. Die Strafe folgte auf dem Fuß: Diese Hähnchen hatten, wie üblich, um die Austrocknung etwas einzudämmen, noch ihre Innereien. Darm und Magen in gefülltem Zustand waren noch drin. Und so geschah es dann, daß

die Hähnchen unausgenommen gebraten und serviert wurden. Jeder sollte sich seinen Hahn selbst zerlegen. Rustikal sollte die Fete werden: Sie wurde zu rustikal. Wer von uns kann sich den Gestank vorstellen, der sich im Nu an der Tafel verbreitete? Das Fest war schnell zu Ende, und es ist mit Sicherheit anzunehmen, daß sich höchstens noch Hunde und Katzen darüber freuten.
Zu unserem Mistkratzerle aber, das mit dem geschilderten Kräuterbukett großartig schmeckt, kann man alles servieren, was das Hähnchen selber gerne frißt. Grünfutter aller Art, was im Frühsommer eben verfügbar ist.
Auch das ausgewachsene Huhn hätte es verdient, wieder zu mehr Bedeutung zu gelangen. Man bedenke: Das Hühnerfleisch ist neben dem Hammelfleisch das bekömmlichste. Aber der Ruf ist ruiniert. Fast auf jeder Speisekarte stand während zweier Jahrzehnte Nachkriegsgeschichte der deutschen Gastronomie dieses nun verrufene Huhn auf Reis. Kein Hund ist damit mehr hinter dem Ofen hervorzulocken. Die wenigen Aufrechten, die dieses Gericht nicht mit puddingähnlichen Tunken, nicht mit nach Blech riechenden Spargelspitzen und nicht mit Weltreisepilzen aus den Riesendosen von Formosa zubereiten, haben wie ein angeschlagener Boxer längst das Handtuch geworfen.
Natürlich sollte man solches Geflügel nicht aufwärmen müssen. Zwei bis vier Personen müßten sich im Restaurant dazu aufraffen, ein ganzes Huhn zu essen, wodurch es zu einer echten Delikatesse werden kann. Dazu gibt es feines, frisches Gemüse – und keine Kartoffeln. Wir haben doch alle unsere Gewichtssorgen. Dennoch: Zum Huhn oder zum Hähnchen sind an und für sich Kartoffeln durchaus empfehlenswert.
Ich habe ja auch geschrieben, daß alles dazu paßt, was das Geflügel selber gerne frißt. Und dazu gehört auch die Kartoffel. Aber Pommes frites frißt es keine. Es frißt die Kartoffel auch nicht roh, sondern gekocht. Die Jungen bekommen gekochte Kartoffeln sogar mit Milch und Kleie zubereitet. Das gibt uns zu denken. Warum also für uns nicht einen guten Kartoffelbrei? »Herdepfelstock« oder »Herdepfelbrei« nennt man ihn im Alemannischen.
Natürlich soll, wer will, auch seine Pommes frites haben oder seine Kroketten. Diese Krankheit ist weit verbreitet.

Beide Arten von Kartoffelbeilagen sind fast immer ungesund. Eingebrannte Fette, dazu womöglich noch dicke Soßen, sind für Magen, Leber, Galle und die übrige Inneneinrichtung pures Gift. Allzu selten bekommt man die Pommes frites und die Kroketten so auf den Tisch, daß diese Einwände nicht gelten. Sind die Kartoffeln dunkelbraun, so bedeutet das, daß die Fritüre verbraucht, verbrannt war. Dabei waren Pommes frites einmal tatsächlich eine ganz große Sache, als sie noch mit der Hand, mit dem Küchenmesser geschnitten wurden. So wurden sie etwas ungleich. Sie sollen nicht gleichmäßig schön braun sein. Die Kanten dürfen leicht anbräunen, während der Rest hell sein darf. Die unterschiedliche Größe bringt dann auch noch eine unterschiedliche Konsistenz: knusprig bis leicht weich im Innern, das sind Pommes frites, wie ich sie liebe. Die Fritüre wird höchstens zweimal verwendet, dann ist sie verbraucht. Und deshalb sind die richtigen Pommes frites die teuerste Zubereitungsart für Kartoffeln, die es gibt.

Saison der Flußkrebse

Eine Saison der Flußkrebse hat es früher nicht gegeben. Man hat sie das ganze Jahr über gefangen und mit den Zutaten, die gerade verfügbar waren, verzehrt. Doch inzwischen mußte man sie auch in den gesegneten Gebieten, wo sie noch zu finden sind, schützen. Zu groß ist die Nachfrage geworden. Die in manchen Ländern gesetzlich geregelte Schonzeit der Flußkrebse bezieht sich auf die Monate mit einem R. Damit bleiben nur noch die vier Monate Mai bis einschließlich August. Aber es gibt dort, wo noch keine Industrieabwässer und Waschmittel die Flüsse verseuchen, genügend Krebse, so daß sie fast ganzjährig in gleicher Qualität zu bekommen sind. Das ist nun einmal wieder ein Vorteil der modernen Vermarktung von Überschüssen in anderen Räumen.

Kenner aus der Zeit vor dem Ersten Weltkrieg wissen zu berichten, daß in Berlin das Schock Krebse (60 Stück) zu Preisen zwischen ein und zwei Mark gehandelt wurde. Wie immer, wenn etwas reichlich zu haben ist, so war es auch mit diesem heute beim Feinschmecker so beliebten Flußkrebs:

Im Überfluß angeboten, war das Interesse nicht besonders groß. Erst als die Bäche und Flüsse in zunehmendem Maße verschmutzten und damit die Lebensbedingungen für den Flußkrebs schwieriger wurden, entwickelte er sich zur Delikatesse, wußte man ihn zu schätzen. Die sogenannte Krebspest, die vermutlich das Resultat der Verschmutzung der Flüsse war, reduzierte die Bestände zwischen den beiden Weltkriegen auf ein unbedeutendes Minimum. Lediglich in Osteuropa und in verschiedenen Ländern des Balkans hielten sie sich.
Daß die Krebse auch bei uns noch munter leben könnten, beweist folgende Geschichte: Ein Bekannter von mir hat im Rheintal zwei Baggerseen eingefriedet, um sie vor der Verschmutzung zu schützen. Beide Gewässer verband er durch einen ausgehobenen Bach. Nach wenigen Jahren stellte er in diesem Bach quicklebendige Flußkrebse fest. Eine freudige Überraschung: Wenn wir die Voraussetzungen schaffen, kommt das Leben wieder von selbst in unsere Gewässer. Kenner wissen, daß auch Fischlaich von Wildgeflügel, Wildgänsen, Wildenten und anderen Vögeln über Tausende von Kilometern an den Ständern und den Schwimmhäuten, sozusagen als blinder Passagier, befördert wird. Wenn die Bemühungen unserer Umweltschützer in einigen Jahren – vielleicht sind einige Jahre etwas zu optimistisch – Erfolg haben, dann könnten auch wieder Flußkrebse aus dem Schwarzwald oder aus den Bächen des Rheintals auf unseren Speisekarten zu finden sein.
Verhältnismäßig beachtliche Bestände dieser zwickenden Flußbewohner haben die Franzosen noch im Saône-Tal südlich von Chalon. Die Saône ist dort weder kanalisiert noch durch die Landschaft eingeengt. Sie breitet sich bei der geringsten Regenperiode über die angrenzenden Auen aus. Der Fluß düngt hier noch das reichlich vorhandene Land und sorgt so gleichzeitig für das Leben der Wasserviecher im und um den Fluß. Dort gibt es die Pate-rouge-Krebse, die in gekochtem Zustand richtig krebsrot sind. Sie werden alle am Ort verbraucht. Die Wirte in diesem Raum haben sie zur beliebten Spezialität gemacht.
Hier gibt es auch eine Parallele zu einem badischen Landstrich. Im Hanauer Land und weiter oben, gegen den Kaiserstuhl zu, hat man vor drei Jahrzehnten, genau wie im Saône-

Flußkrebse dekorativ auf Kräutern präsentiert

Tal heute noch, bedeutende Mengen von Fröschen gefangen. Die Wirtinnen dieser Gegend konnten die Froschschenkel auf vielerlei Arten zubereiten. Inzwischen sind die Auen trockengelegt. Der Arbeitsdienst Hitlers hat die letzten saueren Wiesen beseitigt, nachdem schon die Monarchen oder deren Regierungen jedes Bächlein kanalisiert hatten, um jeden Quadratmeter Boden für jene Früchte zu haben, die für ihre autarke Wirtschaftspolitik notwendig waren.
Im Saône-Tal aber bekommt man die besten Froschschenkel der Welt. Als ich zum erstenmal in Vonas bei der »Mutter Blanc« war, wurde mir eine ganz kleine Portion davon in phantastisch fein abgeschmeckter, schäumender Butter serviert. Vor mich hin brummend, war ich von der Miniportion enttäuscht. Aber schnell mußte ich im stillen Abbitte leisten. Ich hatte kaum das letzte Schenklein abgenagt, als der Kellner mit der zweiten, wiederum frisch zubereiteten Hälfte meiner Portion ankam. Das war ein herrliches Erlebnis. Die Mutter Blanc kocht nun nicht mehr; sie ist in Pension gegangen, aber ihr Sohn bekam ihre Rezepte, und so sind die Froschschenkel in Butter nach wie vor ganz hervorragend. Man unterstehe sich aber bitte nicht, nach Vonas zu fahren, um dort laut nach einer Portion Froschschenkel zu rufen. So ißt man dort nicht. Sie sollten Bestandteil eines Menüs sein, das sehr sorgsam um diese Spezialität herumgebaut wird. Die Keule oder auch das Bruststück eines Huhns aus der Bresse wird dann auch dazugehören, womit sich der Umweg erst recht lohnt.
Doch nun wieder zu meinen Krebsen. Wir haben uns inzwischen an die Solo-Krebse gewöhnt. Sie werden beim Kochen nicht krebsrot, sondern hellrot bis orangerot. Die besseren, die nicht so groß sind, kommen heute aus Galizien oder aus der Türkei, weil auch die Oder und die Bäche des heutigen Oberschlesien sie nicht mehr liefern. Die Zubereitungsarten sind so zahlreich wie bei allen anderen Wassertieren auch. In Ostpreußen beispielsweise kochte man sie früher mit viel Dill und Kümmel. Bei uns kannte man beides nicht. Man gab sie in einen Sud von Karotten, Zwiebeln, Petersilie und anderen Küchenkräutern. Krebse zu essen, sie selbst auszuschälen, ist eine herrliche Sache. So kann man die Krebse genießen: Man ißt nicht so schnell. Und damit gibt man auch der Küche genügend Zeit für das vorzubereitende

Hauptgericht. Hier kann es dann passieren, daß die Küche auf den Gast warten muß, bis er das letzte Krebsscherlein bearbeitet hat. Wer die Krebse lieber ausgenommen ißt, muß mehr Geld anlegen. Aber nicht etwa der Arbeit der Köche wegen. Für Gerichte, deren Hauptbestandteil frisch ausgebrochene Krebse sind, benötigt man sehr viele Scheren und Schwänze.

Ein Berliner Zeitungsmann, der heute in Freiburg wohnt und die Zeit des Krebsreichtums erlebt hat, teilte mir sein Wissen mit. Die Oder-Krebse kosteten im kaiserlichen Berlin noch weniger als ich, der nur vom Hörensagen von diesen Zeiten berichten kann, vermeldete: sieben Stück, gesotten, gab's in der Tüte für ganze zehn Pfennige. Was waren das für herrliche Zeiten! Man stelle sich vor: Zwei Tüten Krebse für zwanzig Pfennig, ein Berliner Puppchen, und dann ab zum Wannsee auf 'ne Banke! Keine aufwendigen Fingerschalen mit Zitrone. Im Wannsee spülte man die Finger. Ja, und dann, dann mußte man sich noch einfallen lassen, was mit dem restlichen Abend zu machen war. Ein Jammer, daß ich diese herrlichen Zeiten verpaßt habe.

Doch beim Bürgertum und beim Adel war es etwas anderes: fünfzehn bis zwanzig Krebse wurden für jeden Gast serviert, und sie sollen nicht kleiner als fünfzehn Zentimeter gewesen sein. Daß muß wohl an der Mentalität gelegen haben. Denn in jenen Gauen des alten Reiches hat man von jeher Superlative bevorzugt. Form und Feinheiten scheinen dagegen eine untergeordnete Rolle gespielt zu haben. Die Tatsache, daß man zu den gesottenen Krebsen Cognac aus dem Fäßchen trank, bestätigt mir, daß der Geschmacks-Snobismus nicht erst in unseren Tagen geboren wurde.

Herr Pindter, so heißt mein freundlicher Informant aus Preußen, berichtete aber auch über recht interessante Zubereitungsarten. Die eine entspricht der französischen Zubereitungsart »à la nage«. Der Umstand, daß nur ein Teelöffel Kümmelkörner dabei ist, zeugt vom gefühlvollen Gebrauch geschmacklich extremer Gewürze und ist somit erfreulich. Mit dem Moselwein, den man dort dazu bevorzugte, bin ich allerdings nicht einverstanden. Er »bringt« zuwenig. Lediglich seine Säure ist brauchbar. Ein durchgegorener Ruländer oder ein Weißburgunder ersetzen uns nicht nur den Mosel, sondern auch gleich den Chablis. Herr Pindter berichtete mir auch von einem Rezept, das den Wein durch Bier ersetzte, was ich mir geschmacklich nicht vorstellen kann. Es käme auf eine Probe an. Aber ein Krebssud, der mit Eigelb und sauerer Sahne gebunden wird, klingt sehr ostpreußisch oder gar russisch. Er schmeckt sicher gut, doch ist es ein typisches Rezept kühlerer Zonen. Ich habe seinen Geschmack auf der Zunge. Wenn man nur Krebse ißt, paßt dieser dann sehr kräftige Sud bestimmt. Er füllt die Lücken, die Krebse hinterlassen.

Austernzeit

Der erste Monat mit »R« bringt nicht nur den guten Meerrettich, er bringt auch die ersten Austern. Ganz stimmt das allerdings nicht. Am Atlantik draußen ißt man sie das ganze Jahr über, selbst im Sommer, wenn's warm ist. Ich konnte mich aber nie dafür begeistern. Bei uns schmecken sie erst, wenn wir die ersten wirklich kühlen Nächte haben. Bei uns sind sie Luxus, in Frankreich sind sie Volksnahrung. Warum eigentlich?
Es ist ein Teufelskreis, der hoffentlich einmal durchbrochen wird. Die Importeure kalkulieren das hohe Risiko des Verderbs, die Wirte ebenso. Aber auch die Transportkosten werden immer teurer. Diese Einflüsse steigern das Risiko noch mehr. Der Preis wird unappetitlich. Das ist der Teufelskreis, den ich meine. Für stolze vier Mark und manchmal noch mehr stehen sie einsam und verlassen als Einzelexemplare auf den Speisekarten, so, als ob sie der große Patron oder der hochwohlgeborene Oberkellner höchstpersönlich Stück um Stück am Expreßschalter oder am nächstgelegenen Flughafen abholen müßte. Als gastronomischer Grünschnabel glaubte ich vor vielen Jahren, daß in dieser Sorte Austern mit Sicherheit eine Perle drin sein müßte. Walter Bickel schreibt in seinem Buch »Der Menschheit größte Leidenschaft«: »Sobald die Monatsnamen ein R haben, ist den Ostreophagen wieder das Paradies erschlossen, und sie können sich nach Herzenslust an Austern delektieren.« Einverstanden – aber nicht mit Einzelexemplaren. Man muß schon dort hingehen, wo man sie im Dutzend oder wenigstens im halben Dutzend verkauft. Glücklicherweise gibt es das auch

bei uns. Die angenehme Nebenwirkung besteht darin, daß sie dann auch meistens nicht nur billiger, sondern auch frischer sind. Was würden wohl die historischen Austernliebhaber sagen, wenn sie von solchen Zuständen erführen: Austern stückweise?
Heinrich IV. von Frankreich zum Beispiel: Zu seiner Zeit waren acht Dutzend Austern als Vorspeise keine Seltenheit. Oder Brillat-Savarin, der in einem seiner Bücher die Geschichte des Gerichtsdirektors Laporte erzählt: Der behauptete, daß er niemals bei einem gastronomischen Essen genügend Austern bekommen habe, weil für das Austernessen zu Beginn des Diners immer zuwenig Zeit eingeplant sei. Brillat-Savarin lud ihn deshalb zum Essen ein, wobei es Laporte gelang, auf zweiunddreißig Dutzend zu kommen, was durch die Ungeschicklichketi der Austernöffnerin eine volle Stunde dauerte. Brillat-Savarin beendete dann das Austernvertilgen mit den Worten: »Mein Freund, das Schicksal will es auch heute nicht, daß Sie genügend Austern essen können. Lassen Sie uns jetzt speisen.« Da Laportes Magen offenbar den tollsten Verrenkungen standhielt, verzehrte er auch die folgenden Gänge mit gutem Appetit.
Über die Zubereitungsarten diskutiert man schon seit Jahrhunderten. Die Fachleute und Austernenthusiasten sind sich darüber einig: Es gibt keine Zubereitungsart für Austern. Es gibt nur eine frische Auster. Und die ganz großen Kenner essen sie ohne jede Zutat. Alle Gewürze, auch Zitronensaft, Essig und Öl, würden den besonderen Eigengeschmack beeinträchtigen, sagen sie. Ganz von der Hand zu weisen ist diese Ansicht nicht. Trotzdem bin ich für ein gefühlvolles Abrunden. Ein Tropfen Zitronensaft schadet bestimmt nicht. Er hat außerdem eine besondere Nebenwirkung: Wer gute Augen hat, kann beim Einträufeln feststellen, ob die Auster frisch ist. Ein geübter Austernesser sieht das natürlich auch ohne Zitronensaft in Sekundenschnelle. Der Laie aber kann feststellen, ob sie auf den Saft reagiert: sie muß es. Oft zwar nur ganz unmerklich zieht sie sich am Rande, der bei jeder Art von Austern das Aussehen eines kleinen schwarzen Saumes hat, zusammen. Ein Hauch von Pfeffer aus der Mühle, einige Tropfen einer ganz fein gehaltenen Vinaigrette – alles andere hat nichts mehr mit Austern zu tun. Ob geräuchert oder gekocht, paniert oder mariniert – alles das sind nur

kleine Tricks, Austern vor dem Abfallkübel zu retten oder doch noch ans Geld zu bringen.
Daß man aber nie »niemals« sagen soll, habe ich zum tausendsten Male bei einem Besuch bei Roger Verché in seiner Moulin de Mougin erfahren. Er überzeugte mich von seinem Austernrezept, welches unter seinen Händen zum Erlebnis für Feinschmecker wurde. Eines bleibt erinnerungswürdig: es ist absolut Vertrauenssache, auf irgendeine Weise präparierte Austern zu essen, Austern, bei denen man den Grad ihrer Frische optisch nicht erkennen kann.
Hier noch das Rezept der Austern à la Roger Verché:
Austern öffnen und von Schale lösen; das Austernfleisch mit zwei Eßlöffeln trockenem Weißwein in Kasserolle geben. Nun Austernschalen säubern und mit gedämpften Lauchjulienne ausgarnieren. Die kurzpochierten Austern auf Lauchjulienne legen, mit Sabaion nappieren und unter dem Salamander gratinieren. *Sabaion* für sechs Austern wird so zubereitet: ein Eigelb mit 4 EL Sahne werden im Wasserbad fest und schaumig geschlagen, mit Salz, Pfeffer, einem Tropfen Jerez-Essig und etwas Wermut abgeschmeckt. Roger Verché legt dabei Wert darauf, die Austern im Wein nur anziehen zu lassen (sie dürfen keineswegs kochen!)
Eine lehrreiche Geschichte für Feinschmecker möchte ich in diesem Zusammenhang meinen Lesern nicht vorenthalten.
Ich war in einem Mannesalter, in dem man sich von einer etwas altersschwachen Auster nicht umschmeißen läßt. Trotzdem passierte mir dieses Mißgeschick. Und nur, weil mir die Hilfe eines treuen Freundes fehlte.
Da waren wir im Elsaß, freuten uns des Lebens und guter Austern. Schnabulierten bereits am dritten Dutzend, als ich plötzlich kalten Schweiß auf meiner Stirn fand. Natürlich wollte ich mir die aufkommende Schwäche nicht anmerken lassen. Ich vertrat mir die Füße, setzte mich in den Wagen, aber eine aufkommende starke Kreislaufschwäche war nicht mehr zu verhindern.
Was war geschehen? Der herbeigerufene Arzt hat die Sache sogleich erkannt. Ich hatte eine biologisch nicht mehr ganz koschere Belon erwischt, obwohl die Austern taufrisch waren. Ich hatte auch meinen Zitronentest angewandt. Aber es half nichts, eine böse war dabei, und die soll's unter hunderttausend eben immer wieder einmal geben. Ich spürte das

Mißgeschick nach kürzester Zeit, aber die Schnäpse, Cognacs, Mirabell und was alles aufgeboten wurde, war viel zu schwach. Mir fehlte der gute alte Hefeschnaps mit seinen 50 Vol. % Alkohol und entsprechend desinfizierender Wirkung. Hätte ich ihn sofort zur Hand gehabt, so hätte ich niemals über Jahre hinweg auf meine geliebten Austern verzichten müssen. So aber entwickelte sich eine nicht mehr zu bremsende Allergie, welche zwei Jahre anhalten würde. Der erfahrene französische Arzt vergatterte mich dann auch, diese zwei Jahre strikt einzuhalten.
Aber was tat ich, als Austern-Fan? In der Mitte der nächsten Saison, nach etwa knapp eineinhalb Jahren, probierte ich wieder, Austern zu essen. Nach der dritten spürte ich dieselben Symptome, nur weniger akut. Aber da hatte ich dann den Hefeschnaps zur Hand und es passierte nichts. Dann aber wartete ich volle zwei Jahre. Und seither kann ich wieder mit Lust und Genuß Austern essen. Seither bin ich aber auch gegen solcherart Unbill gewappnet. Ein großer Flachmann Hefe liegt als eiserne Ration immer griffbereit in der Auto-Apotheke.
Die Auster wurde schon in der Antike von den Griechen und den Römern geschätzt. Cäsars Kriegsziel in Britannien waren die Austernbänke von Camulodunum, dem heutigen Colchester. Athenanaios behauptete, daß auch die Griechen Austern zu schätzen wußten. Horaz fand sie würdig, auf der Tafel einer Circe zu erscheinen. Juvenal nannte in seinen Satiren einen Epikuräer, der schon am Geruch feststellen konnte, wo die Auster herkam. Nun, das ist für einen Austernliebhaber auch heute kein Problem. Die einzelnen Arten unterscheiden sich im Geschmack ganz einfach nach der Art des Wassers.
Die einzigen Austern an der französischen Mittelmeerküste werden in seichtem Wasser bei Sète und Beziers gezüchtet. Entsprechend sind sie im Geschmack: sie riechen stark nach brackigem Wasser, weshalb sie auch die billigsten sind. In Paris bei den Écailliers findet man sie kaum. Geschmacklich dagegen fein, eindeutig fein, sind die Claires, die Fine de Claires oder Portugaises. Ihre Bänke stehen im Wasser des Atlantik, das stets in Bewegung ist. Sie riechen geradezu nach dem stürmischen Atlantik. Die Belon-Auster aber aus Riec-sur-Belon ist der Mittelpunkt der Zuchten. Sie kommt

aus einem Flußdelta, das abwechselnd Meerwasser und Süßwasser führt. Die französischen Belon-Freunde wurden vor etwa zwei Jahren geschockt: Das Flüßlein war während der letzten Jahrzehnte immer schmutziger geworden. Zum Schluß hatte die Belon-Auster die Widerstandskraft verloren. Sie wurde von einer Krankheit befallen, die biologischen Ursprungs war. Inzwischen soll alles wieder in Ordnung sein. Das Wasser sei wieder reiner; die Belon, durch Rückkreuzungen mit schnell zur Hilfe geholten japanischen Zuchten regeneriert, soll wieder gut sein. Ein nationales Unglück wäre es gewesen, wäre man dieser Unbill nicht Herr geworden. Ausgerechnet die Belon: Die Feinste unter den Feinen nennen sie die Enthusiasten.
Cournonsky, der letzte große Gastronom Frankreichs, war einer dieser Enthusiasten. Seine Liebe zur Belon-Auster ging so weit, daß er seiner Lebensgefährtin in Riec-sur-Belon ein Restaurant einrichten ließ. »Chez Mélanie«, so heißt dieses schnell bekannt gewordene Restaurant, das alle Arten von Meeresfrüchten, die im Finistère gezüchtet und geländet werden, nach den Rezepten der Bretagne serviert. »Chez Mélanie« ist wohl das einzige Restaurant Frankreichs mit eigenen Austernbänken. Interessant ist, daß man dort die Austern nicht auf Eis, sondern aus einem kühlen Keller oder aus einem Kühlschrank mit zwei bis drei Grad Celsius serviert. Damit, so meint man, kämen sie etwa mit der Temperatur auf den Tisch, bei der sie im Wasser lebten. Die zweite Art der flachen Austern sind die Rouges von der Roten Küste. Sie sind im Aussehen und im Geschmack den Belons am ähnlichsten.
Interessant ist, daß die Werbung für den Absatz von Austern und Meeresfrüchten immer mit dem dazu gehörenden Getränk, dem Wein, verbunden ist: die Weißweine der Loire, die Weißen aus Burgund, natürlich die Chablis und – nicht zu vergessen – die Elsässer Weine, von denen man besonders den Riesling empfiehlt. Ich bin damit einverstanden; aber es dürfen nicht die großen, reifen Rieslinge sein, die man zu Austern trinkt, sondern die kleineren und mittleren Gewächse mit frischer Säure, die »grünen« Weine. Genauso bin ich mit den teilweise bukettreichen Muscadets zu den Meeresfrüchten nicht glücklich. Sie haben zuviel Eigenleben. Der Pinot blanc dagegen, der Pinot-Chardonay, auch

unsere Weißburgunder und die Ruländer passen hervorragend zu den Austern und den vielen anderen Meeresfrüchten. Überall in Frankreich, wo Wein gebaut wird, der zu Austern paßt, werden sie besonders gern gegessen. Und deshalb schreibe ich in diesem Buch auch über die Austern. Wir haben in Baden solche Weine in Hülle und Fülle, vorausgesetzt, wir belassen sie so, wie der Herrgott sie wachsen läßt, und lenken sie nur soweit, daß sie ihre Frische und Rasse erhalten. Beides, unsere rassigen, frischen Weine und die Austern, passen recht gut in dieses Kapitel der Festtagsessen und der Feinschmeckerei des alemannischen Raumes.

Festliche Tafeln mit heimischem Wildgeflügel

Fiebernd erwarten die Feinschmecker auf beiden Seiten des Oberrheins den Beginn der Jagd auf Rebhuhn und Fasan. Dabei haben die Elsässer immer die Nase etwas weiter vorn im jagdlichen Wind. Sie schießen vom ersten September an die ersten Rebhühner, während die badischen Jäger erst Mitte September ihre Flinten spannen. Unser Vorteil aber ist, daß die badischen Jünger Dianas nicht ganz so teure Patronen verschießen wie ihre elsässischen Freunde: Die Rebhühner sind bei uns billiger. Besonders dann, wenn uns die Bayern damit aushelfen: Deren Tiere sind genauso gut wie die badischen, wenn sie frisch in die Pfanne kommen. Der Preis für diese delikaten Vögel ist im Elsaß schon fast ins Unerschwingliche gestiegen. Sicher liegt es an der starken Nachfrage. Die Rebhuhnjagd ist stürmisch dort. Nicht selten wird das Halali mangels weiterer jagdbarer Exemplare schon gar nicht mehr geblasen. Dabei kommen selbst die Köche in Schwierigkeiten, die dieses Wort normalerweise nicht in ihrem Vokabular führen.
Vor einigen Jahren tagte Giscard d'Estaings Regierung erstmals außerhalb von Paris: in Lyon. Es war eine Reverenz an die Lyonaiser Gastronomie. Unter uns gesagt, an Paul Bocuse. Die hohen Herren hatten sich Rebhühner gewünscht. Und Haeberlin sollte sie für Freund Paul im Elsaß besorgen. Die Saison war zwar noch nicht vorbei, doch weit und breit gab's keine Rebhühner mehr. Außer sich vor Aufregung, bat Haeberlin mich um Hilfe. Und in Baden gab's noch die begehr-

ten schnellen Vögel. Man hat ihnen die gelb-rot-gelbe badische Flagge mitgegeben. Ob sie aber auf der Tafel erschien, möchte ich bezweifeln.

Bevor aber Rebhuhn und Fasan auf die festliche Tafel kommen, greift man heute in zunehmenden Maße nach der Wildente. Sie wird schon im August geschossen. Nahezu unbekannt, vor allem aber nicht beliebt, war ihr Wildbret, nachdem alle Bächlein kanalisiert worden waren. Das änderte sich erst mit den Baggerseen, die beim Bau der Rheintalautobahn entstanden sind. In ihnen vermehrten sich binnen weniger Jahre die Enten so stark, daß sie heute schon in großen Stückzahlen abgeschossen werden können. Und diese heimische Wildente, die ganzjährig hierbleibt, hat gegenüber den aus dem Norden durchziehenden Tieren einen entscheidenden Vorteil: Sie schmeckt niemals tranig, weil sie sich nicht oder kaum mit Fischen und anderen Wasserviechern ernähren kann. Wenn man außerdem den Mut hat, ihr Wildbret nicht durchzubraten, es gut rosa, ja blutig zu belassen, so hat man die Möglichkeit, Wildbretfeinde zu Wildbretfreunden zu machen. Leute, die niemals vorher Fleisch in halbgarem Zustand aßen, werden plötzlich Liebhaber saftigen, blutigen Wildbrets.

Kann ich über die Wildente also Positives berichten, so muß ich im gleichen Atemzug mit Bedauern an die früheren Wildschweinjagden im Oberrheintal und auf den Höhen des Kaiserstuhls denken. Schon der erste Spurschnee am Kaiserstuhl ließ die aus den Vogesen in den Schwarzwald ziehenden Schwarzkittel erkennen. Die Wildschweinjagd hatte begonnen. Ihr Wildbret erschien auf den heimischen Tafeln. Ein echtes Festessen war der Wildschweinpfeffer von den jüngeren Tieren, ihre saftigen Keulen und Rücken waren delikat. Frisch wurden die sogenannten Überläufer in der Gewichtsklasse bis etwa dreißig Kilo zubereitet. Aus der Weinbeize kam das Fleisch der älteren Tiere auf den Tisch. Man hat im Badischen immer unterschieden: Man wußte, wo die Kategorie Überläufer nicht mehr stimmte.

Natürlich wird an Weihnachten besonders reich gedeckt. Außer Rebhuhn und Wildente ist alles Wild vorhanden, um die Tafel zu beladen. Doch trotz des großen Wildreichtums wird es im privaten Haushalt nie die ganz große Bedeutung

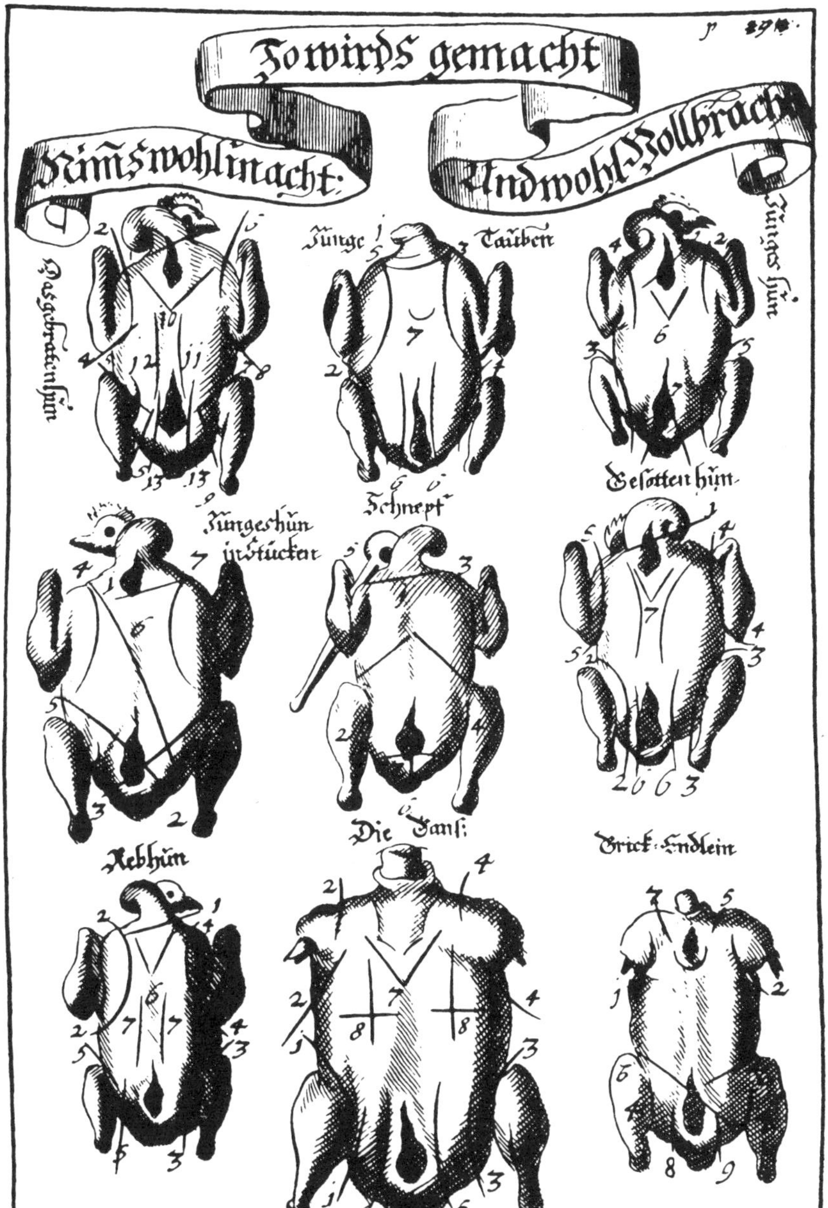

Darstellung der verschiedenen Schnitte beim Tranchieren von Geflügel

erlangen. Wildgerichte ißt man bei seinem Wirt, im Restaurant oder eben im nächsten Feinschmeckertempel.
Neben dem Geflügel erfreut sich das Rauchfleisch, besonders das Schwarzwälder Schäufele, immer größerer Beliebtheit. Es wurde zu einer bevorzugten Alternative – oder zumindest die Vorspeise besteht aus einem Schäufele, aus Schälripple oder einem anderen kleinen Stück des Schweins, wozu man dann den diskutierten Kartoffelsalat zusammen mit einem Weißherbst serviert. Bei Weißherbst denke man an den Rauchgeschmack des Schäufele. Auch Bier gibt es da und dort zumindest zur Wahl. Das ist kein Stilbruch. Als Hauptgericht wird dann ein Truthahn, den man früher in Baden kaum kannte, oder eine Gans gebraten: jawohl, zweimal Fleisch nacheinander. Fisch hat hier im familiären Bereich seine frühere Bedeutung verloren. Der Grund ist der Mangel an heimischen Flußfischen.
Die ländlich festliche Weihnachtstafel war in früherer Zeit aber ganz selten ohne einen Hasenpfeffer denkbar. Wohlgemerkt: einen vom Wildhasen. Natürlich waren die Jagden vor den beiden Kriegen noch reicher, und ein Wildhase war recht preiswert zu erstehen. Mancher Hasenpfeffer aber kam nicht von den Treibjagden. Es galt in vielen Teilen des oberrheinischen Gebietes als übliches Kavaliersdelikt, sich den Hasenbraten selbst aus Gottes Fluren zu holen. Namentlich im Elsaß macht sich die ländliche Bevölkerung einen Sport daraus, eine Reihe von solcherart erlegten Hasen vor Weihnachten im Keller hängen zu haben. Böse Jägerzungen behaupteten, daß in einer Weinbaugemeinde am Kaiserstuhl sogar der Pfarrer von dieser Leidenschaft angesteckt war. Freilich holte man sich dieses Wildbret nicht mit der Schrotflinte. Man hatte ein probates System, das lautlos war. Doch darüber will ich mich ausschweigen, denn es ist inzwischen weitgehend in Vergessenheit geraten.
Über ein Hasenpfeffer-Rezept aber möchte ich schreiben. Es bildete oft ein weihnachtliches Hauptgericht, nachdem man als Vorspeise Schäufele oder andere Stücke der Hausschlachtung, gesalzen oder auch geräuchert, verzehrt hatte. Zum Hasenpfeffer gab's die selbstgemachten Nudeln oder Knepfli.
Der Hasenpfeffer wurde in Rotwein eingelegt, nachdem er so zerlegt worden war, wie ich es für den Stallhasen be-

schrieben habe. Hier nahm man dann etwas mehr Wacholderbeeren, ja sogar Thymianzweige wurden verschiedentlich eingelegt, um die Beize besonders deftig zu machen. Die Beize hielt sich in einem kühlen Keller gut zwei Wochen, wodurch man über die ganzen Feiertage hinweg die Möglichkeit hatte, den Hasenpfeffer frisch zu servieren. Das Blut des Hasen ist für einen guten Hasenpfeffer sehr wichtig. Es wird deshalb nach Möglichkeit aufbewahrt. Es kann aber auch durch Blut aus der Hausschlachtung, also mit Schweineblut, ersetzt oder ergänzt werden. Man gibt es deshalb nicht in die Marinade.
Zum Braten muß der Hasenpfeffer sehr gut getrocknet werden. Bei sehr starkem Anbraten wird er gepfeffert und gesalzen; anschließend gemehlt und im heißen Ofen gehalten. Dadurch wird das Mehl gebräunt. Es verliert außerdem seinen Geschmack. Die Marinade wird inzwischen erhitzt, wenn nötig mit Rotwein aufgefrischt und langsam auf die Hälfte eingekocht. Dann wird dem Wildblut – in der Jägersprache Wildschweiß – Reisstärke oder auch etwas Mondamin zum Binden zugegeben. Alles wird noch einmal aufgekocht und dann mit Salz und Pfeffer und ganz wenig Preiselbeergelee abgeschmeckt.
Wo kein Wildbret verfügbar war – auch kein »selbstbesorgtes« – bestand das weihnachtliche Festtagsmenü genau aus jenen Speisen, die der eigene Hof produziert hatte. Was dazugekauft wurde, waren das Ochsenfleisch, die Rinderbrust, die dicke Rippe oder das Stück Leiter. Süßsauerer Kürbis, Gurken, Zwetschgen aus eigenem Anbau und natürlich Meerrettich waren die Vorspeise. Ein Schinken mit Sauerkraut und Kartoffelpüree bildete das Hauptgericht. Die Reste des Schinkens waren dann ein begehrtes Vesper: besonders jene Stücke, die sich nur mit einem scharfen Messer zu unansehnlichen kleinen Stücken schneiden ließen. Die harte Schwarte alter Schinken störte nicht. Im Gegenteil, sie war die besondere Delikatesse.
Lückenbüßer bei festlichen Tafeln zu jeder Jahreszeit ist der Rücken des Rindes. Was von ihm kommt, kann immer eingebaut werden: ob Steaks oder großer Braten, ob künstlerisch zubereitete Filets oder umfangreiche Rippenstücke. Die Auswahl ist beachtlich. Aber nicht alles ist gut, was da eingeführt wurde. Die Technik schießt oft über das Ziel hinaus.

Mikrowellenherde und Flambierwagen lösen das Grausen der Lukullusjünger aus. Da bleibt uns nur, die guten alten Sitten und Zubereitungsarten zu verteidigen.

Das Pfeffersteak

So wird nicht selten ein Gericht vollkommen verändert, die Bezeichnung aber beibehalten. Hier beginnt dann die Diskussion der Kenner. Wir haben eine Institution, die solche Diskussionen beendet, indem Grundsätze und Prinzipien gegeben werden: Es ist die Deutsche Gastronomische Akademie, die beispielsweise den Streit über das Pfeffersteak schlichtete und klare Auskünfte geben konnte.
So führte sie aus, daß das Pfeffersteak erst nach 1945 aus Frankreich zu uns gekommen ist. Man benötigt dazu ein Filet von 180 bis 200 Gramm.
Den Bratensatz kann man mit Weinbrand oder mit Rotwein ablöschen. Dann gibt man etwas Bratensoße dazu, kocht sie ein und »montiert« sie mit Butterflocken auf. Weinbrand ist passender, wird aber nicht flambiert. Bieten Restaurateure auf ihrer Speisekarte »Pfeffersteak flambiert« an, so sollte das Steak bereits in der Küche kurz angebraten werden, ehe es am Tisch vor dem Gast endgültig zubereitet wird.
Bei dieser Gelegenheit empfehle ich, sich auf die eigentliche Absicht des Flambierens zu besinnen. Das Flambieren ist nicht gedacht, um vor den Augen des Gastes eine Schau abzuziehen, sondern um der jeweiligen Speise geschmacklich den letzten Schliff zu geben. Da haben wir's. – Auch die Akademie ist angesichts der weitverbreiteten Unsitte des Flambierens am Tisch zwangsläufig damit einverstanden. Ein Kompromiß also. Ein Kompromiß, für den ich zwar Verständnis habe, den ich aber nicht akzeptieren kann. Denn es werden beim Flambieren immer mehr mögliche und unmögliche Zutaten verwendet, woraus meistens ein Sammelsurium von Düften entsteht, das auf der Zunge nicht mehr zu entwirren ist. Das Ganze nennt man dann mit von Stolz geschwellter Brust Kochkunst.
Den »Weltrekord« mußte ich von einem sicheren Tisch aus erleben, als ein besonderer »Artist« seine Künste vorführte, indem er eine Soße für Steaks folgendermaßen zubereitete:

Bratensaft wurde mit Gänseleberparfait gebunden; dann wurde mit einem sehr mittelmäßigen Cognac eine Lohe entfacht. Was von der bedauernswerten Gänseleber übrigblieb, wurde mit Rahm »aufmontiert«. Den Höhepunkt bildete dann die Zugabe von einigen Löffeln scharfem Senf. Diese Szene, dieses Rezept sollte man einem Regisseur verkaufen, der Horrorfilme produziert. Für mich aber und auch für ungezählte Feinschmecker ist interessant, daß zum erstenmal eine deutsche Institution, eine berufene Institution, so nebenbei das allübliche Flambieren als Schau bezeichnet hat.

Damit entsteht natürlich der Eindruck, ich sei grundsätzlich gegen jede Art von Flambieren. Im Gegenteil. Gute Steaks müssen – oder besser gesagt – können in der Pfanne kurz flambiert werden: mit einem guten Cognac oder auch mit einem Armagnac. Aber die Betonung liegt auf kurz. Der Alkohol darf nicht ganz verbrennen. Ein Teil bleibt zur geschmacklichen Verfeinerung erhalten. Dieser kurze Moment, das kurze Aufflammen in der Pfanne, reicht jedoch nicht für die Schau. Deshalb sollte dieser Vorgang in der Küche geschehen, dort können auch die verschiedenartigen Soßen viel besser entstehen. Und noch etwas sollte erwähnt werden: Ein schönes, dickes Filetsteak ist eine gute Sache. Nicht wenige Kenner aber ziehen ein kerniges, saftiges Rumpsteak vor; und zwar ganz gleich, auf welche Art es serviert wird.

Neue Varianten der Zubereitung können auch beim Pfeffersteak von Vorteil sein. So kannte man bei uns bis vor wenigen Jahren das Pfeffersteak nur mit getrocknetem Pfeffer. Getrockneten Pfeffer hatte man deshalb,weil das Trocknen die einzige Art der Haltbarmachung dieses Gewürzes war. Inzwischen bekommen wir frischen grünen Pfeffer von Madagaskar und anderen Anbaugebieten in Dosen oder gefrostet. Hier ist das Frosten von Vorteil. Dieser Pfeffer hat ein feines Aroma. Seine beachtliche Schärfe wirkt nicht nachhaltig. Man nimmt ihn wahr und vergißt ihn ganz schnell. So kann man sogar einen großen Rotwein zum Pfeffersteak trinken.

Ein klassisches Pfeffersteak mit dem getrockneten Pfeffer wird aber auch später noch als Variante immer wieder schmecken, vorausgesetzt, daß gefühlvoll gewürzt wird. Und Gefühl kann man auch trainieren. Wer es aber nicht hat und auch nicht üben will, der sollte dort kochen, wo der Pfeffer wächst.

Desserts

Das Flambieren von Desserts ist eine andere Sache. Wenn die Möglichkeiten zu Desserts aus frischem Obst seltener werden und die Zutaten dann nur noch exotischer Herkunft sein können, dürfen auch die gute Gastronomie und die Hausfrau zu besonderen Hilfsmitteln greifen. Ich meine die heimischen oder auch fremden Früchte, die man im Laufe des Sommers eingeweckt hat. Eingeweckt deshalb, weil das Glas hier in jedem Falle der Dose vorzuziehen ist. Nicht selten sind sommerliche Früchte aus dem Glas besser als die in frischem Zustand. So zum Beispiel eines meiner Lieblingsdesserts. Die wilden Kirschen, die »Weichseln« oder im alemannischen Dialekt »Wichslä« genannt. In frischem Zustand nur sauer und vielleicht sogar etwas bitter, entwickeln sie im Glas, wenn sie mit zwei Löffel Zucker eingeweckt werden, ein köstliches Aroma. Mit einem guten Kirschwasser flambiert und mit Vanille-Eis serviert, ist dies ein ausgezeichnetes lukullisches Dessert; und zwar in mehrfacher, eben auch in historischer Hinsicht, weil Lukull die Kirschen aus dem Orient nach Rom und damit nach Europa gebracht hat. Sie war zeitlebens seine Lieblingsfrucht. Ob sein Leibkoch sie flambiert hat, ist allerdings nicht überliefert.
Wir flambieren zumindest diese wilden Kirschen folgendermaßen: In der Flambierpfanne lassen wir pro Person etwa zehn Gramm Butter zergehen, dann geben wir etwa zehn Gramm Zucker pro Person dazu und lassen beides verbinden, bis der Zucker vollkommen zerflossen ist und leicht goldgelb wird. Er darf dabei nicht karamelisieren. Dann geben wir etwas Kirschensaft aus dem Weckglas hinzu und verrühren alles, erst danach wird die erforderliche Menge Kirschen, zwei bis drei Suppenlöffel pro Person, hinzugefügt, um sie nicht allzusehr zu erhitzen. Wenn sie gut warm sind, geben wir nach Gesamtmenge einen guten Schuß zimmerwarmes Kirschwaser hinzu und brennen es 20 bis 30 Sekunden ab. Dann servieren wir die Masse mit dem entstandenen Fond neben Vanille-Eis in einer Schale oder in einem

Desserttteller. So wird die sonst kaum genießbare Wildkirsche zu einem feinen Dessert.
Das klassisch flambierte Dessert ist die alte und sehr beliebte französische Spezialität Crêpe Suzette. Aber selbst dieses Dessert wird in den besten Restaurants in der Küche, das heißt in diesem Fall in der Pâtisserie, zubereitet und dann leicht brennend, nicht als Lohe, serviert. Die Crêpe Normande, die ebenfalls aus einem Pfannkuchenteig mit Apfelschnitzen oder mit Apfelscheiben besteht, wird mit Calvados abgelöscht und abgedeckt, bevor der letzte Alkohol verbrannt ist. Ich esse sie alle gern, diese flambierten Pfannkuchenvariationen. Sie sind nur nicht mehr ganz zeitgemäß.
Die rücksichtsvollste Zusammenstellung eines Feinschmeckermenüs nützt nichts, wenn wir anschließend mit einem kalorienreichen Dessert alles wieder zunichte machen.
Fruchtdesserts mit möglichst wenig Zucker bekommen deshalb immer mehr Bedeutung. Fruchteis ohne Fettzugabe, aber mit Zucker bereitet, wird immer beliebter: man nennt es Sorbet. Es ist übrigens keine europäische Erfindung. Es kommt aus Nordafrika und wurde von den Franzosen verfeinert.
Sorbets, das heißt die Sorbetauswahl, die wir heute von fast allen Früchten machen, waren vor wenigen Jahren noch unbekannt. Das Sorbet stammt aus Nordafrika und wurde ursprünglich aus Zitrusfrüchten hergestellt; und zwar, wie bei Mohammedanern üblich, natürlich ohne Alkohol. Und diese Zitrusfrüchte-Sorbets reichte man spontan, weil man ihren Vorteil erkannte, in Frankreich als Abschluß der Serie von Vorspeisen und Zwischengerichten, also vor dem oder den Hauptgerichten. Inzwischen gibt es zahlreiche Varianten. Das Champagner-Sorbet ist der älteste und bekannteste Gaumenkitzel. Diese Kombination hat sich geradezu aufgedrängt. Ein guter Champagner hilft verdauen und ein Sorbet von Zitrusfrüchten auch. Beide haben bekömmliche, die Verdauung fördernde Fruchtsäuren. Besondere Spezialitäten der Feinschmeckerwelt sind: Calvados-Sorbet, Marc de Gewürztraminer-Sorbet usw. Doch immer sind es Zitronen- oder Orangen-Sorbets, leicht mit Zucker gesüßt und mit dem jeweiligen Alkohol. Etwas anders werden die Fruchteisarten aus den verschiedenen Saisonfrüchten zubereitet. Hier wird zum Fruchtmark oder Pulp Zucker und nur sehr wenig Alko-

hol beigegeben. Nur soviel, damit die Masse in der Eismaschine nicht zu steif friert. Die positive Nebenwirkung durch den Alkohol kommt dadurch, daß man immer den passenden Alkohol, zum Beispiel Kirsch oder Sauerkirsch zum Kirscheis oder zum Sauerkirschen-Sorbet, Himbeergeist zum Himbeer-Fruchteis usw. hinzugibt.

Ich habe bereits vom Obstgarten Baden geschrieben. Ich möchte deshalb einige Anregungen geben, wie man die Früchte unserer Heimat für herrliche Winterdesserts servieren kann. Dabei dürfen wir nicht dem falschen Stolz erliegen, fremde Rezepte auszuschlagen. Auch aus dem Norden und Osten Deutschlands kommen ausgezeichnete Rezepte, die sich bei uns leicht realisieren lassen. Wir können aus dem vollen schöpfen, wenn wir beispielsweise Rumtopf nach ostpreußischer Art bereiten. Der Hauskühlschrank sollte noch Platz für einen Steintopf haben. Dieser Platz ist vorteilhafter als der Keller, in dem der Rumtopf in Gärung gerät. Von den ersten bis zu den letzten Gartenfrüchten des Herbstes passen alle in den Topf. Nur die ordinären Früchte müssen wohldosiert werden. Stachelbeeren, Zwetschgen oder Äpfel dürfen nur andeutungsweise verwendet werden. Von den Erdbeeren, Himbeeren, Kirschen, Mirabellen, Trauben, Walderdbeeren und vielen anderen Früchten sollte man soviel hineingeben, daß ein etwa ausgewogenes Verhältnis entsteht. Die Früchte müssen gut gewaschen sein, bevor sie eingelegt werden. Steinobst soll nicht entsteint werden, damit es fest bleibt. Nur leicht mit Zucker abgerundet – manche lieben ihn vollkommen ohne Zucker –, schmeckt der Rumtopf als winterliches Obstdessert oder mit einem guten Vanilleeis ausgezeichnet. Zwetschgen in Armagnac einzulegen ist zwar auch nicht badisch, aber eine einfache Sache. Man nimmt dazu reinen Armagnac.

Natürlich braucht man sich nicht unbedingt Armagnac zum Einlegen von Zwetschgen besorgen. Dieselben Früchte in reinem Zwetschgenwasser eingelegt und leicht gezuckert schmecken nach Wochen oder besser nach Monaten im Winter mit Vanille-Eis hervorragend. Dasselbe gilt auch für den sogenannten Rumtopf, den man statt des Rums auch mit Kirschwasser ansetzen kann. Doch ein gutes Kirschwasser muß es sein. Am besten ein bäuerliches, weil die handelsüblichen nur noch um die vierzig Prozent, manchmal noch

weniger Alkohol haben. Solcherart Kirschwasser lehnen wir natürlich ab. Und die Früchte im Topf lehnen sie auch ab, weil der Alkohol nach dem Ziehen der fruchteigenen Säfte nicht ausreicht, um eine Gärung zu verhindern. Hat man keine hochprozentigen Schnäpse, so hilft nur das Aufbewahren der Fruchttöpfe in einem Kühlschrank, der auf ungefähr plus zwei bis vier Grad Celsius eingestellt ist. Beim Zubereiten, das heißt vor dem Servieren dieser Fruchttöpfe, muß in jedem Fall nachgezuckert werden. Keine der eingelegten Früchte, vor allem jene, die auch etwas bekömmliche Säure in das geschmackliche Sammelsurium bringen, haben genügend eigenen Fruchtzucker. Deshalb sollte man einige Stunden vor dem Servieren den notwendigen Zucker (nach Geschmack) beigeben und nach kurzer Zeit immer wieder umrühren.
Süßsauer eingelegte Zwetschgen schmecken auch als Beilage zum Ochsenfleisch. Doch man sieht sie recht selten auf den entsprechenden Platten. Dabei ist diese Frucht auf Grund der von Jahr zu Jahr unterschiedlichen Ernten – manchmal in nicht endenwollendem Überfluß – oft so billig, daß es eine Sünde ist, sie zu ignorieren. Auf hundert Zwetschgen nimmt man einen Liter Essig und ein halbes Pfund Zucker. Man löst den Zucker im Essig auf, gibt eine Stange Zimt dazu und bringt das Ganze zum Kochen. In der Zwischenzeit sticht man mit einer Gabel mindestens viermal in jede Frucht und übergießt sie dann mit dem kochenden Essig. Nach dem Abkühlen zieht man den Sud ab, um ihn erneut aufzukochen und ihn wieder über die Früchte zu geben. Insgesamt überbrüht man viermal. Dann füllt man nach dem Erkalten alles in einen Steintopf, der gut verschlossen wird. Man braucht zur Aufbewahrung weder den Kühlschrank noch einen besonders kühlen Keller: eine Sache also, die sich auch im städtischen Haushalt realisieren läßt.
Fast aus allen Früchten, die unser badischer Obstgarten hervorbringt, lassen sich bei Feinschmeckern beliebte und kalorienarme Desserts herstellen. Dazu braucht man eine Eismaschine, die es auch für den privaten Haushalt gibt. Von den ersten Beeren des Gartens oder der freien Natur bis zum Winterapfel oder der Winterbirne lassen sich damit ohne Zugabe von Fett oder Milch gute Sorbets herstellen. Haltbar machen kann man sie allerdings nicht. Man kann sie nur

weiter einfrieren, nachdem man sie im Mixer zu Mus verarbeitet hat. So hergestellten Pürees aus Erdbeeren, Himbeeren, schwarzen und roten Johannisbeeren, Kirschen oder Sauerkirschen fügt man vor dem Einfrieren etwa pro Kilo den Saft einer Zitrone sowie unterschiedlich Zucker bei. Was geschmacklich fehlt, kann dann später noch bei der Eisbereitung zugegeben werden. Durch Zucker und Zitronensaft wird die natürliche Farbe erhalten und das Fruchtaroma gelöst, was eine Steigerung des natürlichen Geschmacks bedeutet.

Wer eine Eismaschine hat, kann mit diesen Pürees ausgezeichnete Sorbets herstellen. Wichtig dabei ist neben der notwendigen Zugabe von Zucker der geschmacklich passende Alkohol. Einem Kirschensorbet gibt man deshalb Kirschwasser, den Mirabellen etwas »Mirabell« und so weiter bei, und zwar immer nur soviel, daß die Masse beim Drehen geschmeidig wird. Bei Äpfeln und Birnen ist es ebenfalls einfach, den passenden Alkohol zu finden. Erdbeerschnäpse stellt man im Elsaß her, und zu den schwarzen Johannisbeeren gibt man Crème de Cassis aus Burgund. Phantasievolle Hausfrauen finden hier ein unerschöpfliches Betätigungsfeld.

Zu allen Fruchteis-Sorten, zu kandierten oder eingelegten Früchten paßt immer das folgende Rezept, das man selbstverständlich auch ohne jede Beigabe servieren kann. Es sind die Schneebälle aus Großmutters Zeiten.

Steifgeschlagenes Eiweiß wird nur mit Zucker abgeschmeckt, mit einem Löffel in Portionen von gewünschter Größe ausgestochen und in siedendem Wasser etwa fünf Minuten ziehen gelassen. Es ist sehr leicht festzustellen, wann die schwimmenden Schneebälle ihre notwendige Festigkeit erreicht haben, nachdem man sie ein- oder zweimal gewendet hat. Auf einem Drahtgeflecht läßt man sie abtrocknen. So halten sie sich im Kühlschrank einige Stunden recht gut. Zum Servieren bestreut man sie leicht mit Mandelscheiben oder -splittern und übergießt sie mit karamelisiertem Zucker. Als Dessert bereitet man dazu eine Vanille-Sauce wie folgt: Eigelb und Zucker gut vermengen und in Milch rühren, die man vorher mit Vanille-Stangen aufkocht und abkühlen läßt. Aber auch ohne Eismaschine kann man auf dieser Basis gute Fruchtdesserts frosten. Meine mehrfach erwähnte Freundin

Ein Muß für alle Freunde der heimischen Kochkunst

Das Buch stellt über
150 klassische Kochrezepte aus dem Alemannischen vor. Viele Rezepte
wurden von der Autorin wiederentdeckt

Freiburg: Rombach 1985. 1. Auflage
196 Seiten, 40 Abb., DM 24,80. ISBN 3-7930-0494-5

ROMBACH VERLAG

POSTFACH 1349 ● LÖRRACHER STR. 3
7800 FREIBURG IM BREISGAU ● TELEFON (0761) 4909-251

Scher
diese
exotisc
haben.
Einige
selten in

Geräuch

ist die eine.
gutem Hause
und wenn sie
frisch verzehrt
»Gummiadler«
handeln. Am
Frisch in geschlag
ein kleines Stück
Person. Ein ande

Schnecken

So, wie sie zubereitet wurde ... ihrer Fa... – fast ausge... wie man sie ... sie zur Sättigung ... nicht mehr, seit sie – fast ausge... wie man sie ... die Mu... serstuhl sie zur Sättigung ihrer Fa... sie längst nicht mehr, seit sie – fast ausge... Und so, wie man sie ... sich die Mu... können wir's Leckerbissen geworden sind. Und so, wo jemand sich die ... Elsaß noch erwischen kann, wo jemand zu sammeln, können wir's nimmt, sie in ihrer besten Zeit zu sammeln, angewiesen sind. Diese auch nicht, weil wir auf Konserven angewiesen in ihrem eigenen Schnecken nun werden in Kräuterbutter in ihrem Saft (Sud). In beiden Haus angeboten, oder nur in ihrem ofenfesten Schneckenpfännle Fällen sind sie gar. In einem Backofen sehr heiß werden und läßt man die mit Haus im Schneckenpfännle (mit 6 oder 12 serviert sie so. Wer kein Schneckenhäuser hat, füllt ein eisernes Geschirr ...tiefungen für die Häusle) hat, füllt ein Schneckenhäuser hinein. ...mit Salz und drückt die Schnecken stehen, daß die Butter ...t nicht so unglücklich stehen, daß die »obdach-...kann, wenn sie flüssig wird! Für die Schneckenpfännle angewie-...ecken ist man aufs Schneckenbutter macht man selber. Für ...n die Schneckenbutter braucht man: 1 Knoblauchzehe, ...d. Schnecken beides fein gehackt und glasig gedünstet, 75 g Schalotten, beides fein gehackt, frischen Spinat und 1 EL weiche Butter, 1 EL rohen, frischen Salz, Pfeffer, etwas Schnitt-Peterle, beides fein geschnitten, Salz, Pfeffer, etwas Schnitt-lauch. Das alles wird gut vermengt. Dann läßt man diese Schneckenbutter unter Umrühren in einer eisernen *Kachel* oder einem Pfännle heiß werden. Die Schnecken kommen mit etwas

36

sen. Deshalb soll sie aber nicht auf ewig aus dem Küchen-... verbannt bleiben, denn das hat sie wirklich nicht ver-

Sauerampfersuppe

wurde hierzulande schon immer gekocht – als »Arme-Leute-Suppe«. Deshalb wurde sie in besseren Zeiten »verdrängt« und ist nun von der Gastronomie wiederentdeckt worden.

Als erstes frisches Grün wurden früher die Blätter auf feuchten Wiesen gesammelt, durch den Wolf gedreht oder fein gehackt. Eine Handvoll davon fügte man einer einfachen Kartoffelsuppe bei und gab dadurch dem täglichen Gericht einen neuen Geschmack. Aber eine etwas rauhe Angelegenheit war das Ganze schon.

Ein altes Rezept aus der städtischen Küche war schon etwas »lieblicher«:

...zu nimmt man ⅔ Sauerampfer und ⅓ Kerbelkraut, ver-...t es ganz fein und dämpft es in 1 bis 2 EL Butter. Dann ...en gleichviel EL Mehl wie Butter mitgedämpft und ...mit Fleischbrühe abgelöscht, aufgefüllt und wieder ...ochen gebracht. Vor dem Anrichten *legiert* man die ...it saurem Rahm und Eigelb und streut zuletzt feine ...n gebähtem Brot darüber.

...h also die Gastronomie des Blättleins angenom-...e kulinarische Spezialität daraus kreiert. Von ... bekannten Koch bekam ich ein sehr feines ... braucht man:

... geschlagenen Rahm, $\frac{1}{10}$ l Weißwein, 50 g ...g Butter, 20 g Mehl, 1 kleine ... und Pfeffer.

...halotten
...ter dämpfen,
...stäuben, auskühlen
... Die Brühe erhitzen,
auf die kalte Mehlschwitze
gießen, verrühren und
aufkochen lassen.
Den Sauerampfer
pürieren,
mit dem

32

Beispiele aus dem Inhalt

Suppen

Mit den Suppen fangen wir an. Man kann von diesem Vorgericht halten, was man will (es gibt viele sich widersprechende Ansichten über den Wert oder Unwert von Suppen) – eins ist sicher: In einem Gasthaus, in dem ich eine schlechte Suppe bekommen habe, habe ich kein Zutrauen zu den anderen Gerichten! Die Großväter waren der Ansicht, Suppe »polstere« den Magen und mache auch schwere Hauptgerichte bekömmlicher – ich glaube, sie hatten recht. Und was den Kaloriengehalt der Suppe betrifft …

Vorspeisen

So müßte in einem gepflegten Kochbuch das nächste Kapitel überschrieben sein. Aber damit ist es bei uns schlecht bestellt: eigentlich haben wir fast gar keine. Und wenn wir es, weil es in anderen Gegenden Vorspeisen gibt, auch damit probieren, dann geraten sie uns zu halben Hauptgerichten und sind keineswegs, was sie sein sollten, »Magenöffner« nämlich … verderben einem oft den Appetit, weil sie schon … haben. Unsere elsässischen Nachbarn … von den Innerfranzosen üb… getan! Die kleinen …

… Leute am Kai- … ißt man

Brotsuppe

ist einfach und gut, wenn die Brühe was taugt. Man röstet im nicht sehr warmen Backofen (Stufe 100–150°) gutes Weißbrot, das man in 1 cm dicke Scheiben geschnitten hat. (Altes Brot muß man mit Wasser bestreichen, damit man es besser schneiden kann und es im Ofen nicht zu schnell hart wird). Man legt die goldgelben Scheiben in die angewärmte Suppenschüssel und gießt die Brühe, in die ein Ei *verkleppert* wurde, darüber. Frischer Kerbel, feingeschnitten draufgestreut, schmeckt sehr apart!

Graupensuppe

Keine »Klare« mehr, aber eine sehr gute, ist die Graupensuppe. Leider ist sie bei den letzten Männergenerationen sehr in Verruf geraten, denn in Krieg und Gefangenschaft wurde sie den Soldaten oft wochenlang aus der Gulasch…

Alemannische Liebhabereien,
ausgewählt und vorgestellt
von der Autorin
der erfolgreichen Serie
»Mahlzeit« im »BZ-Magazin«

Jeanne zieht unter diese Fruchtpürees etwas Sahne und frostet sie, nachdem sie sie lang und gut verrührt hat. Ohne Sahne werden sie weniger geschmeidig, schmecken aber doch. Im übrigen ist das Experimentieren mit diesen Früchten so reizvoll, daß man nicht alles bis ins Detail beschreiben soll. Die Anregung muß genügen. Phantasievolle Hausfrauen finden hier ein unerschöpfliches Betätigungsfeld.
Als Dessert haben für den Feinschmecker unsere Obstkuchen eine große Bedeutung. Wer freut sich nicht auf die Zwetschgenzeit, auf den Zwetschgenkuchen oder Zwetschgeweijä. Nur die Böden sollte man nicht mehr so dick machen. Der Teig, gleich welcher Art, muß gut ausgewählt werden. Der Feinschmecker ißt Kuchen nicht mehr, um sich zu sättigen, sondern als Schleckerei.
Ein typisch badischer Saisonkuchen ist der Kirschplotzer. Man kennt ihn zwar auch in anderen Gegenden, aber bei uns fehlt er zur Kirschenzeit in keinem Haushalt. Allerdings ist er in der Zubereitung nicht einfach. Der Kirschplotzer wird mit Weiß- und Schwarzbrot gemacht, das zuvor mit etwas Wein und mehr Kirschwasser befeuchtet und zerkleinert wurde. Hinzu kommen ein Viertel Butter, 200 Gramm Zukker, sechs Eier sowie 100 Gramm geriebene Mandeln, Haseloder Walnüsse, etwas Zimt und etwa zweieinhalb Pfund schwarze Kirschen. Butter, Zucker und Eigelb werden schaumig geschlagen und mit den Mandeln, Nüssen, Zimt in das eingeweichte Brot gegeben. Bei mittlerer Hitze braucht der Plotzer etwa eine Stunde.

Für den »Kater«

Auch wir Alemannen haben Humor, obwohl man ihn in anderen Gegenden nicht anerkennen will. Ausgeprägt ist er vor allem im Elsaß. Hier gibt es Sprüche trockenen Humors, mit denen man sich selbst auf den Arm zu nehmen versteht. Einer davon lautet: »Isch's an Syväschter häll un klar, isch am andere Tag Neijahr.« Aber nicht klar ist es dann in vielen Köpfen. Neue Trinksitten fordern ihren Tribut. Die Cocktails sind modern geworden. Die meisten schmecken nur deshalb gut, weil sie neue Gaumenreize bringen. Bekömmlichkeit aber wird recht selten berücksichtigt. Entsprechend

sind die Folgen. Wer feiern will, muß planen. Ein leichter Wein, ein leichter Sekt, je herber, um so bekömmlicher: das sind die besten »Longdrinks«, um diese schreckliche Importware zu benutzen. Wer das berücksichtigt, wird noch fit sein, wenn andere Party-Gäste längst zu schielen beginnen. Und so ganz nebenbei schmeckt zu diesen natürlichen Getränken auch eine Konditionsstütze wie Gulasch- oder Zwiebelsuppe. Beim Essen und Trinken wirken Dissonanzen nachhaltiger als in der Musik. Aber wir Menschen sind Individualisten. Manche mögen's eben anders. Ganz scharf rechnende Zecher behaupten beispielsweise, daß eine Flasche sprudelnden Wassers einen herrlichen Zweitrausch bewirken kann. Und der sei dann billig. Allerdings muß schon ein »Zwei- bis Vierkaräter« vorausgegangen sein. Ein Hauch von 0,8 Promille reicht dazu nicht aus.
Anderen wiederum schmeckt ein Katerfrühstück nur mit einem ausgewachsenen Katzenjammer. Ein Freund aus Göteborg, mit dem ich einmal nach meinem Rezept eine Nacht durchzechte, meinte anderntags, der Wein sei nicht besonders gewesen, denn er habe einen vollkommen klaren Kopf.
Ich mag Hering am liebsten, wenn auch das Pils dazu schmeckt. Für Heringe gibt es viele Zubereitungsarten. Nach karelischer Art zum Beispiel: Frisches Heringsfilet wird leicht gesalzen und, gut getrocknet, in Öl zehn bis zwölf Minuten langsam gebraten und mit Kräuterbutter, Petersilie und Salzkartoffeln serviert. Oder eine andere, finnische Art: Man filiert frische Heringe, wäscht und trocknet sie gut ab, legt sie in Eigelb, paniert sie leicht und brät sie in Butter. Hinzu kommen geröstete Zwiebelringe. Der Bratensaft der Heringe wird, mit Sahne abgelöscht, leicht eingekocht und abgeschmeckt. Zu Fischgerichten aller Art sollte man immer weißen Pfeffer verwenden. Bei allen gesalzenen Fischen ist Bier zu empfehlen, zu ungesalzenen Fischen frische bis kräftige Weißweine.
Nach Fasnacht, besonders wenn Fasnacht spät im März ist, haben wir noch einige Vitaminträger aus dem Winterangebot oder sogar schon wieder Frühlingsgrün, um am Tag nach dem Feiern wieder ins Lot zu kommen. Salatekombinationen, die beliebig verändert werden können, regulieren uns auf angenehme Weise, wenn man einige Grundsätze berücksichtigt. Schwer Verdauliches muß gemieden werden. Gur-

ken aller Art haben nichts dabei zu suchen. Winterrettiche müssen für den Salat am Tage vorher fein geschnitten und gesalzen werden. So werden sie weich und verdaulich. Dagegen kann man Radieschen, Eiszapfen und andere Frühjahrsrettiche in beliebigen Mengen verwenden. Ein Beispiel für einen Katersalat:
Er besteht aus Feldsalat, Löwenzahnsalat, Kopfsalat, Brunnenkresse, Gartenkresse, Zwiebeln oder Schalotten, im Frühsommer aus großen Mengen von weißen Zwiebeln mit der grünen Staude, etwas belgischer Chicoreé, Streifen aus Sellerieknollen, rohen Kartoffelstreifen, etwas feingeschnittenem Lauch, frischen Estragonblättern, Petersilie ganz und gehackt, Schnittlauch und frischem Thymian. Hinzu kommen außerdem hartgekochte und gehackte Eier, leicht gesalzene Heringsfilets, Ölsardinen sowie gewässerte oder gewaschene Sardellenfilets. Das Ganze wird mit dünnen, gerösteten Weißbrotscheiben, die gut mit Knoblauch eingerieben sind, serviert. Die Vinaigrette macht man aus Weinessig, etwas scharfem Senf, gut untergerührt, sowie Pfeffer, Salz und Olivenöl. Der Salat darf nicht ölig glänzen, dann ist er richtig.
Ein Schinkentoast mit Spinat hat zwar weniger Pfiff, ist aber für den gleichen Zweck sehr gut geeignet. Man röstet Toast oder Weißbrotscheiben leicht in Butter in einer Pfanne, belegt sie dann mit gekochtem Schinken und Blattspinat, dessen Zubereitung wir schon kennen. Darüber gibt man eine Soße Béchamel, nach dem üblichen Rezept aus jedem Kochbuch. Man kann aber auch fertige Rühreier dünn über den Spinat geben und im Ofen überbacken. Verwendet man die Soße Béchamel, so fügt man ihr etwas Sahne und unter Umrühren zwei Eigelb bei. Dazu serviert man Weine mit wenig Bukett oder ganz neutrale: Weißburgunder, Silvaner und Ruländer kleinerer Jahrgänge.
Rund um das Jahr sind wir nun wieder vor Ostern, in der Fastenzeit. Diese Fastenzeit war, als sie noch streng eingehalten wurde, nicht nur als Buße gedacht. Es sei denn als Buße für Völlerei und ungesunde Ernährung. Solche »Bußen« bekommen auch uns, wenn wir konsequent sind und einmal im Jahr für kurze Zeit einige Regeln beachten, die ich im folgenden Kapitel für meine Freunde aufgeschrieben habe.

Feinschmecker-Diät

Zehn Jahre habe ich kein Frühstücksei gegessen. Genauso lange habe ich Butter als Brotaufstrich ignoriert und fast alle tierischen Fette gemieden. Was aber viel wichtiger war, habe ich übersehen: Kartoffeln in vielerlei verfeinerter Form und Knepfli wurden, wenn der Appetit groß war, als sättigendes Beiwerk verzehrt. Eine Mahlzeit ohne Brot war für mich nur ein Torso. Nun, um meinen Freunden jede Angst vor der Feinschmecker-Diät zu nehmen: Ganz braucht man auf diese netten Beilagen auch nicht zu verzichten. Nur während der Diätzeit sind sie tabu.

Das Besondere an dieser Diät ist, daß man dazu kein Sanatorium braucht. Man kann sie zu Hause und sogar auf der Reise betreiben. Und zwar deshalb, weil man alles Gewohnte essen darf, außer Speisen, die Kohlehydrate enthalten. Alle diese Speisen sind leicht zu merken.
Schon nach zwei Tagen Essen nach Maß zeigt die Waage an, daß es abwärts geht. Das macht Mut und kann sogar zu einer Art Begeisterung führen, zumal man nicht hungern muß. Nur das Haushaltsgeld muß etwas aufgestockt werden. Zum Sattessen ohne Brot, Nudeln und Kartoffeln gehören größere Fleischportionen, öfters schmackhafte Fischgerichte, viel Salat und Eierspeisen, die ohne Mehl zubereitet werden. Man kann sie sogar mit Soßen essen, wenn auch hier auf das Mehl verzichtet wird. Auch das gewohnte Maß an Wein ist erlaubt, vorausgesetzt, daß es leichte und trockene Weine sind und solche, die den notwendigen Teil an natürlicher Säure haben.

Das Bier, das mögen mir meine Freunde, die Bierbrauer, verzeihen, muß während der Kur im Kühlschrank bleiben. Ebenso der vielgepriesene Orangensaft, der Kohlehydrate enthält. Und es klingt unglaublich: Auch Obst ist während der Diät absolut verboten. Als Getränke empfehlen sich außer Wein, magere Milch, Tee und Kaffee mit möglichst wenig Zucker. Unter uns: Auf den Zucker konnte ich nicht ganz verzichten. Aber sonst war ich konsequent. Als Tafelwasser gibt es nichts Besseres als Contrexeville, jenes Vogesenwasser, das entwässernd wirkt und von einigen Wissenschaftlern vor kurzem als zu bakterienhaltig verdammt wurde, ich trinke es trotzdem und habe bis jetzt nur Vorteile feststellen können. Auch halte ich von den Ratschlägen der großen Theoretiker nicht allzuviel, denn nach ihrer Meinung müßten unsere Nachkommen wohl am besten in sterilen Sauerstoffzelten leben.

Der Tag der Feinschmecker-Diät beginnt mit einem normalen Frühstück, bei dem der Konsum der gewohnten Brotart etwas eingeschränkt wird. Erlaubt sind höchstens ein bis zwei Brötchen oder ähnliches, dazu salzarme Butter, Schinken, Eier oder Marmelade in der gewohnten Quantität. Aber vor dem Frühstück gilt es etwas einzunehmen, was geschmacklich ungewohnt ist: ein bis zwei Eßlöffel Obstessig (Apfelessig) aus dem Reformhaus und ein Löffel Honig werden mit etwas leicht warmem Wasser vermengt und getrunken. Das einzige, was im Geschmack nicht zur Feinschmekker-Diät paßt. Aber man gewöhnt sich schnell daran. Das Opfer ist nicht groß, und es wird immer unbedeutender, wenn man innerhalb weniger Tage den Erfolg sieht.

Die Kohlehydrate, die man morgens verzehrt, müssen aber die einzigen des Tages bleiben. Fleisch- und Fischgerichte aller Art und in jeder Zubereitung kann man bis zu einem normalen Sättigungsgefühl essen. Hülsenfrüchte dürfen es nicht sein. Dagegen sind junge Bohnen, Spinat und alles, was nicht Kohl heißt, erlaubt. Erlaubt sind auch alle Salate. Besonders zu empfehlen ist dazu das nur wenig bekannte Distelöl. Ich weiß nicht, aus welcher Distelart es gewonnen wird. Ich weiß nur, daß es den höchsten Grad an ungehärteten Fettsäuren hat. Ein amerikanisches hat 96 Prozent, ein in Deutschland hergestelltes 86 Prozent dieser absolut gesunden Fettart, mit der ich schon vor einigen Jahren den Kampf gegen einen allzu hohen Blutfettspiegel gewonnen habe. Die uralte Theorie, daß Fett wieder Fett ergibt, ist mit dieser Kohlehydrate-Diät widerlegt. Man kann täglich die gewohnte Menge Butter verwenden, selbst für die Soßen. Denn auch die Butter hat, wenn sie nicht in der Pfanne oder auf eine andere Art zu heiß, also braun oder gar dunkel wird, einen hohen Gehalt an ungehärteten Fettsäuren. Deshalb paßt eine echte Soße Hollandaise durchaus in diese Diät.

Jedenfalls: Nach drei Tagen zeigte meine Waage schon ein Kilo weniger. Nach acht Tagen waren es schon drei Kilo. Dann geht es etwas langsamer, aber stetig nach unten. Und nach zwanzig Tagen Abmagerungskur hatten sich zehn Kilo verflüchtigt. Wenn man sich auch nach der Kur bei den Kohlehydraten etwas zurückhält, ist der Erfolg nachhaltig.

Der Wein

Badische und elsässische Sorten

Den Beginn des Weinbaues in Baden hat noch kein Forscher genau feststellen können. Man weiß aber, daß sich die »Vitis teutonica«, die in den Wäldern Germaniens erwiesenermaßen vorhanden war, die Vorgängerin jener Wildrebe ist, die sich im klimatisch günstigen Baden und in den Rheinauen bis in die jüngste Zeit erhalten hat. Bei der Burg Sponeck am Kaiserstuhl fand man einige Exemplare noch vor wenigen Jahrzehnten. Die Reben der heutigen Kulturen haben sich mit Sicherheit aus dieser ursprünglichen Wildrebe entwikkelt. Selbstverständlich sind sie ein Ergebnis der Züchtung. Daß bei uns oder zumindest in den uns benachbarten Gebieten sehr früh Wein angebaut wurde, dafür sprechen die Überlieferungen des Tacitus (98 nach Christus), der von rechtsrheinisch lebenden Germanen sprach, die Wein aus linksrheinischen Gebieten holten. Trotzdem scheint es als sicher zu gelten, daß erst die Römer auf ihrem Weg nach Norden der Rhône und dem Rhein entlang die Weinkultur mitbrachten. Rebensamen (Traubenkerne) in frührömischem Schutt bei Basel gefunden, stammten schon von einer kultivierten Rebe.

Der Elbling, der noch vor wenigen Jahrzehnten am Kaiserstuhl – mit einigen Nebensorten auch im Elsaß und im übrigen Oberrheingebiet – stark verbreitet war, scheint das erste Mitbringsel der Römer gewesen zu sein. Die Bezeichnung Elbene hat ihren Ursprung in »Vitis abaelis« oder »Alba langa«. Das sind die Albaner Berge bei Rom. Jedenfalls war der Elbling die erste in Kulturen angebaute Rebe am Oberrhein. Daß der Elbling in der jüngsten Weingeschichte den Kaiserstuhl im Kreis der deutschen Weinbaugebiete in Rückstand gebracht hat, scheint auf die Trägheit unserer

Vorfahren zurückzuführen sein. So ungerechtfertigt seine weite Verbreitung in unserem klimatisch für höhere Qualitäten so günstigen Gebiet war, für so fragwürdig halte ich nun seine totale Ausrottung. Es ist und bleibt der bekömmlichste Wein als Durstlöscher in der heißen Jahreszeit. Die Luxemburger Winzer verteidigen ihn, jene an der Obermosel auch. Und zahlreiche Freunde leichter, säuerlicher Weine fahren heute dorthin, um ihren Durst mit einem Wein zu stillen, der mit einem Minimum an Alkohol freudig in größeren Mengen getrunken werden kann. In einzelnen Parzellen existiert er auch noch – zum Leidwesen fanatischer Erneuerer – am Kaiserstuhl.

Zu den Freunden des »kleinen« Elbling gehört auch unser früherer Bundespräsident Walter Scheel. Er hat erkannt, was viele alte Winzer an ihm schätzen: seine Leichtigkeit, seine frische Säure. Wenn snobistische Zecher mit Cocktails und anderen Erfindungen längst satt und müde sind, schmeckt der Elbling immer besser. Ganze Nächte lassen sich mit ihm durchzechen.

Dort, wo der Wein früher in rentablen Mengen getrunken wurde, in den Freiburger Weinstuben oder in den Fremdenverkehrsgebieten des Schwarzwaldes, wurde der Gutedel aus der Markgrafschaft bevorzugt. Der Gutedel war der Kneipwein Südbadens, der am Kaiserstuhl kaum angebaut wurde. Außer dem Elbling gab es am Kaiserstuhl Silvaner, Spätburgunder und Ruländer. Aber nur wenige Weinbaubetriebe entwickelten diese sogenannten Edelsorten zu sortenreinen Weinen. »Gemischter Satz« hießt die gesetzliche Bezeichnung für sie. Sie hatten keine großen Chancen auf dem Markt. Erst als Genossenschaften und Weingüter auch am Kaiserstuhl diese Sorten getrennt und sortenrein anboten, gab es dann feine, reintönige Silvaner, kräftige, rauchige Weißherbste und metallisch klingende, vollmundige Ruländer. Aber auch dann wurden die Oberländer Weine bevorzugt. Die Kaiserstühler seien zu schwer, so sagte man und sprach sogar eine ganze Reihe von Jahren von der »Kaiserstuhlkrankheit«, die, wie es hieß, insbesondere vom Ruländer käme. Alles schien sich gegen die Kaiserstühler verschworen zu haben.

Der erste Vorwurf, daß die Kaiserstühler zu schwer seien, war berechtigt. Er war die Folge der Anonymität. Man

kannte schon in aller Welt den Glottertäler, den Markgräfler auch, insbesondere aber die mittelbadischen Rieslinge, die Klingelberger und viele andere. Man füllte die besten Qualitäten dort längst in jene Flaschengröße, die eine gewisse gehobene Qualitätsstufe signalisiert. Nur die Kaiserstühler verkauften ihre tatsächlich kräftigen Ruländer, die besten Roten und die blumigen Silvaner immer noch in den Literflaschen, die man für die Liebhaber leichter Zechweine verwendet. Dabei waren diese Wein längst prädestiniert, auf den Tafeln der Spitzengastronomie zu stehen oder in herrschaftlichen Häusern in Gesellschaft feinster Delikatessen getrunken zu werden.
So vergingen Jahrzehnte. Nur wenige Weingüter waren schon im Wettbewerb mit den anderen Anbietern Badens. Heinrich Nepomuk Steyerts Weine aus Oberrotweil standen schon während der zwanziger Jahre auf den Weinkarten der Luxusliner zwischen Hamburg und New York. Er bekam in den dreißiger Jahren eine Goldmedaille für einen Oberrotweiler »Fahnenberg« bei der Weltausstellung in Paris. Auch einige andere vollbrachten ähnliche Pionierarbeit, bevor man den Kaiserstühler wieder wegen einer von ihm angeblich ausgelösten Krankheit verdammte.
Dabei hatte diese Krankheit strukturelle Ursachen. Am Kaiserstuhl gab es sehr zersplitterte Besitzverhältnisse und die ärmsten Winzer. Nur bei besonders guten Ernten war es möglich, für den Eigenverbrauch einen richtigen Rebwein herzustellen. Sonst wurde Treberwein gekeltert: Ausgepreßte Kämme und die anderen Rückstände der Weinpresse wurden mit warmem Wasser und Zucker zur Gärung gebracht und erneut abgepreßt. Das war das Hausgetränk der Kaiserstühler Weinbauern oder, besser gesagt, der Weinbäuerlein. In diesem Haustrunk waren dann die Rückstände jener Schädlingsbekämpfungsmittel, die damals hauptsächlich aus Arsen bestanden und nicht abbaufähig waren. An den Folgen der mehr oder weniger starken Arsenvergiftungen sind im Lauf von etwa zwei Jahrzehnten einige hundert Kaiserstühler wesentlich früher als normal gestorben. Diese Krankheit schrieb man zunächst fälschlicherweise dem König der Kaiserstühler Weine, dem Ruländer, zu.
Doch nun zu erfreulicheren Zeiten: Heute sind die Kaiserstühler Viertele-Weine nicht mehr zu schwer. Für den Laien

klingt das unglaublich. Und doch ist es so. Denn inzwischen werden nur noch die leichteren Weine in die Literflaschen gefüllt. Die oberen Qualitäten sind in den Qualitäts-Weinflaschen von 0,7 Liter in der Welt berühmt geworden. So berühmt, daß schon wieder Gefahr besteht für den Kaiserstühler. Doch darüber mehr im letzten Kapitel.

»Sürpfle moesch, nit süffe«, dieser alemannische Trinkspruch geistert mit unterschiedlichen Dialektakzenten von Lörrach bis in die Weinbaugebiete um Baden-Baden. »Sürpfle«, das heißt nun nicht, daß man das Weintrinken auch akustisch vernehmen will. Im Gegenteil. In gutem Deutsch soll das heißen: genießen, nicht saufen. Beim langsamen Trinken gelingt das Genießen. In der Eile dagegen nicht.

»E Vierteli schlotze« ist eine weitere typische Bezeichnung. »Schlotze« ist weniger ländlich, es ist weder im Markgräflerland noch am Kaiserstuhl und auch nicht in der Ortenau gebräuchlich. Es klingt etwas städtisch, freiburgerisch. Aber gemeint ist damit das Aufschließen des Weins mit Zunge und Gaumen. Ein Gutzele schlotzen etwa die Kinder, und man versteht darunter das langsame Lutschen, das lange Genießen, zum Unterschied von schnellem Zerbeißen und Schlucken. Mit der Zunge wird der Wein an den Gaumen gedrückt und erschlossen, aufgeschlossen, damit er alle seine feinen Teile freigibt zu höchstem Genuß.

Die badischen Weinarten bieten ein volles Programm. Sie sagen jedem etwas. Wer alle klassischen und neuen Sorten badischer Weine an einem Tag probieren will, braucht ein gutes Fundament und gute Kondition.

Aber besser ist eine mehrtägige Weinreise durchs badische Ländle. Am besten von Süden nach Norden, entlang dem Schwarzwald bis nach Baden-Baden. In Haltingen beginnen wir, um die verschiedenen Gutedel bis nach St. Georgen auszuprobieren. Station kann man in Mauchen, Auggen, Ballrechten und Ebringen, Pfaffenweiler und Kirchhofen, Ehrenstetten und Freiburg machen. Und überall gesellt sich der Müller-Thurgau dazu. Er buhlt um die Gunst der Schlotzer und Sürpfler: er, der Bluffer, wie ihn viele nennen, weil er viel mehr vorgaukelt, als er tatsächlich hat. Ich möchte diesen harten Ausdruck mildern und ihn charmanten Bluffer nennen. Wer ihm seinen Charakter beläßt, wer ihn dort läßt, wo er hingehört, nämlich in die Gruppe der kleineren

Dialogismꝰ Hieronymi Emser de ori-gine propinandi vulgo compotādi ⁊ an sit toleranda compotatio in rep. bene instituta nec ne.

Sylenus. Sophronius.

Titelblatt aus einem Buch von Hieronymus Emser, Leipzig, 1505

Weine, tut recht. Denn ein großer Wein wird er nie werden. Trotzdem hat er sich schnell ausgebreitet.
Aber ausgebreitet haben sich auch die anderen klassischen Sorten. Wo man vor Jahren noch im Markgräflerland recht selten ein Stück Spätburgunder oder Ruländer sah, hat man heute die diesen Sorten entsprechenden Lagen vielleicht sogar etwas zu großzügig bepflanzt. Die kalten Böden der Schwarzwaldausläufer geben zumindest dem Ruländer, aber auch dem Burgunder zuwenig Feuer. Jenes Feuer, das sie von den vulkanischen Verwitterungsböden am Kaiserstuhl im Übermaß bekommen. Selbst die Lößdecke am Kaiserstuhl hat hier mehr zu geben als kalte Verwitterungsböden am Rande des Schwarzwaldes. Deshalb wird der Ruländer eben der typische Kaiserstühler bleiben bzw. wieder werden, vorausgesetzt man besinnt sich auf die alten Anbau- und Ausbaumethoden, um damit zur alten natürlichen Art des Ruländers zurückzufinden. Es bedarf etwas mehr Zeit und Raum, um das Drama, welches sich mit diesem an Fülle und Finesse größten europäischen Weißweins abspielte. Völlig falsch erkannt, erzogen, ausgebaut und dem Weintrinker total unnatürlich präsentiert, wurde er zum Buhwein des badischen Landes. Zu einem Wein, der dem Weinfreund die Lust am Weintrinken nahm.
Die Mißwirtschaft der badischen Genossenschafts- und Weinbaufunktionäre machte aus dem ehemaligen König der Weine Badens ein Problemprodukt, welches nicht mehr verkäuflich ist. Widerlich süß, ohne Rasse, weil ohne Säure, matt und platt, schon optisch sättigend, weil goldbraun, so meinte man den Ruländer verkaufen zu können. Das Resultat ist ein Angebot von verschiedentlich 3–4 Jahrgängen, die in den Kellern der mit Steuermitteln subventionierten Genossenschaftsbetriebe liegen. Wer eine Ausnahme kennt, soll sich glücklich schätzen.
Ich habe vollstes Verständnis für die Argumente der Weinfreunde, welche die Ruländer in den Restaurants und in den Weingeschäften ignorieren. Man muß kein Kenner sein, um zu erkennen, daß es auch für wenig Geld schade ist, solcherart Ramsch von Wein zu erstehen.
Alles in allem kann man getrost als Kulturschande bezeichnen, was die letzte Generation dieser Zeitgenossen hier verbrochen hat.

Um mich vor den Folgen der Fehler dieser Gruppe zu schützen, blieb zunächst nur immer wieder der Hinweis, daß unsere Ruländer nach herkömmlicher Art ausgebaut werden, deshalb eine erfrischende Säure auch noch im Stadium einer gewissen Reife aufweisen und deshalb eben jene Aufgaben erfüllen, welche guten Weinen gestellt sind, nämlich genüßlich und verdaulich in einem zu wirken.
Noch die vorige Generation von Kaiserstühler Winzern nannte die Ruländer-Trauben die »Grauen«. So wie man die Spätburgunder die »Roten« und die Silvaner »die Grünen« nannte. Hier lag der historische Schlüssel, mit dem ich mich vom zerstörten Image des Ruländers absetzen konnte. Vom Jahrgang 1983 an nennen wir unsere ehemaligen Ruländer-Weine Grauburgunder. Und vom ersten Jahrgang an hat sich dieser Grauburgunder in allen Qualitätsstufen die Hemmnisse schlechter Geschmackspolitik abgeschüttelt. Kein Vorurteil hemmt mehr die Freude am Genuß guter Weine.
Der Spätburgunder dagegen hat außer dem Kaiserstuhl noch einige andere Domizile. Das Glottertal beispielsweise. Dort haben einige wenige Winzer jahrzehntelang den Glottertäler Weißherbst angebaut. An und für sich war er vor fünfzig Jahren und noch später nichts anderes als ein »gemischter Satz«, so wie man ihn am Kaiserstuhl auch anbaute. Allerdings hatte er einen größeren Anteil an Spätburgunder als die Kaiserstühler. Er besaß immer einen kräftigen Rotton. Was er dann allerdings nach jahrelangem Faßlager nicht mehr hatte, war die notwendige Säure. Mild und süffig präsentierte er sich deshalb dem ungewohnten Weintrinker. »Wie Milch läßt er sich trinken«, meinte man. Alkoholisch waren diese Tropfen immer. Inzwischen hat man auch dort sortenreine Weine. Der größte ist der »Roteburg«.
Der duftige Silvaner ist bei uns fast ausschließlich am Kaiserstuhl und teilweise in der Ortenau beheimatet. Er verdient es nicht, daß man ihn im Anbau reduziert. Er gehört mit den unteren zwei Dritteln seiner Erträge in qualitativer Hinsicht in die Gruppe der Viertele-Weine. Als Viertele-Wein hat er mehr Achtung verdient, als man ihm heute zollt. Er gehört nicht zu den heimtückischen Artgenossen, die dem fröhlichen Zecher plötzlich die Beine rund machen. Er ist neben dem Gutedel das beliebteste Viertele jener Zecher, die ein

halbes Dutzend für normal halten. Dieselben klassischen Sorten finden sich natürlich auch in der Ortenau und in Mittelbaden. Nur die Anteile sind verschieden.
In beiden Teilgebieten des badischen Weinbaus spielt der Riesling, der teilweise sogar in Bocksbeutel gefüllt wird, eine bedeutende Rolle. Sie sind weltbekannt, diese Rieslinge. Sie kommen schließlich aus dem südlichsten deutschen Weinbaugebiet. Sie waren einmal meine Lieblingsweine, als man sie noch frisch und stahlig bekam, als man ihnen noch mehr Säure beließ und sie noch nicht süß machte. Bacchus möge geben, daß die Leute wieder vernünftig werden!
Eine große Spezialität Mittelbadens sind die kräftigen Spätburgunder, die in guten Jahren das typische Rubinrot des Kaiserstühlers beachtlich übertreffen. Kappelrodeck, Sasbachwalden und Affental sind die adeligen Rotweinorte Mittelbadens. Man verzeihe mir die Wiederholung: Ich trinke gerne kräftige Rotweine, aber wer Rotweine süß macht, kommt noch näher in den Süßmostbereich als die Weißweinmacher.
Zwei ganz berühmte Sorten des europäischen Weinadels schließlich sind in Baden verbreitet: der Ruländer und der Spätburgunder. Sie gehören zur bekanntesten Traubenfamilie Europas. Es ist die Pinot-Familie, die aus drei Hauptsorten und einigen Nebensorten besteht: Es sind der Pinot gris, der Grauburgunder, oder bei uns Ruländer genannt, und der Pinot noir, bei uns Spätburgunder genannt. Der Pinot blanc schließlich ist – für die Badener fast unbegreiflich – die am weitesten verbreitete Art dieser Familie. Daß es verschiedene Mutationen sind, spielt keine wesentliche Rolle. In der Champagne sind wesentliche Teile, vor allem an der Côte de Blanc mit Pinot Meunier, vor allem aber Pinot Chardonay, bepflanzt. Es sind die Weine, welche den Champagnerweinen die Rasse, das Spritzige verleihen und zusammen mit der bei der Flaschengärung entstehenden Kohlensäure für Frische und Haltbarkeit sorgen.
In Burgund werden nur Pinot noir und Pinot blanc und Pinot Chardonay angebaut. Während der Pinot noir die großen und auch einige kleinere Rotweine bringt, sind die beliebten kleinen, aber frischen Macon-Weißweine aus Pinot blanc gekeltert. Die großen Grafen und Barone aber unter den Weißweinen, die Meursaults, die Montrachets und viele

andere, entstehen aus der Pinot-Chardonay-Traube. Es sind die teuersten Weißweine der Welt. Bis zu fünfzig Mark und mehr kosten Spitzengewächse von besonders guten Jahrgängen. Und ausgerechnet bei uns in Baden soll der Weißburgunder nicht ankommen?
Er kommt an. Man darf an ihm nur keine Kunstkniffe ausprobieren. Man muß ihm seine Art belassen. Dann ist er ein dankbarer Begleiter guten Essens. Mit ihm haben wir dann in Baden alle drei Sorten der edelsten Traubenfamilie und außerdem mit dem Riesling die berühmte Königssorte. Damit sollte es eigentlich keine Probleme geben. Und wenn es sie gibt, dann könnten sie nur mit diesen klassischen Sorten und dem Müller-Thurgau, der einzigen gelungenen Neuzüchtung, gelöst werden. Voraussetzung aber ist, daß man die Weine sortentypisch ausbaut wie die Franzosen, die seit Generationen bei der Eigenart ihrer Weine geblieben sind. Trotz aller Skandale und gelegentlicher Rückschläge haben sie heute eine Stellung im Weinweltmarkt, die Baden mit seinen klassischen Sorten, aber auch die alten, berühmten deutschen Rieslinggebiete haben könnten, wenn man wie die Franzosen vorgegangen wäre.

Zur Geschichte des deutschen Weinbaus – eine kritische Betrachtung

Wenn man wie die Franzosen vorgegangen wäre, so hätte man noch einige Probleme weniger. Probleme, die inzwischen zu beträchtlichen Absatzschwierigkeiten führten. Diese schwierige Situation in Baden steht für den gesamten deutschen Weinbau. Lediglich Franken hat wenigstens teilweise der organisierten Manipulation widerstanden. Dort gibt es im Moment auch das größte Angebot durchgegorener Weine – und zum Unterschied zu anderen Gebieten – die höchste Zahl von Weinbaubetrieben, die prinzipiell nicht mit Süßreserven (Traubensaft) dosieren. Selbst Genossenschaften finden dort auf den »Pfad der Tugend« zurück.
Ich bin der Ansicht, daß die deutschen Weinbaufunktionäre sich in der Kochkunst besser auskennen sollten. So wie die französischen Kollegen die Tafel der Feinschmecker beherrschen, könnten ihnen niemals so grundlegende und elemen-

tare Fehler in der Geschmackspolitik unterlaufen, wie es bei uns immer wieder vorkommt. Wohlgemerkt, mit der Beherrschung der Feinschmeckerei meine ich nicht die snobistischen Auswüchse, die Übertreibungen auf diesem Gebiet, sondern die natürliche Geschmacksphysiologie und die sich hieraus ergebenden Folgerungen.

Statt zu erkennen, daß eine Absatzsteigerung, das heißt eine rentable Vermarktung nur über den steigenden Konsum am häuslichen Tisch und über die Gastronomie aller Kategorien möglich ist, nahm man die Konsumsituation der ersten Nachkriegsjahre zum Anlaß, immer wieder auf die »anderen Trinksitten der Deutschen« hinzuweisen. Hier sei erwähnt, daß Deutschland als klassisches Weinbauland mit großem Abstand an letzter Stelle des Pro-Kopfverbrauchs liegt.

Daß man damit das Wiederaufleben oder die Einführung kulturell hochstehender Tischsitten geradezu verhinderte bzw. nur einem kleinen Kreis vorbehielt, begriff man zu spät. Jedenfalls kalkulierten die deutschen Wein-Marketingleute völlig falsch. Viele Millionen Gelegenheitsweintrinker waren für sie die Zielgruppe. Wenige Millionen Weinfreunde, die täglich Wein trinken wollten, waren für sie die Außenseiter.

Statt nun den vielen Millionen Gelegenheitsweintrinkern mitzuteilen, daß Wein das älteste und humanste aller Genußmittel sei, daß Wein praktisch zu allen Essensgelegenheiten des Abendlandes paßt, daß Wein der Bekömmlichkeit des Essens zuträglich ist, daß Wein den Genuß vervollständigt und somit Essen und Trinken dem bloßen Stillen von Hunger und Durst entrückt und damit die Tischsitten zu einem Teil unserer Kultur macht, hat man in völliger Verkennung der Chancen eine Geschmackspolitik betrieben, die man getrost als Unkultur bezeichnen kann. Dabei wäre es ein leichtes gewesen, auf die Tischsitten der klassischen Weinbauvölker – zum Beispiel der romanischen – hinzuweisen, bei welchen selbst auf dem Tisch des bescheidensten Rentners weder Weißwein noch Rotwein fehlen.

Die Unkultur wurde mit aller Kraft betrieben – verschiedentlich sogar im Stile der Waschmittelwerbung – indem man den Wein geschmacklich verfälschte, so daß selbst für den Fachmann Provenienz und Jahrgang nicht immer erkennbar waren. Die geschmackliche Verfälschung, das heißt die Sü-

ßung des Weines mittels unvergorenem Traubensaft, wurde legalisiert. Weine recht guter Herkunft kamen auf den Markt, die eher einer Limonade glichen. Forciert wurde diese Entwicklung durch eine Massenprämierung in den Regionen, zu der selbstverständlich auch ein Finale auf nationaler Ebene gehörte. Nach wenigen Jahren war klar, daß durchgegorene Weine höchstens durch Zufall oder in ganz großen Jahrgängen die Chance einer Dekoration hatten. Die Bedeutung dieser Prämierungen wurde – wie vorab erwähnt – entsprechend publiziert mit folgendem Ergebnis: Wer verkaufen wollte, mußte prämierte Weine haben, und wer prämierte Weine haben wollte, mußte süßen.
Noch nie in der Geschichte des deutschen Weinbaus, vielleicht sogar in der Weinbaugeschichte der Welt, gab es eine auf so breiter Basis präzise organisierte geschmackliche Verfälschung der Weinkultur wie in der deutschen Weinbaupolitik der Nachkriegszeit. Selbst der Gesetzgeber hat, in Unkenntnis der Materie und vielleicht unter dem politischen Druck der Lobby (Wählerstimmen), die geschmackliche Verfälschung abgesegnet. Am Rande dieser Entwicklung gab es alte Kellermeister, die die Welt nicht mehr verstanden. Als Weinfachleute mit lebenslanger Erfahrung plötzlich feststellen mußten, daß ihre Weine, angebaut und ausgebaut nach alter Väter Sitte, selbst unter Zuhilfenahme moderner, hygienisch besserer Methoden, keine Anerkennung fanden.
Die Anfangserfolge dieses Systems waren »überzeugend«. Die Statistik stimmte. Das Volk der »unmündigen« Konsumenten glaubte über ein Jahrzehnt lang den Empfehlungen der Prämierungsstreifen und Medaillen. Daß dies nur Scheinerfolge sein konnten, wagten nur mutige Skeptiker zu behaupten. Schließlich kann auf Dauer eine großangelegte Irreführung – und sei sie auch gesetzlich abgesegnet – nicht bestehen. Vor allem dann, wenn mit der Veränderung eines natürlichen Produkts gegen die elementaren Grundsätze der Geschmacksphysiologie verstoßen wird. Als Folge dieser Politik begann man selbst in privilegierten, klimatisch günstigen Weinbauzonen mit einer Massenproduktion. Da aber diesen Weinen die Fülle der kleineren Massenprodukte fehlte, wurde gesüßt. Hier in Baden entstand die größte Kellerei Europas. Und wenn die Schwierigkeiten auf dem Markt mit dem Jahrgang 1970 – den man den Überläufer nannte –

nicht entstanden wären, so wäre dort auch bald die größte Kellerei der Welt entstanden, weil man allen Ernstes auch Teile der Rheinebene mit Reben zu bepflanzen plante. Schon der Anbau in diesen »Über-Dimensionen« ist auch bei bester Organisation nicht mehr exakt zu lenken. Vielleicht war dies auch die Erkenntnis eines maßgebenden Weinbau-Funktionärs, der vor wenigen Jahren allen Ernstes vorschlug, daß die Winzer in Baden ihre Weinberge gemeinsam bearbeiten, lesen und ausbauen sollten, um das Ergebnis dann »gerecht« zu verteilen. Eine Produktionsgemeinschaft also, die einer anderswo praktizierten Planwirtschaft sehr nahe kommt.

Beim Ausbau der Weine muß ein Kellermeister mit seinen Zöglingen auf »Du und Du« stehen. Das heißt, er muß sie kennen, muß sie regelmäßig probieren, um zu individuell ausgebauten Weinen zu kommen. Die heutigen Kellermeister der Großbetriebe kennen ihre Weine häufig nur noch über die chemischen Analysen ihrer Laboratorien, die zum Mittelpunkt der Großkellereien geworden sind. Damit ist erwiesen, daß sich die Kellereiwirtschaft in diesen Bereichen zur Getränkeindustrie entwickelt hat. Niemand wird heute feststellen können, ob ein Müller-Thurgau mit 30 Gramm unvergorenem Zucker (Süßreserve) vom nördlichsten oder vom südlichsten Teil Badens kommt. Das Industrieprodukt ist damit perfekt.

Inzwischen sind auch die Folgen bekannt. Die Korrektur ist jedoch ein psychologisches Problem. Gäbe es eine Möglichkeit, die letzten zwanzig Jahre Weinwirtschaft aus der Erinnerung zu streichen, so wäre man vielleicht in der Lage, das Ruder der Geschmackspolitik um 180 Grad zu drehen. So aber verteidigt man die Fehlleistungen mit immer neuen Ausflüchten und geht aber gleichzeitig schrittweise von den bisherigen Ansichten und den daraus resultierenden Methoden ab.

Der aktuelle Strohhalm ist die Geschmacksbezeichnung »trocken«. Eine Bezeichnung, die der Sektindustrie entlehnt wurde und die früher für fehlerhafte Weine stand. Weine, die überalkoholisiert sind, einen Überhang an Gerbstoffen, einen zu hohen Schwefelgehalt oder ähnliche Fehler aufweisen, hinterlassen auf Zunge und Gaumen einen rauhen Eindruck, weshalb die als »trocken« bezeichneten Weine als

fehlerhaft galten. Diese Bezeichnung wurde bei der Konstruktion des Weingesetzes 1971 als Geschmacksmerkmal verankert; und zwar als eine notwendige Folge der geschmacklichen Verfälschung. Fachleute hatten dafür plädiert, die Bezeichnung »durchgegoren« zu verwenden. Diese wurde jedoch abgelehnt, weil dann für »geschmackliche Abrundungen« der »trockenen« Weine kein Spielraum vorhanden wäre. Bis zu vier Gramm unvergorenen Zucker durften damals »trockene« Weine haben, und zwar ganz gleich, ob in natürlicher Form oder in Form von Traubensaft. Weine dieser Art wurden von weiten Kreisen des Verbraucherpublikums angenommen, weil man damit wenigstens eine Grenze gesetzt hatte und dieser Rahmen geschmacklich noch akzeptabel war.
Statt nun für die Freunde »süffiger« Weine einen darüberliegenden Bereich stärkerer Süßung mit »halbtrocken« einen weiteren mit »lieblich« festzulegen, dehnte man den Begriff »trocken« bis auf neun Gramm aus. Damit ist die Verwirrung perfekt. Der Weinfreund weiß nun weder im Restaurant noch beim Einkauf, welche Kategorie von »trockenem« Wein unter der Bezeichnung »trocken« ihn erwartet. Drei Definitionen dieser Art gibt es nun: durchgegoren, also Wein wie früher, fränkisch trocken – weil die Franken die Erhöhung des Limits nicht mitmachten – und »neutrocken« (eben bis neun Gramm Zucker).
Der Markt zeigt inzwischen sehr deutlich, daß der kritische Verbraucher entsprechend reagiert. Er kauft jene Weine, für die der Winzer oder der Weinkaufmann garantiert, daß sie nicht mit Süßreserve verschnitten sind, oder er kauft Auslandsweine, bei welchen dieses Thema bzw. die Verwirrung nicht gegeben ist. Zu diesen kritischen Weinfreunden gehören inzwischen zahlreiche Neuweintrinker, die tatsächlich über den gesüßten Wein zum Weintrinker wurden. Aber dies ist kein Argument zur Verteidigung der süßen Welle. Mit etwas Geduld und Aufklärung hätten wir heute denselben Konsum an gutem Wein, wenn wir wie unsere Konkurrenten im europäischen Ausland klare Geschmacksvorstellungen hätten.
Die Erhöhung der Zuckergrenze für die sogenannten trockenen Weine hat aber auch noch eine sehr nachteilige Wirkung hinsichtlich der Bekömmlichkeit. Sie ist an einem Mindest-

säuregehalt gebunden. Jene Weine, die neun Gramm unvergorenen Zucker haben dürfen, müssen mindestens sieben Gramm Säure pro Liter haben. Es kommt also zwangsläufig zu einer Kollision zwischen Zucker und Säure. Dies ist der sogenannte Preiselbeer-Effekt – jener gelegentlich durchaus akzeptablen Konfitüre, deren Ursprungsfrucht soviel Säure hat, daß man sie mit viel mehr Zucker als deren Eigengewicht genüßlich macht. Wie schon erwähnt, gibt es unzählige Leute, die dieses Produkt nicht bekömmlich finden, weil es bei bestimmten Voraussetzungen zur Übersäuerung des Magens führt; deshalb Preiselbeer-Effekt. Da Wein aber grundsätzlich bekömmlich sein soll, kann man diese Methode höchstens als schlechten Witz betrachten. Und hier gilt auch nicht der Vergleich mit den klassischen Beerenauslesen, Eisweinen und Trockenbeerenauslesen, weil diese Weine infolge einer sehr langen Reifezeit der Trauben im Säuregehalt so stark reduziert sind, daß nur sehr empfindliche Naturen negativ reagieren. Diese Auslesen und Beerenauslesen hätten übrigens auf dem internationalen Markt neben durchgegorenen Weinen wie dem Riesling von Rhein und Mosel, kräftigem Ruländer und Weißburgunder aus Baden und leicht blumigen Müller-Thurgau vieler Weingaue eine große Chance. Statt dessen exportiert der deutsche Weinbau überwiegend von der Sorte her undefinierbare Kleingewächse mit Phantasienamen, unter denen das Image des deutschen Weines leidet.
Mit Sicherheit wird es sich auf Dauer nicht vermeiden lassen, daß man jenen Winzern, die ihre Weine geschmacklich unverfälscht, also durchgegoren auf den Markt bringen, eine Kennzeichnungsmöglichkeit einräumt, welche bisher – man höre und staune – verboten war. Deutlicher ist das schlechte Gewissen der Lobby wohl kaum zu erkennen. Um die »Diskriminierung« jener mit Traubensaft verschnittenen Weine zu verhindern, setzte man durch, daß nichtmanipulierte Weine nicht entsprechend gekennzeichnet werden dürfen.
Mit einem in der Geschichte des Weinbaus einmaligen Werbeaufwand flankierte man die Irreführung des Verbrauchers. Anstatt die deutlichen Zeichen am Markt, z. B. den rapide steigenden Konsum durchgegorener Weine aus dem Elsaß und dem europäischen Ausland als Anlaß zum Umdenken zu benutzen, erfindet man immer neue Manipulationsmetho-

den. Das völlig falsche Anbau- und Ausbausystem der alten badischen Spezialität des Ruländers wie auch des in jüngster Zeit angebauten Weißburgunders führte zu beträchtlichen Absatzschwierigkeiten. Diese Sorten der Pinot-Familie – Pinot gris und Pinot blanc, Pinot Chardonay – sind in Frankreich die begehrtesten und teuersten Weißweine, weil sie als beliebteste Begleiter eines großen Spektrums von Speisen geeignet sind.
Hier in Baden kamen sie mit den »genialen« neuen Ausbaumethoden dick, voluminös, säurearm und damit platt, matt und sättigend auf den Markt. Dies in völliger Verkennung der Tatsache, daß nur fordernde, rassige Weine eine Chance haben, öfter getrunken zu werden. Die Produkte dieser Art werden heute, mit Medaillen und mit Etiketten aller Bonbonfarben beklebt, in Kaufhäusern und an Tankstellen (!) als Sonderangebote zu Schleuderpreisen verkauft.
Die erste Generation der badischen Genossenschaftsfunktionäre hat 25 Jahre gebraucht, um den badischen Winzern sortenreinen Weinbau beizubringen. Die zweite, die heutige Generation schüttet nun diesen im Ursprung wertvollen Ruländer in den roten Spätburgunder, um ihn mit Spekulation auf die Nostalgie als »Badisch Rotgold« in Anspielung auf die alten badischen Landesfarben an den Mann zu bringen. Ein deutlicheres Eingeständnis des Zusammenbruchs ihrer Geschmackspolitik gibt es nicht. Dasselbe gilt für den Weißburgunder. Kein Wein reagiert auf eine geschmackliche Verformung durch Süßung negativer als dieser Wein mit seinem zarten Charakter, welcher die Voraussetzung für geschmackliche Harmonie zu Speisen einfacher wie feiner Art ist.
Zusammenfassend ist deshalb zu fordern, die irreführende Auszeichnung wie »trocken« für das ganze Spektrum von tatsächlich durchgegorenen, leicht süßlichen und süßlichen Weinen zu verbieten und dafür »durchgegoren«, »halbtrokken« und »lieblich« vorzuschreiben. Dies wäre allerdings nur ein Kompromiß, weil in allen klassischen Weinbauländern Wein ein fester Begriff in geschmacklicher Hinsicht ist und geschmackliche Abarten schon durch den Nachweis ihrer Herkunft gekennzeichnet sind. Besser wäre also, wenn sich der deutsche Wein wieder je nach seiner Provenienz deutlich profilieren würde, indem die Süßung unterbleibt. Nach kurzer Zeit wüßte dann jeder Weinfreund, welcher

»sein Wein« ist. Das Hochstilisieren der kleinen Weine zu mittleren und der mittleren zu größeren Weinen hätte dann ein Ende. Dann müßten allerdings viele Winzer wieder ihre Weine als das auf den Markt bringen, was sie sind, nämlich als Schoppenweine in der Literflasche, die mittleren Qualitäten für den täglichen Konsum und die großen für die entsprechenden Gelegenheiten.
Das finanzielle Ergebnis wäre bestimmt dasselbe, wenn nicht wesentlich besser. Als Beispiel sollte man – wenn auch mit Einschränkung – das Elsaß nehmen. Dort sagt man, welcher Preis für die kleinen Weine, zum Beispiel den Edelzwikker, erzielt werden muß, um existieren zu können. Die Einschränkung bezieht sich hier auf die nicht selten zu alkoholreichen »kleinen Weine«, welche durch zu hohe Zuckerung (vor der Gärung) entstehen. Die Tatsache aber, daß sie durchgegoren sind, bringt auch unter diesen nicht akzeptablen Umständen den Vorteil der höheren Bekömmlichkeit.

Zusammenfassung meiner Kritik:

Ich habe bisher in vielen Details versucht, die vielen kleinen und großen Ursachen der deutschen Wein-Misere aufzuzeigen. Es ist für den Weinfreund nicht leicht, dies alles zu begreifen und zu verstehen. Ich möchte deshalb hier, abschließend, den Versuch einer übersichtlichen Zusammenfassung zur besseren Erkennung von Ursachen und Wirkung zu machen.
Man kann getrost behaupten, daß in keinem anderen klassischen Weinbauland der Erde das alte Kulturgut Wein so organisiert und systematisch gewaltsam verändert wurde – ich nenne dies Geschmacksverfälschung – wie dies in der Bundesrepublik Deutschland geschah. Es gab während der Epoche zwischen 1960 und 1985 nur wenig Weine, die nicht mit Traubensaft verschnitten waren. Dies war – und das muß gesagt werden – nicht die Idee der Winzer. Es waren einzig und allein die Funktionäre der Verbände und der großen industrialisierten Genossenschaftskellereien, die sie in die Welt setzten. Dieselben Zeitgenossen also, welche durch ihr politisches Gewicht, mit Hunderttausenden von Mitgliedern, jene Lobby bildeten, die selbst das Weingesetz in ihrem In-

teresse beeinflußen konnte. Wie wäre es sonst möglich, daß diese Betriebe mit dem auf den ersten Blick praktischen Großlagensystem die Möglichkeiten haben, Weine aus einem unbekannten Weinort eines Großlagenbereichs mit dem Ortsnamen des berühmtesten Weinortes versehen, auf den Markt bringen können? Das ist perfekte Täuschung und Betrug des Verbrauchers unter Mithilfe des Gesetzgebers! Dasselbe gilt auch für die Geschmacksbezeichnung „Trocken", mit welcher der kritische Weinfreund belogen wird, weil der Wein unter dieser Bezeichnung bis zu 9 Gramm pro Liter unvergorenen Zucker haben kann, welcher ihm in Form von Traubensaft beigegeben wird.
Nur mit diesem System war es möglich, daß wir eine ganze Serie von Skandalen bekamen, welche durch die massive und systematische Geschmacksmanipulation ausgelöst wurden: Totale Veränderung des alten Kulturguts Wein und Hinzugabe von chemischen Haltbarkeitsmitteln, die niemals notwendig sind, wenn der Wein auf herkömmliche Weise entstanden ist und so vertrieben wird.
Den Flüssigzuckerskandal hätte es nie gegeben, wären nicht die Verbraucher mit enormem Werbeaufwand davon „überzeugt" worden, daß süße oder süßliche Weine gut sind. Der Diäthylenglykol-Skandal war dann die logische Folge der 20 Jahre dauernden Vorbereitung. Den Weinverbrechern in Österreich war dieses Mittel gleich mehrfach dienlich. Es machte die billigen Kleinst-Weine süß und haltbar.
Der Gesetzgeber wird sich nun überlegen müssen, ob er seinen bisherigen Ratgebern, die vermutlich fertige Paragraphentexte für das Weingesetz von 1971 und seine Novellierung 1979 lieferten, weiter vertrauen möchte, um damit gleich den nächsten Skandal zu programmieren, oder ob er mit unabhängigen Experten, vor allem auch mit kenntnisreichen Verbrauchern sein Gesetz verbessern will.
Dem Weinfreund kann man nur raten, möglichst viel Selbstschutz zu treiben, indem er seinen Lieferanten, ganz gleich ob Winzer, Weinhändler oder seinen Wirt vergattert, ihm **durchgegorene** Weine zu liefern, denn mit diesen haben Fälscher die geringste Chance.

Merke: Alles was vom Weinstock kommt ist edel –
wenn es der Mensch nicht verändert.

Und: Christus hat während seiner Wundertätigkeit einen einzigen Fehler begangen, als er bei der Hochzeit zu Kanaan aus Wasser Wein machte. Seither versucht man immer wieder mit wechselnden Methoden gleiches zu tun, aber letztlich immer ohne Erfolg.

Die Nebenprodukte der Reben

Wein ist das Hauptprodukt der Winzer. Über Wein wird diskutiert, über Wein wird sogar gestritten. Nur gelegentlich spricht man auch über die Nebenprodukte. Die, das möchte ich vorausschicken, alle die edle Herkunft erkennen lassen. Selbst der allerletzte Dienst, den ein ausgehackter Weinstock einem Freund guter Lebensqualität erweist, ist vorzüglich. Geflügel oder Fleisch oder Fisch auf glühenden Weinstökken gegrillt, sind delikate Feinschmeckergerichte. Aber auch die verschiedenen Destillate, ein sauberer destillierter Treber (Frankreich Marc de Bourgogne, de Champagne usw.), der sein Alter im Faß oder auch in der Korbflasche erreicht hat, kann ein zum Jubilieren verleitendes feines Beigetränk eines guten Kaffees sein. Selbst der ordinäre Hefe-Schnaps, ein altes Hausmittel der Winzer, das manchen Gang zur Apotheke zu ersetzen vermag, ist in seiner Einfachheit edel. Allerdings gilt auch hier die alte Volksweisheit »Von nichts kommt nichts«; im Klartext: Ein gutes Produkt, auf saubere, das heißt auf hygienische Art und mit Verstand zubereitet, bringt immer Qualität und damit Freude. Schlamperei erkennt man an jedem Produkt, auch wenn das Ausgangsmaterial gut war.
Hefe-Schnaps, dem auch das Altern sehr bekömmlich ist, wird übrigens auch in anderen Teilen des alemannischen Gebietes hergestellt. Man nennt ihn beispielsweise in Frankreich »Le lit de Vin«, das Bett des Weines, weil sich die Hefe beim Abstich des Weines unten im Faß befindet. Diese Hefe wird sehr arbeitsaufwendig bis zu dreimal destilliert, bevor der Vorlauf für die äußere Anwendung in die Hausapotheke kommt, während das Herz des Destillats für die innere Anwendung an kalten Tagen, zum Bier oder besonders Verdauungshilfe Verwendung findet.

Das Neueste auf dem Gebiet der Verwertung von Nebenprodukten ist die Herstellung von Speiseöl aus den Kernen der Trauben. Während des Zweiten Weltkrieges wurden für diesen Zweck Maschinen konstruiert, die nach dem Pressen der Trauben die Kerne aus den Rückständen sortierten. Aus diesen Kernen stellte man ein sehr gutes Speiseöl her, welches natürlich mit anderen Ölfrüchten vermischt wurde. Inzwischen weiß man, daß in Südamerika, vor allem in Argentinien, dieses Öl in großen Mengen hergestellt wird. Sein besonders hoher Gehalt an ungehärteten Fettsäuren, ähnlich dem Saflor-Öl, ist für die heute notwendige Ernährungsweise wie geschaffen. Man will das Öl auch in Deutschland herstellen. Neben dem Destillieren der Treber dürfte die Gewinnung dieses sehr gesunden Öls auch in kommerzieller Hinsicht interessant sein. Die Intensität, mit der man nun Nebenerträge des Weinbaues sucht, bestätigt meine Theorie, daß man mit dem Hauptertrag, dem Wein, nicht mehr auszukommen scheint. Vor zehn Jahren hätte man mich ausgelacht, wenn ich solche oder ähnliche Vorschläge gemacht hätte. Inzwischen ist die Preisinsel Baden im alemannischen Weinland durch Großproduktion in ihrem Ansehen beträchtlich angekratzt, und die Erlöse sind entsprechend gesunken. Selbst einige mittlere Genossenschaftsbetriebe haben viel Mühe, ihr Niveau zu halten. Nach zwanzig Jahren unnatürlicher Geschmackspolitik liegen die Weine mit ehemals klingenden Namen in den Sonderangebotsregalen von Kaufhäusern und Supermärkten. Kleine Betriebe im genossenschaftlichen Bereich und vor allem im privaten Bereich, selbstvermarktende Weinbaubetriebe und Weingüter melden indessen weiter guten Absatz. Jene Betriebe aber, die jeglicher Verfälschung in Form von Süßung abgeschworen haben, sind Jahr für Jahr die ersten, die ihre Produkte verkauft haben. Dies ist eine erfreuliche Entwicklung, die den badischen Weinbau wieder auf natürliche Wege zurückführen kann.

Neue Rebsorten

Fast hundert Jahre sind vergangen, seitdem einem Schweizer in Geisenheim im Rheingau ein großer Wurf gelang: die

Kreuzung zweier bekannter klassischer Rebsorten. Die Kreuzungsformel lautet: Riesling × Silvaner. Die Rebe erhielt den Namen Müller-Thurgau, nach seinem Züchter mit dem Namen Müller, der aus dem schweizerischen Kanton Thurgau kam. Es dauerte aber viele Jahrzehnte, fast zwei Winzergenerationen, bis sich diese erste wirtschaftlich vorteilhafte Kreuzung zweier Rebsorten durchzusetzen begann. Erst nach dem Zweiten Weltkireg erkannte man auf breiter Basis jene Vorteile, die das Ziel unzähliger Kreuzungsversuche waren. Der späte Austrieb im Frühjahr vermindert den nachteiligen Einfluß des Spätfrostes, und die extrem frühe Reife der Müller-Thurgau-Traube ermöglicht den Anbau in späteren, d. h. weniger guten Lagen, zum Beispiel Höhenlagen, Nordhänge usw. Diese Vorteile waren für den deutschen Weinbau von unschätzbarem Wert. Viele Weinbaubetriebe, die die Randlagen dieser Art mit klassischen Sorten aufgrund zu geringer Qualitätserwartung nicht bepflanzen konnten, wurden durch diesen Müller-Thurgau in die Lage versetzt, ihre Anbauflächen zu arrondieren und bedeutend rentabler zu bewirtschaften.
Jahrzehntelang haben Fachleute, unter ihnen hauptsächlich die konservativen Anhänger der herkömmlichen Sorten, die Richtigkeit der Kreuzungsformel des Müller-Thurgau bezweifelt, weil die Weine in ihrer Art und dem Bukett eher an die Verwandtschaft mit dem Muskateller erinnerten. Die Eigenarten der Elternteile Silvaner und Riesling kamen nicht zum Durchbruch. Die im Durchschnitt wesentlich höheren Mostgewichte (spezifisches Gewicht = Zuckergehalt nach Oechsle) entschädigten jedoch diesen Mangel im weitesten Sinne. Die Erfahrungen, die Resultate, die man zunächst auf den Versuchsgütern mit dieser Traube machte, liefen darauf hinaus, daß dieser neue Wein ganz genau den deutschen Geschmack traf. Die Praktiker meinten, daß er ähnlich wie der Rheingauer Riesling ein Drittel Edelfäule haben müsse, um zu einem Wein höchster Güte zu werden. Aber genau damit entspricht er nicht den Grundsätzen der Weinphysiologie. Er wirkt geschmacklich penetrant, die Pflanze bringt zwar die interessanten Erträge, die die Existenz des Winzers sichern, der Wein jedoch wirkt in den oberen Qualitätsbereichen abstoßend und sättigend. Ein Müller-Thurgau dieser Art wäre für einen Feinschmecker unmöglich.

Von allen Speysen vnnd Gerichten ꝛc. Aller hand art künst/

lich vnnd wol zů kochenn/einmachen vnnd bereytten.
Dabey eins yeden Essens wirckung vnd natur/zů auffent=
haltung menschlicher gesundtheyt. Durch den hochge=
lerten vnd erfarnen Platinam/Bapsts
Pij des andern Hoffmeister.

Wie man Weyn vnd Essig wol erzie=

hen/behalten vnnd widerpringen/Auch mit aller hand Kreů=
tern vnd Specereyen zů gesuntheyt/bereytten
vñ geprauchen sol. Alles new vnd ordenlich zůsamen gepracht.

M.D.XXXVI.

Titelblatt eines Kochbuches, 1536 bei Egenolff in Frankfurt erschienen

Inzwischen hat man aber erkannt, daß – wie beim Vergleich zwischen den überreifen Ruländerweinen am Kaiserstuhl mit den in der normalen Reife und mit gesunden Trauben gelesenen französischen Weinen – auch hier ein sehr reintöniger Wein entsteht, dessen rassige Harmonie durch den sonst üblichen Überhang an Aromastoffen nicht gestört wird. Der Grund hierfür ist gesundes statt edelfaules Lesegut. Ich darf für mich in Anspruch nehmen, daß ich diese Entwicklung seit einigen Jahren forciere und mit meinen Weinen, die in dieser Art gekeltert sind, große Erfolge habe. Besonders beim Müller-Thurgau ist das Ergebnis frappierend. Es gibt Leute, die solcherart gekelterten Müller-Thurgau nicht als solchen erkennen und anerkennen. Der Durchbruch der Müller-Thurgau-Rebe im deutschen Weinbau und die damit verbundenen wirtschaftlichen Vorteile haben Aktivitäten unter den Biologen des deutschen Weinbaus ausgelöst. Man nennt diese Aktivitäten auch »Neuzuchtfieber«. Aus allen Forschungsanstalten und aus vielen Institutionen kommen nun in einer schon nicht mehr zu überschauenden Zahl die neuen Kreuz- und Querzüchtungen. Wer einen Namen hat, will ihn mit einer Neuzüchtung verewigen. Scheurebe – der Züchter heißt Scheu –, Kerner, Ortega und Huxel, selbst Bacchus muß herhalten, Nobling und Findling. Eine einzige dieser Sorten sehe ich gegenüber ihren Ursprungssorten als vorteilhaft an, nämlich die Findlingrebe. Sie ist eine neuerliche Kreuzung von Riesling × Müller-Thurgau, die noch früher reift als der Müller-Thurgau; sie bringt geringere Erträge als dieser, aber in den Weinen dieser Art kommen die Charakterzüge des Riesling mehr zur Geltung. Alles in allem Vorzüge, die den gezielten Anbau empfehlen.
Grundsätzlich kann man aber feststellen, daß alle Neuzüchtungen zusammen noch mehr Wirrwarr, noch weniger Übersicht in den an sich doch kleinen deutschen Weinbau bringen. Die klassischen Sorten, der Riesling in den für ihn günstigen Lagen, der Gutedel, die zur Zeit bei der Administration nicht in hohem Ansehen stehende Silvanerrebe, besonders aber die Pinot-Familie, Weißburgunder, Spätburgunder und der Ruländer (Grauburgunder) mit allen Mutationen und selektionierten Nebensorten, wie zum Beispiel der beliebte und deshalb auch sehr teure Pinot Chardonay (aus Burgund, Chablis und der Champagne) werden auch in Zu-

kunft die Marktführer bleiben. Sie haben einen eindeutigen Charakter, sind bereit, sich guten Speisen unterzuordnen und werden deshalb von Kennern, Amateuren, kurz von Feinschmeckern und solchen, die es werden wollen, bevorzugt.

Man kommt auch hier nicht ohne Vergleich mit Frankreich aus, will man die ehrgeizigen deutschen Weinbauexperten im Interesse der deutschen Winzer zur Vernunft rufen. Betrachtet man die einzelnen französischen Weinbaugebiete, so findet man dort immer und überall jene Sorten, die seit Generationen, seit Jahrhunderten angebaut werden. Art und Charakter der Weine sind so sehr akklimatisiert, zu ihrem Vorteil akklimatisiert, daß jeder Weinfreund schon beim Gedanken an eine bestimmte Provenienz den betreffenden Wein in der Nase, auf der Zunge und am Gaumen objektiv spürt. Jeder weiß, was er erwarten kann, wenn er diesen Wein kauft oder im Restaurant bestellt. Dagegen wird es immer mehr zum Glücksspiel, einen deutschen Wein ungeprobt zu bestellen, weil man sonst vor Überraschungen nicht sicher ist. Und hier tragen inzwischen auch die Neuzüchtungen, die ich Bastarde nennen möchte, einen beträchtlichen Teil dazu bei.

Inzwischen können wir selbst von den Amerikanern, der jüngsten Weinbaunation, lernen. Sie bringen nämlich völlig ohne Skrupel, ohne jede Spur von Komplexen, eben mit amerikanischer Selbstverständlichkeit Rheingauer- und Moselrieslinge, Elsässer Gewürztraminer und Pinot Chardonay als Chablis und Pouilly Fuissé aus Kalifornien auf den Markt, die sich nur schwer von den Originalen unterscheiden lassen. Vor wenigen Jahren haben wir die ersten Produkte belächelt, haben wir uns darauf verlassen, daß andere Verhältnisse auch anders geartete Weine hervorbringen. Bei einer großen Weinprobe in Paris, die man etwas großspurig Weinolympiade nannte, probte man Weine aus 58 Ländern der Erde. Eine Reihe von exotischen Außenseitern machte den Experten viel Spaß. Englische und chinesische Weine waren nur interessant, weil man sie erstmals versuchen konnte. In unverständlicher Abwesenheit der großen französischen Weine stellte Amerika den besten Pinot Chardonay, der aus Kalifornien nach Frankreich in sein Ursprungsland kam. So kamen aus Argentinien und Chile Cabernet-Weine, die nur sehr mühsam von bürgerlichen Gewächsen aus Bordeaux zu unterscheiden waren. Und es kamen, für mich besonders interessant, aus Australien »Kaiserstühler Barossa-Weine«, die wie Ruländer schmecken, allerdings wie Ruländer, den man zu lange im Faß gelassen hat und der dann eben etwas ältlich oder auch vergammelt schmeckt. Die Bezeichnung »Barossa-Wein« ist übrigens kein Druckfehler. Der Fehler ist bestimmt jenen deutschen Einwanderern in Australien unterlaufen, die ihre alte Heimat, den Kaiserstuhl, mit Kaiser Barbarossa in Verbindung brachten, aber einen Teil des Namens auf dem Weg nach Australien verloren hatten.

Sicher ist, daß wir Weinfreunde künftig von diesen neuen Weinbauregionen hören werden, weil die Bedingungen in vielerlei Hinsicht recht günstig sind. Hoffen wir, daß unsere Weinbauern den deutschen Weinbau mit einer klaren Geschmackspolitik auf natürlicher Basis zu seinem früheren Ansehen zurückführen. Hoffen wir, daß nicht noch mehr Wirrwarr durch neue Einfälle entsteht. Denn immer wieder versuchen Außenseiter, zu Geltung und Geld zu gelangen.

Das Neueste auf diesem Gebiet ist der sogenannte biologische Weinanbau, den es, um es gleich vorwegzunehmen, nicht geben kann. Die Rebe ist, das wissen wir, eine der ältesten und hochstehendsten Kulturpflanzen. Sie ist aber inzwischen längst nicht mehr gegen alle neuen tierischen und pflanzlichen Schädlinge immun und muß deshalb geschützt werden. Gewiß, es trifft zu, daß wir viele Jahrzehnte benötigten, um diese Schädlinge mit Mitteln bekämpfen zu können, die kaum oder besser keine nachteiligen Nebenwirkungen bringen. Heute aber kann man mit Fug und Recht behaupten, daß wir diese Mittel haben, die, ohne chemische oder mikroskopisch feststellbare Rückstände zu hinterlassen, angewandt werden können. Wir haben kellerwirtschaftliche Geräte, die praktisch absolute Hygiene gewährleisten, aber wir haben keine qualitativ hochstehende Rebe, die ohne den notwendigen Ausgleich und ohne Auffüllung verbrauchter Mineralien Erträge bringt, und wir haben keine Rebe, die auf Dauer Erträge bringt, wenn wir sie beispielsweise nicht gegen die Pilzkrankheit »Peronospora« schützen.

Wer also biologischen Weinbau betreibt, indem er Schädlingsbekämpfung ohne chemische Mittel durchführt, sondern nur mineralische oder organische Düngung anwendet, kann spätestens nach drei Jahren keinen Wein mehr liefern, weil seine Reben nach dieser Zeit zugrunde gegangen sind. Eine Unwahrheit leisten sich jene Franzosen, die in Deutschland eine Reihe leichtgläubiger Kaufleute gefunden haben, denen sie in einer klassischen Bordeaux-Flasche einen »biologisch gezogenen« Wein verkaufen, der nach Meinung der Kenner aber kein Bordeaux – und auch kein Provence-Wein ist – also ein Bastard wie die deutschen Neuzüchtungen.

Inzwischen hat man nun vermutlich schlechtes Gewissen gespürt oder wurde darauf hingewiesen, daß man diese Art Kompromißweinbau nicht als biologisch bezeichnen darf. Die Lösung ist gefunden, man nennt diese Art von Weinbau nun »Agrar-biologisch«. Dies ist ehrlicher. Man gibt damit zu, daß man zwar einige chemische Mittel benötigt, um Weinstöcke und Wein gesund zu erhalten, weist aber gleichzeitig darauf hin, daß man sich bemüht, ohne mineralische Dünger auszukommen. Wo allerdings jener Vorteil liegen soll, der den totalen Verzicht solcher natürlich-mineraler Dünger rechtfertigt, konnte ich bislang nicht feststellen. Nachdem wir heute unsere landwirtschaftlich genutzten Böden präzise analysieren und feststellen können, was ihnen fehlt, um qualitativ gute Früchte zu bringen, halte ich es für das Ausschlagen eines wertvollen Geschenks, die in Hülle und Fülle vorhandenen natürlichen Düngemittel zur Erhaltung der Qualität der Böden nicht anzuwenden.

Aktuelles vom Weinbau im alemannischen Raum zwischen Vogesen und Schwarzwald und nördlich der Alpen

Drei interessante Weinbaugebiete umfaßt der alemannische Raum. Das Elsaß, die Nordschweiz und Baden bis auf die Höhe um Baden-Baden.

»Drei Länder, drei Sünden, und keiner weiß weshalb« oder, zuviele Köche verderben den Brei. Eine alte Weisheit, die ja immer wieder ignoriert wird. Auf die Situation im internationalen Weinbau transferiert, kann man formulieren:

Zuviele Önologen bringen schlechten Wein. Das ist kein Unkenruf, das ist das Ergebnis kritischer Betrachtung, realer Erfahrung.
Ich bin schon früher auf die Seuche der Neuzüchtungen von Reben, Kreuzungen, Mutationen etc. eingegangen. Wir kennen das äußerst bescheidene Ergebnis riesigen Aufwands. Es scheint nun so, daß, nachdem dort keine Lorbeeren mehr zu holen sind, andere Chancen zur Verewigung gesucht werden.
Da sehen wir doch heute bei den sonst so nüchternen Schweizer Freunden eine Entwicklung, welche für den Schweizer Weinbau eines Tages genauso folgenschwer sein wird, wie die teuflische Erfindung der Süßung des deutschen Weines mittels Stoppen oder Verschneiden mit Traubensaft.
Die besondere klimatische Situation des Schweizer Weinbaus hat während der wissenschaftlichen Entwicklung des Weinbaus im Verlauf der zurückliegenden Jahrzehnte gegenüber den deutschen und französischen Instituten – natürlich aufgrund differenzierter Zielsetzungen – auch entsprechend unterschiedliche Ergebnisse gebracht. Wir wissen, daß die Weinbaugebiete nördlich der Alpen oder in deren Randgebieten, selbst gegenüber weiter nördlich gelegenen deutschen und französischen Gebieten teilweise beträchtlich höhere Säureanteile in die Fässer bringen. Daß diese Erträge unterschiedliche Anwendung von Ausbaumethoden, ja selbst unterschiedliche Methoden erfordern, ist für Fachleute, aber auch für aufgeklärte Weinfreunde kein Geheimnis und als solches auch nicht notwendig.
Wir wisssen, daß ein in weiten Bereichen des deutschen und französischen Weißweinanbaus inzwischen abgeschafftes System des forcierten biologischen Säureabbaues, vor allem bei jenen Weinen im unteren Alkoholbereich (10–12° alk.), dazu führte, daß diese leichten Weißweine natürlicher, frischer, rassiger schmecken, seit der früher in vielen Nuancen auftretende Milchsäureton nur noch selten zu finden ist. Die Weißweine dieser Kategorie sind seither wertvoller geworden. Sie eignen sich wesentlich besser als Begleiter des ganzen breiten Spektrums von Meeresfrüchten; und zwar ganz gleich, ob es sich um rohe oder um durch Kochkunst verfeinerte handelt. Dies ganz einfach deshalb, weil die Weine durch diese hygienischer wirkende Ausbauart reintöniger

bleiben. Sie sind also gastronomisch wertvoller, bieten mehr Gelegenheit, getrunken zu werden, weil durch ihre Reintönigkeit mehr Kombinationen möglich sind. Damit steht fest, daß diese hygienisch-moderne Methode einen Segen für den Weinbau darstellt – und den Weinfreunden mehr Genüßlichkeit garantiert.

Aber was machen unsere Schweizer Önologen? Sie lehren eine ganze Generation von Kellermeistern, ihre Jungweine mittels biologischen Säureabbaus radikal zu entsäuern, um anschließend, nach chemischer Analyse, festzustellen, wieviel Säure dem betreffenden Wein nach einer Normentabelle zustehe! Das entsprechende Quantum wird dann in Form von künstlich hergestellter Weinsäure zugegeben. Damit, so meinen die verantwortlichen Professoren, wäre die optimale geschmackliche Ausgeglichenheit gewährleistet.

Ich meine, daß damit Laborweinbau gewährleistet ist und weiteren »Spielereien« Tür und Tor öffnet.

Gastronomisch sind dieserart entstandene Weine weit weniger wert, denn *alle* sind ohne Rasse und ohne Reintönigkeit. Obwohl mancher in der Jungweinperiode beim ersten und vielleicht auch beim zweiten Glas noch gut mundet, spätestens beim dritten Glas dringt der Milchsäureton auf Zunge und Gaumen durch, und vorbei ist die Lust am Weintrinken. Sensible, das heißt geschmacklich feine Speisen gleich welcher Art werden durch diesen, wenn auch nur dezenten Milchsäureton unangenehm tangiert. Man kauft sich also mit solchen Weinen geringeren Eß- und Trinkgenuß!

Wenn Wissenschaftler bereit sind, über die Nachteile der von ihnen erfundenen Methoden zu diskutieren, so muß dies respektiert werden. Stellt man aber Sturheit und massive Verteidigung solcher Methoden um jeden Preis fest, so sollte der Praktiker und der Kenner unter den Konsumenten die Dinge beim Namen nennen. Diese für den Weinbau und den Konsumenten nachteilige Methode möchte ich deshalb Wein-Nostalgie-Chemie nennen. Die Erfinder haben keine Spur von Einsicht oder Verständnis gezeigt, als man mit ihnen sachlich über die geschmacklichen und damit gastronomischen Nachteile diskutierte.

Hier drängt sich der Vergleich mit den deutschen Weinwissenschaftlern der Nachkriegszeit auf, welche – bei allen anerkennenswerten Leistungen auf dem Gebiet der Weißwein-

Forschung – schließlich doch für die größte organisierte Geschmacksverfälschungs-Epoche verantwortlich sind. Noch nie wurden in einem zivilisierten Land zwei ganze Generationen von Fachleuten – in diesem Falle Kellermeister und andere Weinbaufachleute – auf dieser breiten Basis systematisch zur Verfälschung eines hochkultivierten Produkts wie dem Wein ausgebildet.
Und schließlich war diese systematische Ausbildung eindeutig die Ursache für den Flüssigzucker-Skandal in Deutschland und den Frostschutz-Wein in Österreich. Es ist ein äußerst schwacher Trost, wenn die deutschen Fälscher heute darauf hinweisen, daß bei den Weinen, welche in Deutschland Flüssigzucker in höhere Prädikatsregionen gesüßt wurden, wenigstens keine gesundheitliche Schäden die Folge waren.
Verantwortlich für diese und für zukünftige Katastrophen sind für mich eben jene Önologen, die einfachen Kellermeistern und Laboranten die Möglichkeiten dieser chemischen Verfälschungen in die Hand geben. Es sind eben jene Önologen, von denen wir, wie die Situation beweist, zuviele haben.
Das System der Süßung des Weines hat nach der Zuhilfenahme von gesundheitsschädlichen chemischen Mitteln nun einen absoluten Höhepunkt erreicht. Die Verwirrung durch die verschiedenen Ursachen und Wirkungen ist so groß, daß man ausführlich erklären und auseinanderhalten muß.
Die schon in der Antike bekannte Tatsache, daß der Wein einen gewissen Mindestgehalt an Alkohol zur Haltbarkeit und geschmacklichen Ausgewogenheit braucht, aber andererseits selbst in sonnenreichen Gebieten nicht immer genügend Zucker für diesen Alkohol mit den Trauben geerntet wird, hat zu immer neuen Versuchen und Experimenten der Aufzuckerung (in Deutschland nennt man dies »Anreicherung«) geführt.
Mit Früchten, Fruchtessenzen, mit Honig, dem teuren Rohrzucker und später dem Rübenzucker wurde in vielen Epochen der Traubenzuckergehalt angehoben, um im Wein den notwendigen Mindestgehalt an Alkohol entstehen zu lassen.
Zu allen Zeiten haben immer wieder Menschen versucht, durch Übertreibung dieser Anreicherungen finanzielle Vorteile zu erzielen. Während immer wieder Verbote, verbunden mit strengen Strafen, für die verschiedenen Anreicherungs-

methoden erfolgten, die Verbote aber auch immer wieder ignoriert wurden und damit mit einer gewissen Regelmäßigkeit immer wieder Weinskandale die Weinfreundegenerationen erschütterten, hat ein verdienter französischer Wissenschaftler und Politiker namens Jean Antoine Chaptal, der unter Napoleon verschiedene Ministerämter bekleidete, versucht, Ordnung in die Weinwirrnisse zu bringen.
Napoleon wollte die Probleme auf seine Weise, nämlich radikal, lösen. Er meinte, daß dort, wo Zucker zur Anhebung des Alkoholgehalts im Wein notwendig sei, die Weinstöcke ausgehackt werden müßten. Er wollte Weinbau in diesen Zonen verbieten. Chaptal machte ihm verständlich, daß er dann bald auf seinen Lieblings-Rotwein, den Chambertain Clos de Baize verzichten müsste, weil auch für diesen in weniger sonnenreichen Jahren unterschiedliche Mengen von Zucker zur Anreicherung benötigt würden.
Deshalb hat Jean Chaptal das System des »Chaptalisierens« entworfen, nachdem in verschiedenen Gebieten für verschiedene Arten von Wein unterschiedliche Mengen von Zucker als Zugabe vor oder während der Gärung erlaubt sind. Fachleute setzen seitdem in allen bekannten Weinbaugebieten der Welt die höchst vertretbaren Mengen von Zuckerzusätzen für die unterschiedlichen Weinsorten und Jahrgänge fest. Die Mengenansetzung wird in allen Ländern mehr oder weniger streng kontrolliert. Übertreibungen werden überall verfolgt und bestraft.
Als Weinfachmann kann ich dieses System vertreten und verteidigen, sofern es vorsichtig angewandt wird. Das heißt, sofern nicht versucht wird, aus qualitativ kleinen Jungweinen mittels Aufzuckerung größere zu machen, dem Konsumenten also mehr vorzugaukeln, als die Natur gebracht hat.
Natürlich ist es besser, wenn man dieses Hilfsmittel nicht braucht, wenn die Jungweine oder möglichst viele Jungweine genügend eigenen Zucker bringen, um daraus »selbständige« Weine entstehen zu lassen. Aber dies ist leider nicht der Fall. So müssen wir eben mit dem Kompromiß leben, aber auf strenge Einhaltung der logischen Vorschriften achten.
Natürlich sind Weine, welche keinen Fremdzucker brauchen, wertvoller. Sie haben mehr Extrakte, mehr Fruchtstoffe etc., der höheren Reife wegen auch weniger Säure. Sie

werden deshalb auch besser bezahlt. Aber umgekehrt, sind leicht angereicherte Weine deshalb nicht weniger wertvoll. Oft fehlt nur eine kleine Zugabe, um den späteren Wein geschmacklich hervorragend auszubalancieren.

Das Wichtigste ist allerdings, daß Übertreibungen vermieden werden, daß die angereicherten Weine (in Deutschland nennt man so die Qualitätsweine bestimmter Anbaugebiete) durchgegoren sind, d. h. daß aller Zucker, auch der zugegebene, durch die Gärung in Alkohol umgesetzt ist. Nur so kann Wein bekömmlich sein.

Das ist das klassische und wissenschaftlich längst fundierte System der Bearbeitung der kleineren Erntequalitäten im Weinbau, dessen Effekt von einer großen Mehrheit von Laien wider besseren Wissens als Süßung des Weines bezeichnet wird. Dies führt dann zu der irrigen Meinung, es wäre dieses System, das insbesondere den deutschen Wein während der vergangenen fünfundzwanzig Jahre so widerlich süß gemacht hat.

Gehen wir davon aus, daß die qualitativ besten Weine der Welt, es gibt sie immer wieder in den verschiedenen Gebieten der Weinwelt, jene sind, die soviel Zucker in ihren Trauben mit ins Faß bringen, daß nicht aller Zucker von den Hefebakterien in Alkohol umgesetzt werden kann. Die Reste dieses Zuckers bleiben im fertigen Wein erhalten und machen ihn mild, süffig oder gar süß. Der Fachmann nennt ihn die Restsüße.

Die großen Jahrgänge, deren Spätlesen, Auslesen und Beerenauslesen die jeweiligen Spitzenprodukte darstellen, wurden immer weinbaugeschichtlich festgehalten. Dichter besangen sie, Weinhistoriker beschrieben sie wissenschaftlich, und die Weinfreunde hatten immer ihre Freude an diesen Geschenken des Bacchus. Für die Winzer sind sie natürlich auch die wertvollsten und beliebtesten Jahrgänge, auch wenn sie finanziell nicht unbedingt die besten sind. Größere, oder sagen wir mittlere, Jahrgänge sind dem Winzer oft interessanter, weil sie Weine für den täglichen Bedarf bringen, welche auch leichter – und rentabler – absetzbar sind.

Während der Nachkriegsepoche des deutschen Weinbaus war dies etwas anders. Seit 1929 hatte man kein großes Weinjahr. 1947, 1949, 1953 und 1959, alle vier qualitativ große Weinjahre der Nachkriegszeit, deren Weine mit ihren

natürlichen Restsüßen reißenden Absatz fanden, verleiteten die deutschen Weinbauexperten zu der irrigen Meinung, daß der deutsche Durchschnittsweintrinker süßgehaltene Weine bevorzuge. Damit war bei den deutschen Weinbauexperten die fixe Idee zur Massensüßung des Weines geboren. Und in dieser Idee liegt die Ursache für die größte organisierte und außerdem gesetzlich abgesicherte Massenpanscherei aller Weinbauzeiten.
Da wurde die geschmackliche Verfälschung des Urprodukts Wein aus politischen Gründen zugelassen, logische Kennzeichnungspflicht ignoriert und – das ist kaum mehr ironisch, sondern zynisch, damit geprahlt, »man hätte das beste Weingesetz, das es je gab«.
Was aber tatsächlich in dieser Epoche alles an Betrug und Irreführung des Konsumenten lief, würde Bände füllen. Was dem Konsumenten an völlig unnötigen chemischen Mitteln zum Verzehr vorgesetzt wurde, ist in höchstem Maße verantwortungslos. Man denke nur an die Mengen des Weinkonservierungsmittels Baycovin, das von den deutschen Weinbauexperten als das Nonplusultra für den »modernen Weinbau« gepriesen wurde. Dabei macht guter Wein sich selbst haltbar, braucht kein Konservierungsmittel. Aber diese Experten erfanden eben diese Mittel, um kleine oder kleinste Produkte mittels Süßung hochzustilisieren, mit Konservierungsmitteln haltbar zu machen, um sie dann so dem ungelernten ahnungslosen Konsumenten anzudrehen. Nicht selten mit goldenen und silbernen Medaillen.
Das, was vor wenigen Jahren im Weinbauland Rheinland-Pfalz geschah, wo Hunderte Tonnen Flüssigzucker zum Hochstilisieren von Weinen aller Qualitätskategorien verarbeitet wurden, was jetzt mit der erschreckendsten, weil gefährlichsten Fälschungsaktion aller Zeiten in Österreich geschah, das alles ist nichts anderes als nur das vorläufige Ende einer riesigen Geschmacksverfälschungs-Epoche, welche im Ursprung zumindest teilweise gewollt von Wissenschaftlern, von Fachleuten organisiert, ausgelöst und forciert wurde. In der Geschichte ist dies wohl ohne Beispiel.
Ich bin sicher, daß in absehbarer Zeit auch auf anderen Gebieten, welche dem Weinbau verwandt sind, Fälschungen entdeckt werden, die vermutlich Überraschungen auslösen werden.

Ich habe europäische Spirituosenhersteller im Verdacht, daß sie Glycerin als Süßungs- und Alterungsmittel für Billigspirituosen verwenden. Ein Mittel, das zu dieser Gruppe gehört, haben die österreichischen Fälscher verwendet.
Die Behörden werden die Sache wieder bei strengen Drohungen belassen, aber ihr wirkungsloses System weiter in (Nicht-)Funktion belassen. Wer vor solchen Katastrophen warnt, über Einzelheiten informiert, ist unbequem. Mit ihm will man nichts zu tun haben. Es ist wesentlich bequemer, mit den Lobbyfunktionären zu flirten, sich von ihnen informieren zu lassen, um dann genau das anzuordnen, was diese organisieren.
So geschieht es nach meinen eigenen Erfahrungen seit 25 Jahren in Bonn. Regierungswechsel spielen hier keine Rolle. Der neue Minister behält die alten (eingearbeiteten) Referenten, und alles bleibt bei der alten Bequemlichkeit.

Das badische Viertele

So sehr heute der badische Wein weit über die Landesgrenzen, ja sogar im Ausland und in Übersee bekannt geworden ist und immer wieder hohes Lob bekommt, so hört man doch immer wieder von seinen Verehrern, daß er dort, wo er wächst, am besten schmeckt. Das dürfte aber mehr ein psychologisches Problem sein, denn die Liebhaber anderer Provenienzen behaupten dasselbe. Zu jeder Jahreszeit weckt eine Wanderung oder eine Fahrt durch ein Weinbaugebiet das Verlangen nach einem guten Tropfen. Das ist meines Erachtens der Hauptgrund, daß er am Platz besonders gut mundet.
Eigentlich müßte es umgekehrt sein. Denn was exportiert wird, sind meistens Originalflaschen, die höhere Qualität also. In die Literflasche für den Ausschank im Viertele füllt man allerorts von jeder Sorte und Lage die geringste Qualität, was natürlich relativ ist. Denn die Weinbeißer und Viertele-Schlotzer sehen gerade im leichten Wein den besten, weil sie hiervon einiges mehr verschlürfen können. Dem Wanderer, der sich eine wohltuende Müdigkeit angewandert hat, vermitteln die leichteren Weine gleich zweierlei: Genuß für Nase und Gaumen sowie Erfrischung und Belebung, was

nach mehreren Viertele in glückseliger Zufriedenheit und letztlich in erquickendem Schlaf endet.
In keinem anderen Weinbaugebiet Deutschlands gibt es eine solche Vielzahl und charakterlich so unterschiedliche Viertele wie im alten Badner Ländle. Das liegt in der besonderen Struktur Badens mit seinen sehr unterschiedlichen Klimazonen. So entstehen auch weniger große Weine, Außenseiter sozusagen, von denen ich hier schreiben will. Nicht von der »Hex von Dasenstein«, nicht vom Achkarrer oder Oberbergener Ruländer, auch nicht vom Wolfenweiler Batzenberg: die sind zur Genüge bekannt; sonst werden sie noch teurer für den Viertele-Schlotzer.
Im Taubertal, dem badischen Frankenland, wachsen frische und, wenn man sie so beläßt, leicht säuerliche Weine; man erkennt schnell die Verwandtschaft mit den Frankenweinen. Badisch-Sibirsk, wie böse Zungen den hinteren Odenwald nennen, macht sich klimatisch bemerkbar. Aber es ist wunderbar, daß man von diesen Weinen eine ganze Handvoll Viertele trinken kann und dabei immer beschwingter wird. Die »Bergsträßler« dann sind schon anschmiegsamer und schmeicheln Gaumen und Zunge, bis die Lider schwerer werden.
Das Ortenauer Riesling-Viertele, rassig und spritzig, von Varnhalt bis nach Diersburg zu finden, ist ein Genuß; besonders die kleinen Jahrgänge haben mir's angetan. Ein Varnhalter Riesling war lange Jahre mein Lieblingswein: leicht grasig, in der Jugend etwas eckig, im Reifestadium dann fein und doch noch etwas spritzig. Ich finde ihn leider nicht mehr so. Schade drum. Im Heckenland gab's früher Säuerlinge; doch heute können sie sich sehen lassen, die Müller-Thurgau zwischen Lahr und Kenzingen, was auch für den östlichen und nordöstlichen Kaiserstuhl gilt.
Das Oberländer-Viertele aus der Markgrafschaft, wo sich die Gutedel-Reben schon früher bis an den Fuß der Schwarzwaldberge wagten, war zu allen Zeiten in der Metropole des badischen Weins, in Freiburg, besonders beliebt. Die Freiburger Weinwirte hatten ihre Keller meistens mit großen Mengen Markgräfler und kleineren Mengen Kaiserstühler gefüllt. Die Marktfrau in aller Frühe, der Handwerker zur Vesperzeit und der Beamte oder Hochschullehrer am späten Nachmittag verlangten einen Oberländer oder einen Kaiser-

stühler. Man wußte, was man wollte. Zum saueren Leberle oder zum gerösteten Sülzle schmeckten beide.
Die Breisgauer Weine, zu denen auch die oben erwähnten »Heckenländer« zählen, sind erst in der jüngsten Vergangenheit wieder zu Ehren gekommen. Hier hat der Müller-Thurgau den Weinbau wieder existenzfähig gemacht. Außer den Merdinger und Munzinger Weißherbsten ist er im Breisgau die Hauptsorte. Der Weißherbst aus dem Glottertal, ich würde ihn als Schmeichler bezeichnen, ist altbekannt. Mild schmeichelt er dem Gaumen. Nach dem vierten Viertele zeigt er dann sein wahres Gesicht. Mancher ehemalige Freiburger »Studiker« kann ein Lied von dem Glottertäler wie auch von den ähnlichen Kaiserstühler Weißherbsten singen. Runde Füße ließen oft den Heimweg zu einer Weltreise werden.
Breiter, etwas unübersichtlich, wird dann das Angebot des Kaiserstuhls. Um seine Gewächse haben sich schon im frühen Mittelalter Edle und weniger Edle die Köpfe eingeschlagen. Heute ist das nicht mehr nötig. Es gibt schon fast genug davon. Am Ostrand und im Nordosten dieser einzigartigen Hügelkette findet man die leichten, aber duftigen Weißweine, bei denen man nicht so sehr auf die Zahl der Viertele achten muß. Von den Weinen des westlichen, südlichen und südwestlichen Kaiserstuhls wollte ich nicht schreiben, doch man kommt nicht an ihnen vorbei: jenen teuflisch feurigen Ruländern, den feinsinnigen Silvanern und dem hochstapelnden Müller-Thurgau.
Während man das Viertele am Kaiserstuhl meistens im »Römer« kredenzt, kennt man im Markgräflerland hauptsächlich das »Henkele« mit dem Gutedel, der noch vor wenigen Jahren dort vorherrschend war. Inzwischen hat sich aber der Müller-Thurgau breitgemacht.
Am Hochrhein bis zum Bodensee finden wir nur noch zwei Oasen des Weins: Um Erzingen den Erzinger Roten, der in früheren Zeiten oft wenig Farbe, dafür aber eine gesunde Säure brachte. Böse Nachbarn behaupteten damals, daß man in Erzingen nur deshalb noch einen Nachtwächter habe, um schlafende Zecher ans Umdrehen zu erinnern, damit der Magen keinen Schaden nehme. Doch die heutigen Anbaumethoden und die moderne Kellerwirtschaft erzielen durchaus passable Viertele-Weine. Der Hohentwiel bei Sin-

gen trägt auf seinem schmalen Rücken in über fünfhundert Metern Höhe die höchstgelegenen Weinberge Deutschlands. Dort gedeihen noch schöne und frische Weißweine, doch werden sie hauptsächlich, wie die Erzinger, am Platz »geviertelt«.
Damit kommen wir zum Bodensee mit seinen Seeweinen, von denen der Meersburger Weißherbst wohl der bekannteste ist. Sicher nicht nur aus touristischen Gründen, denn die Steilhänge in und um Meersburg bringen durch die intensive Sonneneinstrahlung, trotz des klimabeeinflussenden Wassers, beachtliche Qualitäten. Kein Weinliebhaber wird wohl den Bodensee verlassen, ohne ein Viertele Meersburger getrunken zu haben. Woanders findet man die Seeweine kaum. Sie reichen gerade über die Reisesaison, obwohl der Weinbau am See historisch ist. Im Jahre 1881 hat der Pfarrer Heinrich Hansjakob die erste Winzergenossenschaft in Hagnau gegründet. Sipplinger, Unteruhldinger und Überlinger Weißweine, die von Liebhabern leichter und säuerlicher Viertele sehr geschätzt werden, erleiden das gleiche Schicksal wie die Meersburger: Sie kommen nie zum Reisen, weil sie am Ort der Entstehung verzecht werden.

Der Keller

Das Thema Weinkeller oder improvisierte Lagermöglichkeiten für Wein wird immer besonders aktuell, wenn ein guter Jahrgang im Verkauf ist. Dann wird plötzlich der Kreis der Weinfreunde breiter und breiter. Und dann stellen nicht wenige der sporadischen Weinfreunde fest, daß sie zwischenzeitlich wieder nichts getan haben, um den nächsten großen Jahrgang einigermaßen fachgerecht lagern zu können. Fast alle Neubaubesitzer kommen in die Klemme, allerdings nicht in den ersten Jahren nachdem sie ihr Haus bezogen haben. In dieser Periode, zumindest solange die Schulden nicht bezahlt sind, ist Weinlagerung ein Luxus in mehrfacher Hinsicht. Da wird dann eben fünf Minuten vor dem Eintreffen des Besuchs im Geschäft um die Ecke der Wein geholt. Nichts gegen den Wein aus dem Regal. Ein kleines Weinsortiment im Keller zeugt aber nicht nur von einer netten Liebhaberei, sondern auch von einer gewissen Kulturstufe. Es ist gewissermaßen eine Reserve der guten Laune. Oder was gedenkt jener arme Wicht zu tun, wenn Frauchen mal ein besonders großer Wurf beim Abendessen gelingt und dann kein Wein im Hause ist?

Aber was erlebt man auf diesem Gebiet für Enttäuschungen? Prachtvolle Villen in Hanglagen: vergoldete Garten-, automatisierte Garagentore, goldene Badezimmerarmaturen und Schwimmbäder mit hunderttausend Litern Rauminhalt – aber kein vernünftiger Platz für ein paar Flaschen Wein. So arm sind viele reiche Leute. Ich liege deshalb mit fast allen Architekten meines Bekanntenkreises in permanentem Streit.

Einige Quadratmeter Raum für die sachgemäße Lagerung von Wein reichen in einem Privathaushalt durchaus. Nur sollte dieser Raum weit weg vom Heizungskeller liegen. Und damit haben wir das Stichwort für das Hauptübel in den heutigen Neubauten. Durch die Heizungsanlagen werden die elementarsten Voraussetzungen für die Weinlagerungen unterbunden. Die Luft in den Kellerräumen wird durch die dauernde Wärmeausstrahlung der Anlage zu trocken und zu warm. Natürlich kann man heute durchaus mit technischen Mitteln beste Voraussetzungen schaffen. Aber diese sind vor allem im privaten Bereich zu teuer. Bei vielen Neubauten ließe sich aber allein durch Nachdenken einiges ohne hohe Kosten tun: Ein kleiner Kellerraum, nach der Schattenseite des Hauses gelegen, die Wände schon während des Rohbaus mit Styropor isoliert, ein Fenster ohne direkte Sonneneinwirkung angelegt – und schon hat man einige wichtige Bedingungen erfüllt. Besonders Neubauten in Hanglagen bieten hier gute Möglichkeiten. Sehr wichtig, falls es die Grundwasserverhältnisse erlauben, ist ein Naturboden in diesem Raum. Er nimmt die Feuchtigkeit auf, um sie bei ansteigenden Temperaturen wieder abzugeben. So entsteht Verdunstungskälte. Wo das nicht möglich ist, genügt auch eine Vertiefung des Betonbodens und das Einbringen einer Kiesschicht von etwa 40 Zentimeter, wodurch eine ähnliche Wirkung wie beim Naturboden beobachtet werden kann. Übrigens: Beton ist nicht die Ursache schlechter Weinkeller.

Aber was macht man, wenn man ein Haus ohne Weinkeller hat? Oder was macht man in einem Mietshaus, in dem für jeden Mieter nur eine kleine Kellerecke vorhanden ist? – Es gibt findige Bastler, die sich bei einem Elektrohändler alte, große, in Geschäften ausrangierte Kühlschränke holen und sie mit einem wesentlich kleineren als dem ursprünglichen Aggregat versehen. Die geringere Leistung dieser Aggregate für einen Kühlschrank mit etwa tausend Liter Rauminhalt zur Weinlagerung reicht durchaus, denn es geht hier um wesentlich geringere Temperaturdifferenzen als beispielsweise bei der Aufbewahrung verderblicher Lebensmittel.

Wenn so ein Kühlschrank auf etwa zehn bis zwölf Grad Celsius eingestellt ist, wird sein Aggregat höchstens während eines heißen Sommers stärker beansprucht. Während der übrigen Jahreszeit ist der Energieverbrauch sehr gering. Außerdem wird so ein Weinkühlschrank weit weniger geöffnet als bei der Einlagerung von Fleisch. Damit hält sich die Temperatur verhältnismäßig lang. Die genannten Temperaturen bieten Weißweinen beste Voraussetzungen, sowohl was die Haltbarkeit als auch eine normal verlaufende Entwicklung zur Reife anlangt. Wer seine Weine lange Zeit jung, frisch und spritzig halten will, lagert sie kühler: und zwar ähnlich wie in der Champagne, wo man die besten Lagerkeller ganzjährig bei etwa acht Grad hält. Damit bleiben die Champagnerweine sehr lange frisch.

Bei diesen Temperaturen lassen sich außerdem auch Weißweine kleinerer Jahrgänge ausgezeichnet halten. Und gerade die kleinen sind es, die dann besonders freudige Überraschungen bieten. Deshalb werden sie von Kennern auch gern gekauft. Die Käufer dieser kleineren Jahrgänge sind auch gleichzeitig die angesehenen Kunden der Winzer. Viele Franzosen behaupten mit einer gewissen Übertreibung, daß es zumindest beim Rotwein keine großen Jahrgänge, sondern nur große Flaschen gäbe. Damit meinen sie, daß es sich erst nach vielen Jahren herausstellt, welcher Wein groß geworden ist.

Alle diese netten Dinge, die es um den Wein gibt, die Beobachtung seiner Entwicklung vom jungen Springinsfeld bis zum gestandenen und ausgereiften Gewächs, das Erlebnis, einen Wein aus dem eigenen Keller zu kosten, der dort seinen Höhepunkt erreicht hat – all dies geht jenen gedankenlosen Zeitgenossen ab, die von der Ladentheke in den Mund leben. Wohl dem seltenen Glückspilz, der einen Gewölbekeller hat, aber auch wohl dem, der sich zu helfen weiß, improvisieren kann und damit denselben Effekt erzielt!

Weinfreunde

Weinfreunde sind so verschieden in der Mentalität wie der Wein selbst. Da gibt es jene, die sich in einer stillen Ecke mit ihrem Wein genießerisch, ja ergötzend unterhalten können. Es gibt jene, die den Rebensaft brauchen, um die Zunge zu lösen. Entsprechend sind dann die hitzigen Debatten an den Stammtischen, die leider immer mehr verschwinden. Und es gibt jene, die nur die teuersten Produkte des Weinbaus in den kellerähnlichen Verließen ihrer modernen Häuser neben den Heizungskeller legen, um sie den Gästen, wie das Haus selbst, als Statussymbold gelegentlich vorzuführen. Sie kaufen beim Winzer auch grundsätzlich nur die großen Jahrgänge, die andern überlassen sie großzügigerweise dem »Fußvolk«.
Man übersieht dabei mangels besseren Wissens, daß gerade in den Jahrgangsunterschieden die größten Reize für den Kenner liegen, daß dadurch und nur dadurch für jede Jahreszeit und für jede Gelegenheit die passende Flasche aus dem Keller geholt werden kann. Diese weitverbreitete Fehleinschätzung hat nicht zuletzt mitgeholfen, daß die Weinwirtschaft in allen Weinbaugebieten versuchte, die kleinen Jahrgänge nicht in ihrer ursprünglichen Art, sondern in Anlehnung an den Geschmack der Weine größerer Jahrgänge an den Mann zu bringen. Das Resultat sind nicht selten eklatante Übertreibungen, Produkte, deren Bezeichnung als Wein für den Kenner schon im Bereich der Ironie liegt, weil solche Getränke ehrlicherweise eigentlich in die Gruppe der Fruchtsäfte oder gar der Limonaden gehören. Für die Hersteller dieser Getränke galten in der jüngsten Vergangenheit die steigenden Verkaufszahlen alles – herkömmliche Ideale so gut wie nichts.

Aber es gibt trotzdem noch Idealisten unter den Winzern und, wie ich meine, immer mehr auch unter den Weintrinkern. Ein Teil der alten Weinfreunde ist nicht bereit, das al-

les widerspruchslos hinzunehmen. Diskussionen und Presseberichte in allen Teilen der Bundesrepublik beweisen das. Man schließt sich da und dort zu Freundeskreisen und Weinbruderschaften zusammen. Das ist natürlich nicht neu. Aber die alten Zirkel haben sich ganz beachtlich abgenutzt. Fast alle sind kommerzialisiert. Man fördert Entwicklungen, die eigentlich verhindert werden sollten. Die Lobby ist gut vertreten oder noch wirksamer im Hintergrund. Goldbestickte Roben und samtene Hüte sind Schau und Klamauk, Ritterschläge vollendetes Theater, wenn man weiß, daß es nur ums Geschäft geht und die purpurnen Statisten alles loben, was man ihnen vorsetzt. Das ist leider auch in Frankreich so, wie sich nicht wenige von solchen Bruderschaften abwenden, weil sie zum Selbstzweck geworden sind und die ursprünglichen Ideale vergessen haben.
Von einem Kreis gleichgesinnter Weinfreunde wurde ich einmal eingeladen. Man probte und diskutierte bei einem Weinfreund im Markgräflerland. Bei einem Weinfreund, der noch seinen Hauswein selbst auszubauen versteht, der in seiner Freizeit noch ein herrliches Brot und noch besseren Zwiebelkuchen backen kann: für Genießer also eine Oase des Glücks, auf den Höhen zwischen dem Wiesental und den Rebhängen der Markgrafschaft.
Nein, Freunde, hier kann ich keine gastronomischen Tips geben: Es handelt sich weder um eine Weinbeize noch um ein Restaurant. Ganz privatim, beim Weinfreund Baumgartner in Vogelbach bei Kandern, war ich mit anderen »Weingrünen« in einem Haus, in dem man so gut wie alle Gerätschaften finden kann, die man im vergangenen Jahrhundert im Keller und im bäuerlichen Haushalt benutzte. Inmitten dieses heimatlichen Weinbau-Museums käme es einem Stilbruch gleich, würde man Lieschen-Müller-Weine trinken. Und so hatten die Weingrünen denn eine beachtliche Serie von Weinen zu einer Probe vereint, die ihrem Geschmack und der Umgebung entsprach.
Man begann mit einem erfrischenden Faßwein des letzten Jahrgangs, den der Hausherr zunächst in alten Glaskrügen ins kühle Schwarzwaldwasser gehalten hatte. Es gab in der Folge ungezogene und eckige »Jünglinge«, die sich erst in künftigen Jahren als gestandene »Männer« präsentieren werden; es gab Kaiserstühler und Markgräfler, alte und

junge, frische und runde Weine, und es gab durchgegorene Spätlesen; kurzum, es gab Weine in allen Stufen der natürlichen Entwicklung. Die Krone war aber eine Auslese, deren Restzucker nicht mehr zu schmecken war.

Von solchen Weinen behaupten heute maßgebliche Experten, sie hätten nicht die »Art« einer Auslese, wenn sie nicht einen gewissen Mindestgehalt an unvergorenem Restzucker haben; wobei man selbstverständlich dann auch noch anzugeben vermag, wieviel davon vorhanden sein muß. Jahrhundertealte Naturgesetze stellt man auf den Kopf oder preßt sie in Formen, die nicht mehr der Natur entsprechen. Auch hierüber haben die Weinfreunde diskutiert, und man ist der Meinung, daß auch hier, wie in anderen Bereichen unseres Lebens, die Toleranz oberstes Gesetz sein sollte. Sollen jene Weintrinker doch ihre süßen Auslesen haben, die sie sich wünschen –, wir ziehen die weniger süßen vor und akzeptieren um so lieber auch die durchgegorenen, wenn die Natur sie bietet.

Wogegen wir uns wehren, ist die durch ein Gesetz legitimierte Vergewaltigung des Geschmacks, nachdem staatliche oder halbstaatliche Institutionen die Möglichkeit haben, einem Wein ein Prädikat zu versagen, nur weil er nicht nach modernen Gesichtspunkten ausgebaut und deshalb nicht süß gehalten ist. Solche Bestimmungen können nur unter ganz eindeutigem Einfluß entsprechend interessierter Kreise entstanden sein, wobei man vor allem an die eigenen Interessen dachte, Toleranz aber ein Fremdwort blieb. Diese Toleranz ist es aber, die die Weinfreunde fordern. Deshalb haben sie den Freundeskreis der »Weingrünen« gegründet. Einen Freundeskreis ohne purpurne Roben und ohne goldbestickte Hüte; einen Freundeskreis mit idealen Zielen, die eigentlich ganz selbstverständlich sein sollten. Man will die letzten Winzer vor dem Umfallen bewahren, vor dem Umfallen in die lancierte, in die forcierte Geschmacksrichtung, damit es auch in Zukunft noch Weine gibt, die, nach herkömmlicher Methode ausgebaut, ohne moderne Konservierungsmittel auskommen. Die andere Aufgabe wäre die, den Weinfreunden herkömmlichen Geschmacks den Weg zu zeigen, wo diese Weine noch zu finden sind. Ich bin sicher, daß ihre Zahl nicht klein bleiben wird. Mögen sie ihre Ziele erreichen.

Promille für Genießer

Dieses Thema ist wieder einmal hochaktuell. Die Herabsetzung der Promille-Grenze hat eine Hysterie ausgelöst. Eine Hysterie, die für den Feinschmecker keine ist, denn der Feinschmecker ist am wenigsten von dieser neuen Promille-Grenze betroffen. Daran ändern alle Promille-Tests nichts. Oder glauben Sie, daß ein Genießer sich in eine Ecke setzt, um zehn Schnäpse oder zehn Glas Bier zu konsumieren? Diese Art von Alkoholvertilgung ist dem Feinschmecker fremd. Sie stellt eine Art nordische Sauferei en miniature dar. Ein Dutzend Klare und jeweils ein Bier dazu, wie man im Norden oft renommiert, ist tatsächlich eine moderne Abart germanischer Unkultur, die dem Feinschmecker schon Gänsehaut verursachte, als man noch nicht von Promille sprach.

Eine annähernde Menge Alkohol im Verlauf eines gastronomischen Mahls könnte ein routinierter Genießer vertragen, ohne auch nur in die Nähe der strafbaren Grenze zu kommen. Voraussetzung ist jedoch, daß es sich um verschiedene Arten von alkoholischen Getränken handelt, die geschmacklich zu den jeweiligen Speisen passen, um damit ein Höchstmaß an Verträglichkeit und Bekömmlichkeit zu erreichen.

Die Hektik ist ein Feind jeglichen Genusses – nicht nur beim Essen und Trinken. Deshalb ist die erste und wichtigste Voraussetzung für ein gastronomisches Mahl, daß man sich genügend Zeit nimmt. Das entspannt, schafft die Basis für Bekömmlichkeit und für eine geringe Wirkung des neben dem Speisen genossenen Alkohols. Auch wenn man ein Diner mit einem alkoholischen Aperitif beginnt, braucht die Wirkung nicht in die Bereiche der Strafbarkeit zu gehen. Kenner sind der Ansicht, daß ein Glas frischen, leichten Weißweins, ein Glas Sekt oder gar ein Glas Champagner auch in geschmacklicher Hinsicht den besten Aperitif abgeben. Ein Aperitif muß nicht ein Getränk mit konzentriertem Alkohol sein. Die wenigen Vorgetränke bereiten Gaumen und Verdauungsorgane in bester Weise auf die folgenden Genüsse vor – ohne zu belasten. Ich habe wiederholt Tests gemacht und nach einem gastronomischen Essen mit den dazugehörenden Weinen meinen Blutalkohol feststellen lassen. Die Resultate waren erfreulich, erfreulich für den Feinschmekker. Natürlich möchte ich hier nicht dem Alkoholkonsum das Wort reden, um Sie dazu zu verführen, sich anschließend ans Steuer zu setzen. Das ist Routinesache und muß jedem selbst überlassen bleiben. Wer es nicht kann, sollte es bleiben lassen – oder üben. Ich kann es, was ich mit folgender Schilderung beweisen möchte.

Ich begann meinen interessanten Versuch mit einem Glas leichten Weißweins, für den ich mir etwa 15 Minuten Zeit nahm. Währenddessen unterhielt ich mich mit der Speisekarte, aus der ich mir folgendes Menü zusammenstellte: Ein feiner Salat aus frischen Artischockenböden, Prinzeßbohnen, Trüffelscheiben, Spargelspitzen und dünne Scheiben Gänseleber. Alles zusammen in einer feinen Vinaigrette. Der zweite Gang bestand aus einem Schnitzel vom Salm, ganz leicht in der Pfanne angebraten und mit einer Sauerampfersoße überzogen. Zu diesen beiden Speisen trank ich eine halbe Flasche Weißen Burgunder, der mindestens seine 13 Prozent Alkohol hatte. Eine Flasche Tafelwaser – ohne Kohlesäure versteht sich – war natürlich dabei, vor allem, um die Nachwirkung der Vinaigrette zu verhindern. Der Hauptgang bestand aus einem Hähnchen, das ganz einfach nach alter Art im Ofen gebraten war. Dazu trank ich eine Flasche badischen Spätburgunder, der auch nicht zu den leichtesten gehörte. Eine Käserunde beendete zunächst dieses Mahl, das, weil ich auf belastendes Beiwerk verzichtete, auch hinsichtlich der Kalorien nicht besonders üppig war. Natürlich trank ich zum Käse noch einige Schluck Rotwein. Über ein Sorbet aus frischen Erdbeeren goß man, von mir unbemerkt, einen kräftigen Spritzer Erdbeerschnaps. Ein Kaffee und ein tiefbrauner, alter Calvados bildeten das genießerische Finale dieses Essens vollendeter Tischkultur.

Das Ganze dauerte etwa zweieinhalb Stunden, wonach ich mich auf den Weg zu einem Arzt machte, der dann etwa eine Stunde nach dem Genuß des Calvados einen Blutalkohol von 0,4 Promille feststellte. Die spürbare Wirkung des Alkohols war gleich null. Auch hier gilt die Relativität, wie zu allen Zeiten. Schon Goethe hat in einem seiner Werke einem Mönch diesbezügliche Weisheiten in den Mund gelegt, wohl deshalb, weil schon die Bibel mit dem Verbot der Unmäßigkeit im Alkoholgenuß gewisse Unterschiede im Können der Trinker berücksichtigte. Goethes Mönch erkärte diese Ver-

hältnismäßigkeit auf die Frage von Gläubigen folgendermaßen: Wenn jemand nur zwei Glas Wein vertragen könnte, begibt er sich mit dem dritten oder vierten in die Unmäßigkeit. Kann aber einer sechs oder gar acht Gläser vertragen, so beginnt diese Unmäßigkeit eben erst mit dem nächsten Glas. Mit Begeisterung verkündete der Gottesmann aber anschließend, daß er zu jenen Glücklichen zähle, die mehr als zwanzig Schoppen trinken könnten, ohne in den Zustand eines Rausches zu kommen. Mit solchen Mengen kann man heute natürlich nicht mehr liebäugeln. Oder wenn, dann muß man sich heimfahren lassen, was im übrigen auch das Beste ist.
Scharfe oder noch schärfere Kontrollen werden auch hinsichtlich des Alkohols im Verkehr die Probleme nicht endgültig lösen. Ich bezweifle, ob auf die Dauer mit dieser Methode die Zahl der Unfälle geringer wird, zumal noch eine ganze Reihe von Maßnahmen notwendig wäre, um weitere Unfallgefahren zu beseitigen. Im Moment wird wieder einmal die Alkoholhysterie angeheizt, nicht zuletzt, um andere, nicht geringere Schwächen im Verkehrswesen zu übersehen.

Erwartungen an die Zukunft

Ich habe mir als ein mit der alemannischen Heimat tief verwurzelter Mensch mit diesem Buch auch meine Sorgen um die Zukunft unserer Landschaft und der Menschen dieser Landschaft von der Seele geschrieben. Daß hierbei vieles zu kritisieren war, was vielen, die hier weniger verwurzelt sind, nicht gefällt, liegt in der Natur der Sache. Ich bin aber überzeugt, daß es gesagt oder geschrieben werden mußte. Unsere Zeit ist durch den Stand der Technik so hektisch, die Menschen sind teilweise so überheblich geworden, daß man nicht umhin kommt, sie zu kritisieren.
Noch zwei ganz aktuelle Beispiele möchte ich in diesem Ausklang erwähnen: Die Rücksichtslosigkeit, mit der die heutigen Techniker mit der Landschaft bei Flurbereinigungen umgehen und die Sorglosigkeit, mit der die heutige Generation diesem Treiben zuschaut und es akzeptiert. Die kleinen Naturkatastrophen sollten eigentlich als Mahnung genügen. Doch sie tun es nicht. Vieles wird ignoriert, überse-

hen, um weiter bequem und »sozial gesichert« leben zu können. Noch vor wenigen Jahren haben unsere Winzer jahrhundertealte Kachelöfen aus ihren Stuben verbannt, auf die Schutthalden geworfen. Wälder wurden zu Schleuderpreisen an den Moloch Staat verkauft. Heute sucht man die Scherben der Kachelöfen, um sie wieder aufzubauen, heute schaut man wieder in die Wälder, ob die Reserven an Brennholz für ein weiteres gemütliches Leben in der Winterzeit wohl ausreichen werden?

Hoffen wir, daß jene Landschaftsveränderer endlich die Grenzen des Vertretbaren kennen, hoffen wir, daß die heutige, vor allem aber auch die heranwachsende Generation ihre Aufgabe innerhalb der Industriegesellschaft des zwanzigsten Jahrhunderts erkennt, die in erster Linie darin besteht, nicht in dieser Industriegesellschaft aufzugehen. Die Erkenntnis, daß wir unsere Landwirtschaft niemals total industrialisieren dürfen, daß wir das ländliche Leben, daß wir Volkstum und Brauchtum zu erhalten haben, wäre schon ein wesentlicher Schritt. Als Weinfreund und Feinschmecker hoffe ich natürlich besonders, daß der deutsche Weinbau nach dem Grundsatz »Zurück zur Natur« unter Zuhilfenahme der modernen Erkenntnisse der Weinforschung (die Chemie sollte höchstens als Hilfsmittel, niemals aber als Basis für dieses alte Kulturgut gelten) wieder Weine hervorbringt, die es Wert sind, nicht nur von Werbespots besungen zu werden. Der Erfolg unserer französischen Nachbarn, und hier besonders der unserer alemannische Freunde im Elsaß, könnte als nachahmenswertes Beispiel gelten.

Anhang

Reiseführer zu
ausgesuchten Restaurants
und Weinstuben
in Baden und im Elsaß

Badische Restaurants und Weinstuben

Hotel Götz »Sonne-Eintracht«
Hauptstraße 112
7590 Achern
Tel. 07841/5055

Hotel-Restaurant Krone
7818 Achkarren/Kaiserstuhl
Tel. 07662/742

Landgasthof Krone
7841 Auggen über
Müllheim/Baden
Tel. 07631/2556

Hotel Adler
7570 Baden-Baden
Ortsteil Varnhalt
Tel. 07223/57241

Weinstube Eckberg
7570 Baden-Baden
Tel. 07221/71530

Restaurant-Weinstube
»Zum Nest«
Rettigstraße 1
(nahe Leopoldplatz)
7570 Baden-Baden
Tel. 07221/23076

Stahlbad Schwank
Restaurant der Spezialitäten
Am Augusta-Platz 2
7570 Baden-Baden
Tel. 07221/24569

Schloß Neuweier
Mauerbergstraße 21
Baden-Baden-Neuweier
Tel. 07223/57944

Hotel-Restaurant Rebenhof
Weinstraße 58
Baden-Baden-Neuweier
Tel. 07223/5406 und 5551

Winzerstube zum Bocksbeutel
Baden-Baden-Umweg
Tel. 07223/5519

Hotel Eckerlin
Römerstraße 2
7847 Badenweiler
Tel. 07632/5061

Park-Hotel mit
Grillrestaurant »Parkstüble«
7847 Badenweiler
(gegenüber dem Kurpark)
Tel. 07632/5091

Hotel Schwarzmatt
Schwarzmattstraße 6a
7857 Badenweiler
Tel. 07632/5288

Romantik Hotel Sonne
Moltkestraße 4
7847 Badenweiler
Tel. 07632/5053

Landgasthof – Pension Schwanen
7841 Bad Bellingen
Tel. 07635/1314

Hotel Salinensee
7737 Bad Dürrheim
Tel. 07726/242

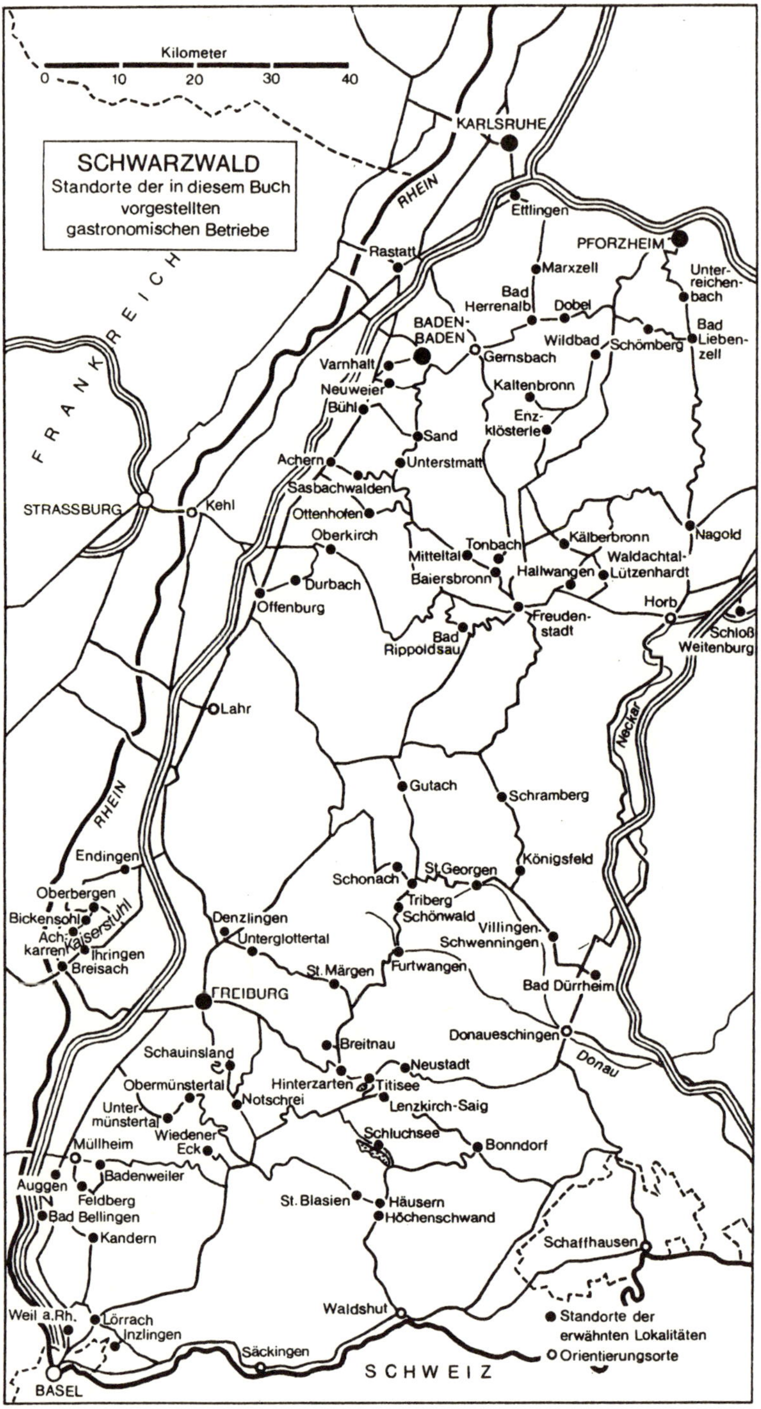
SCHWARZWALD
Standorte der in diesem Buch vorgestellten gastronomischen Betriebe
Kilometer
0
10
20
30
40
FRANKREICH
RHEIN
KARLSRUHE
Ettlingen
PFORZHEIM
Rastatt
Marxzell
Unter-reichen-bach
Bad Herrenalb
Dobel
BADEN-BADEN
Gernsbach
Wildbad
Schömberg
Bad Liebenzell
Varnhalt
Neuweier
Kaltenbronn
Bühl
Enzklösterle
Sand
Achern
Unterstmatt
Sasbachwalden
STRASSBURG
Kehl
Ottenhöfen
Oberkirch
Tonbach
Kälberbronn
Nagold
Mitteltal
Waldachtal-Lützenhardt
Baiersbronn
Hallwangen
Durbach
Offenburg
Freudenstadt
Horb
Schloß Weitenburg
Bad Rippoldsau
Lahr
Neckar
Gutach
Schramberg
Königsfeld
Endingen
Schonach
St.Georgen
Oberbergen
Triberg
Bickensohl
Schönwald
Achkarren
Kaiserstuhl
Ihringen
Denzlingen
Villingen-Schwenningen
Breisach
Unterglottertal
St. Märgen
Furtwangen
Bad Dürrheim
FREIBURG
Donaueschingen
Donau
Breitnau
Schauinsland
Neustadt
Obermünstertal
Hinterzarten
Titisee
Notschrei
Lenzkirch-Saig
Untermünstertal
Wiedener Eck
Schluchsee
Bonndorf
Müllheim
Badenweiler
Auggen
Feldberg
St. Blasien
Häusern
Höchenschwand
Bad Bellingen
Kandern
Schaffhausen
Weil a.Rh.
Lörrach
Waldshut
Inzlingen
Säckingen
BASEL
SCHWEIZ
Standorte der erwähnten Lokalitäten
Orientierungsorte

Mönchs Posthotel
mit Restaurant
Klosterschänke
Doblerstraße 2
7506 Bad Herrenalb
Tel. 07083/2002

Kronen-Hotel
Badweg 7
7263 Bad Liebenzell
Tel. 07052/2081

Hotel Kranz
Reichenbachstraße 2
7624 Bad Rippoldsau
Tel. 07440/725

Kurhotel Traube – Tonbach
Tonbachstraße 237
7292 Baiersbronn-Tonbach
Tel. 07442/2001–2006

Kurhotel Mitteltal
Gärtenbühlweg 11
7292 Baiersbronn-Mitteltal
Tel. 07442/471

Hotel-Restaurant Rebstock
7818 Bickensohl/Kaiserstuhl
Tel. 07662/773

Schwarzwaldhotel
7823 Bonndorf
Tel. 07703/421

Hotel Kaiser's Tanne-Wirtshus
7821 Breitnau-Hinterzarten
Tel. 07652/1551–1552

Grüne Bettlad
Blumenstraße 4
7580 Bühl
Tel. 07223/24238

Gasthof Rebstock-Stube
Hauptstraße 74
7809 Denzlingen
Tel. 07666/2071

Gasthof Arnold
Bahnhofstraße 2
7809 Denzlingen
Tel. 07666/2223

Hotel Funk
Hauptstraße 32
7544 Dobel
Tel. 07083/2077

Mönchs Waldhotel
Neuenbürger Straße 49
7544 Dobel
Tel. 07083/8888

Gasthaus – Hotel Ritter
Talstraße 185
7601 Durbach
Tel. 0781/74975

Romantik-Hotel Waldhorn-Post
Wildbacher Straße 1
7546 Enzklösterle
Tel. 07085/711–713

Hotel-Restaurant Erbprinz
Rheinstraße 1
7505 Ettlingen bei Karlsruhe
Tel. 07243/2037

Gasthof Ochsen
Bürgelnstraße 33
7841 Feldberg bei Müllheim
(Markgräfler Land)
Tel. 07631/3503

Hotel Oberkirchs Weinstuben
Am Münsterplatz
7800 Freiburg i. Br.
Tel. 0761/276555

Hotel Rappen
Am Münsterplatz
7800 Freiburg i. Br.
Tel. 0761/31353

Weinstube zur Traube
Schusterstraße 17
7800 Freiburg i. Br.
Tel. 0761/32190

Hotel Victoria
Eisenbahnstraße 54
7800 Freiburg i. Br.
Tel. 0761/33211–33212

Hotel Colombi
Am Colombipark 54
7800 Freiburg i. Br.
Tel. 0761/31415

Hotel-Restaurant Kühler Krug
Torplatz 1
7800 Freiburg-Günterstal
Tel. 0761/29103

Restaurant Eichhalde
Stadtstraße 91
7800 Freiburg-Herdern
Tel. 0761/54817

Park-Hostellerie
K.-von-Hahn-Straße
7290 Freudenstadt
Tel. 07441/81071

Waldhotel Stockinger
Am Zollernblick 1
7290 Freudenstadt-Dietersweiler
Tel. 07441/2187

Hotel Grieshaber zum Ochsen
7743 Furtwangen
Tel. 07723/7813

Hotel-Restaurant Adler
Landstraße 6
7809 Gutach
Tel. 07681/7022

Landgasthof zum Museum
7611 Gutach
Tel. 07831/262

Vogtsbauernstube
7611 Gutach
Tel. 07831/590 und 407

Hotel die Mühle
Eichenweg 23
7291 Hallwangen
bei Freudenstadt
Tel. 07443/6329

Schwarzwaldhotel Adler
7821 Häusern
Tel. 07672/324

Park-Hotel Adler
7824 Hinterzarten
Tel. 07652/711

Hotel-Restaurant Thomahof
Erlenbrucker Straße 16
7824 Hinterzarten
Tel. 07652/701

Kurhaus-Hotel Alpenblick
7821 Höchenschwand
Tel. 07672/354

Hotel-Restaurant
Bräutigam's Weinstuben
Bahnhofstraße 1
7811 Ihringen
Tel. 07668/210

Hotel-Gasthof zum Schwanen
7291 Kälberbronn (Freudenstadt)
Tel. 07445/2021–2022

Höhenhotel und Restaurant
Kurhaus Kaltenbronn
7560 Kaltenbronn
Tel. 07224/1044

Historisches Gasthaus
zur Weserei
7842 Kandern
Tel. 07626/445

Oberländer Weinstube
Akademiestraße 7
7500 Karlsruhe
Tel. 0721/25066

Gasthaus Krone
Künstlerkneipe
Pfarrstraße 18
7500 Karlsruhe-Daxlanden
Tel. 0721/572247

Speise-Restaurant
Unter den Linden
Kaiserallee 71 – Ecke Yorckstr.
7500 Karlsruhe
Tel. 0721/551085

Gasthaus zum Kranz
Hauptstraße 210
7500 Karlsruhe 31–Neureut
Tel. 0721/705742

Schwarzwaldhotel
7744 Königsfeld
Tel. 07725/7091–7093

Hotel-Restaurant Ochsen
Dorfplatz 1
7825 Lenzkirch-Saig
Tel. 07653/735

Burgschenke
Schloß Rötteln
7850 Lörrach-Haagen
Tel. 07621/52141

Landgasthaus Waidhof
7850 Lörrach-Inzlingen
Tel. 07621/2629

Kurhotel Mitteltal
Gärtenbühlweg 11
7291 Mitteltal (Baiersbronn)
Tel. 07442/471

Romantik Hotel Spielweg
7816 Münstertal
Tel. 07636/218 und 1313

Romantik Hotel Post
Bahnhofstraße 2
7270 Nagold
Tel. 07452/4048–4049

Waldhotel am Notschrei
7801 Notschrei über Freiburg
Tel. 07602/220

Gasthof und Weingut
Schwarzer Adler
7818 Oberbergen/Kaiserstuhl
Tel. 07662/715

Gasthof-Pension Pfauen
Josef-Geldreich-Straße 18
7602 Oberkirch
Tel. 07802/4529

Waldhotel Grüner Baum
7602 Oberkirch-Ödsbach
Tel. 07802/2801–2803

Hotel Sonne
Hauptstraße 94
7600 Offenburg
Tel. 0781/71039

Hotel Restaurant Pflug
7593 Ottenhöfen
Tel. 07842/2085

Hotel Ruf
Bahnhofsplatz 5
7520 Pforzheim
Tel. 07231/16011

Romantik-Restaurant
Katzenberger's Adler
Josefstraße 7
(nahe der Murgbrücke)
7550 Rastatt
Tel. 07222/32103

Hotel und Kurhaus Sand
7584 Sand Kr. Bühl/
Schwarzwaldhochstraße
Tel. 07226/222

Dom-Hotel
7822 St. Blasien
Tel. 07672/371

Hotel Hirsch
7762 St. Georgen
Tel. 07724/7125 und 7941

Hotel Hirschen
7811 St. Märgen
Tel. 07669/201

„Alde Gott«
7595 Sasbachwalden
Tel. 07841/2290

Hotel-Restaurant Talmühle
7595 Sasbachwalden
Tel. 07841/1001

Halden-Hotel
7801 Schauinsland
Tel. 07602/211 und 230

Hetzel-Hotel
Am Riesenbühl 13
7826 Schluchsee
Tel. 07656/701

Mönch's Lamm Hotel und Restaurant
Hauptstraße 21
7542 Schömberg Kr. Calw
Tel. 07084/215

Hotel-Restaurant Ochsen
7741 Schönwald
Tel. 07722/4124

Hotel Rebstock
7745 Schonach
Tel. 07722/5327

Gasthof Hirsch
Hauptstraße 11
7230 Schramberg
Tel. 07422/20530

Waldhotel Bergschmiede
7541 Straubenhardt/Holzbachtal
(Marxzell)
Tel. 07248/1051 – 1052

Schwarzwaldhotel
Seestraße 10
7820 Titisee-Neustadt
Tel. 07651/8111–8114

Romantik Hotel Adler-Post
Hauptstraße 16
7820 Titisee-Neustadt,
Ortsteil Neustadt
Tel. 07651/5066–5067

Parkhotel Wehrle (seit 1608)
Hauptstraße 51
7740 Triberg
Tel. 07722/4081

Landgasthof zur Lilie am Wasserfall
Wallfahrtstraße 3
7740 Triberg
Tel. 07722/4419

Kurhotel Sonnenhof–Kursanatorium
7244 Waldachtal-Lützenhardt
(bei Freudenstadt)
Tel. 07443/6011

Hotel Adler
7804 Unterglottertal
Tel. 07684/231

Hotel Gasthof Löwen
7816 Untermünstertal
(Münstertal)
Tel. Hotel 07636/229
Restaurant 07636/542

Waldhotel Kapfenhardter Mühle
7267 Unterreichenbach
Tel. 07235/298 und 515

Höhenhotel Unterstmatt
7580 Unterstmatt Post Bühl
Tel. 07226/209

Haus Diegner
Romäusring
7730 Villingen
Tel. 07721/22036

Hotel + Restaurant Ketterer
Brigachstraße 1
7730 Villingen
Tel. 07721/22095

Gasthof Engel
7742 Vöhrenbach
Tel. 07727/7052

Gasthaus zum Adler
Hauptstraße 139
7858 Weil am Rhein
Tel. 07621/71188

Gasthaus zur Krone
Hauptstraße 58
7858 Weil am Rhein
Tel. 07621/71164

Hotel-Restaurant
Schloß Weitenburg
7241 Weitenburg
(Bahnhof Eutingen/Württ.)
Tel. 07457/8051 und 8052

Kurhotel Post
Am Kurplatz 2
7547 Wildbad
Tel. 07081/676

Elsässische Restaurants und Weinstuben

Telefonvorwahl für das Elsaß von der BRD aus: 0033

Hotel Gaertner
Aux Armes de France
F-68770 Ammerschwihr
bei Comar
Tel. 89/471012

L'Hôtel du Soleil
F-68600 Andolsheim
Tel. 89/714053

Winstub La Basse-cour
F-68980 Beblenheim
Tel. 89/479149

Restaurant Au Boeuf
F-67170 Blaesheim
bei Strasbourg
Tel. 88/988131

Hôtel-Restaurant de L'Ecrevisse
F-67170 Brumath
bei Strasbourg
Tel. 88/511108

Restaurant Fer Rouge
52, Gde-Rue
F-68000 Colmar
Tel. 89/413724

Rôtisserie Schillinger
16, rue Stanislas
F-68000 Colmar
Tel. 89/414317

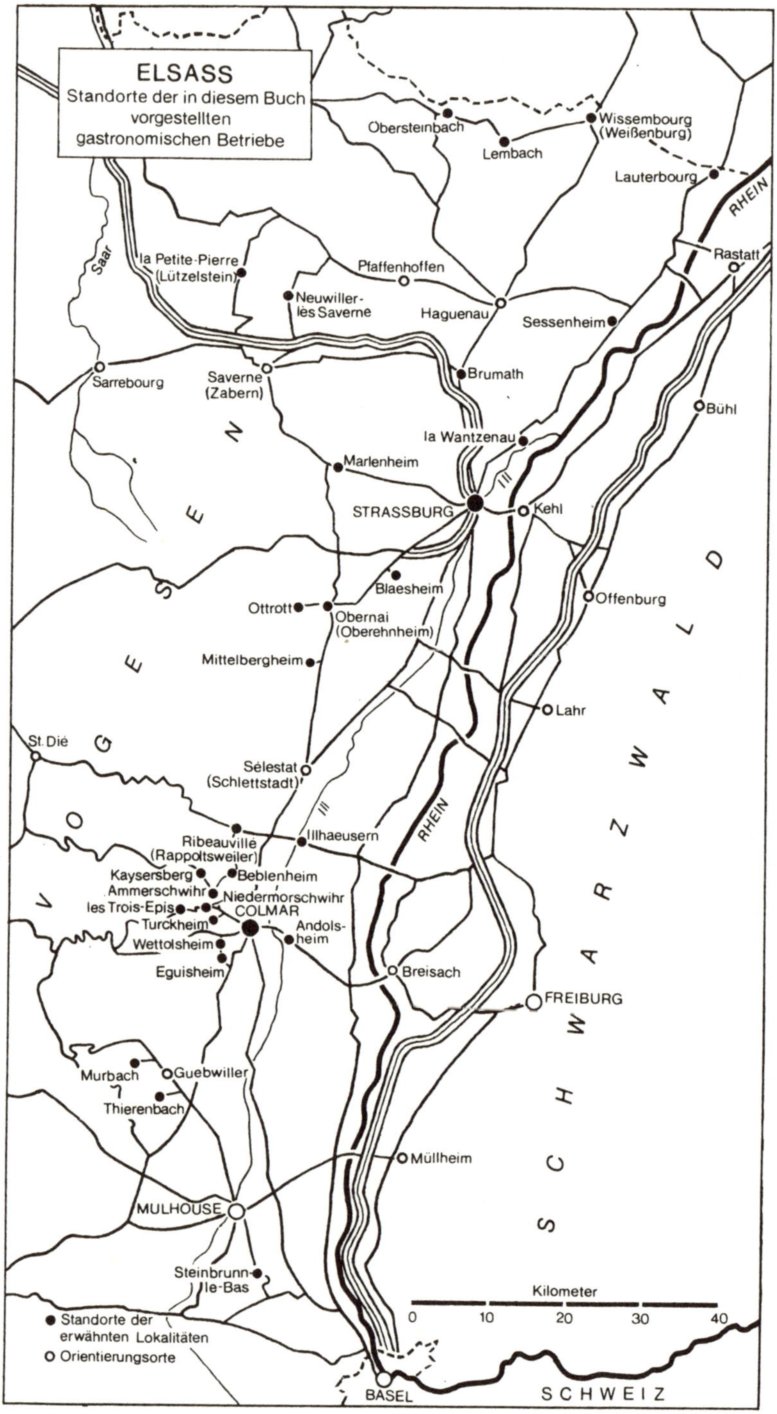
ELSASS
Standorte der in diesem Buch
vorgestellten
gastronomischen Betriebe
Obersteinbach
Lembach
Wissembourg
(Weißenburg)
Lauterbourg
RHEIN
Rastatt
Saar
la Petite-Pierre
(Lützelstein)
Pfaffenhoffen
Neuwiller-
lès Saverne
Haguenau
Sessenheim
Sarrebourg
Saverne
(Zabern)
Brumath
Bühl
la Wantzenau
Marlenheim
Ill
STRASSBURG
Kehl
Blaesheim
Ottrott
Obernai
(Oberehnheim)
Offenburg
Mittelbergheim
Lahr
St. Dié
Sélestat
(Schlettstadt)
Ill
RHEIN
Ribeauvillé
(Rappoltsweiler)
Illhaeusern
Kaysersberg
Beblenheim
Ammerschwihr
Niedermorschwihr
les Trois-Epis
COLMAR
Turckheim
Andolsheim
Wettolsheim
Eguisheim
Breisach
FREIBURG
Murbach
Guebwiller
Thierenbach
Müllheim
MULHOUSE
Steinbrunn-le-Bas
Kilometer
0 10 20 30 40
VOGESEN
SCHWARZWALD
● Standorte der erwähnten Lokalitäten
○ Orientierungsorte
BASEL
SCHWEIZ

Maison des Têtes
19, Rue des Têtes
F-68 000 Colmar
Tel. 89/41 21 10

Caveau d'Eguisheim
(Restaurant)
F-68 420 Eguisheim
(6 km südl. Colmar a. d. Weinstraße zu Füßen der Drei Exen)
Tel. 89/41 08 89

L'Auberge de L'Ill
F-68 150 Illhaeusern
(2 km östlich der RN 67 zwischen Colmar und Schlettstadt – Sélestat – in Richtung Rhein; nächster Rheinübergang Sasbach–Marckolsheim oder Breisach)
Tel. 89/71 83 23

Chambard
F-68 240 Kaysersberg
Tel. 89/47 10 17

Poêle d'Or
Mittelhaeuserstr. 35
F-67 630 Lauterbourg
Tel. 88/94 84 16

Auberge Cheval Blanc
F-67 510 Lembach
Tel. 88/94 41 86

Marchal
F-68 410 Les Trois Epis
Tel. 89/49 81 61

Hostellerie du Cerf
F-67 520 Marlenheim
(am nördl. Beginn der Weinstraße)
Tel. 88/87 50 06 und 87 52 26

Hostellerie Alsacienne
F-68 290 Masevaux
(Massmünster)
Tel. 89/82 45 25

Winstub Gilg
F-67 140 Mittelbergheim
Tel. 88/08 91 37

Hostellerie St. Barnabé
F-68 530 Murbach-Buhl
bei Guebwiller
Tel. 89/76 92 15

Au Châsseur
F-67 000 Neuwiller-Les-Saverne
Tel. 88/70 00 48

Winstub Mohrenkopf
F-68 230 Niedermorschwihr

Hostellerie Duc d'Alsace
F-67 210 Obernai
bei Strasbourg
Tel. 88/95 55 34

Hôtel Anthon
F-67 000 Obersteinbach/
Nordvogesen
(an der Straße Weißenburg–Wissembourg-Bitche)
Tel. 88/09 25 01

Beau Site
F-67 530 Ottrott bei Obernai
Tel. 88/95 80 61

Hôtel Aux Trois Roses
F-67 290 La Petite Pierre
(Lützelstein)/Nordvogesen
Tel. 88/70 45 02

Clos St. Vincent
F-68 150 Ribeauville
(Rappoltsweiler)
Tel. 89/73 67 65

Winstub L'Ami Fritz
F-68 150 Ribeauville

Winstub Pfifferhüs
F-68 150 Ribeauville

Auberge Au Boeuf
(Musée Goethe)
F-67 000 Sessenheim
Tel. 88/86 97 14

Moulin du Kaegy
F-68 000 Steinbrunn – Le Bas
(Mulhouse)
Tel. 89/81 30 34

Valentin Sorg
6, place Homme de Fer
F-67 000 Strasbourg
Tel. 88/32 12 16

Winstub Heilig Grab
F-67 000 Strasbourg

Winstub Chez Yvonne
F-67 000 Strasbourg

Zimmer
8, rue Temple-Neuf
F-67 000 Strasbourg
Tel. 88/32 35 01

Buerehiesel
Am Park der Orangerie
F-67 000 Strasbourg
Tel. 88/61 62 24

Restaurant Au Crocodile
19, rue de l'Outre
(am Kleberplatz-Nord)
F-67 000 Strasbourg
Tel. 88/32 13 02

Café-Restaurant Münsterspatz
17-19, rue du Maroquin
F–67 000 Strasbourg
Tel. 88/32 61 09

Résidence Les Violettes
F-68 500 Thierenbach-Jungholtz
bei Guebwiller
Tel. 89/76 91 19

Moulin de la Wantzenau
F-67 610 La Wantzenau bei
Strasbourg
Tel. 88/96 20 01

Winstub Caveau
F-68 230 Türckheim
Tel. 89/27 06 85

A la Barrière
3, route de Strasbourg
F-67 610 La Wantzenau
Tel. 88/96 20 23

Zimmer
F-67 610 La Wantzenau
Tel. 88/96 20 05

Ange
Rue République
F-67 160 Wissembourg
Tel. 88/94 00 50

Auberge de Père Floranc
9, rue Herzog
F-68 000 Wettolsheim (Colmar)
Tel. 89/41 39 14

Hôtel-Restaurant Du Cygne (Schwanen)
F-67 160 Wissembourg
Tel. 88/94 00 16

Restaurants und Weinstuben aus:
Richter, G., Im Schwarzwald zu Gast. Karlsruhe. 1980

Personen- und Sachregister